U0876528

中華文化促進會主持編纂

國家"十一五"重點圖書出版規劃項目

中國社會科學院哲學社會科學創新工程學術出版資助項目

出品人 王石 段先念

今注本二十四史

南史

一四

傳

〔一一〕

唐 李延壽 撰

趙凱 汪福寶 周群 主持校注

中國社会科学出版社

南史　卷六〇

列傳第五十

范岫　傅昭 弟映　孔休源　江革 子德藻
徐勉　許懋 子亨　殷鈞 宗人芸

范岫字懋賓,[1]濟陽考城人也。[2]高祖宣,[3]晉徵士。[4]父羲,宋尚書殿中郎,[5]本州別駕。[6]竟陵王誕反,[7]羲在城中,事平遇誅。

[1]范岫:《梁書》卷二六有傳。

[2]濟陽:郡名。治濟陽縣,在今河南蘭考縣東北。　考城:縣名。治所在今河南民權縣東北。

[3]高祖宣:范宣。字子宣,陳留(今河南開封市)人。以儒學著稱,屢徵不仕。《晉書》卷九一《儒林傳》有傳。

[4]徵士:指不接受朝廷徵聘的隱士。

[5]尚書殿中郎:官名。尚書省諸曹郎之一。屬尚書左僕射。掌殿中曹,常擬詔書,多用文學之士。宋六品。

[6]本州:即兗州。《梁書·范岫傳》即作“兗州別駕”。兗州,宋明帝泰始二年(466)僑置。治淮陰縣,在今江蘇淮安市淮

陰區西南甘羅城。　別駕：官名。別駕從事史之省稱。州府屬官，掌吏員選署。官品不詳。

［7］竟陵王誕：劉誕。字休文，宋文帝第六子，母爲殷修華。孝武帝大明三年（459），劉誕被孝武帝貶爲竟陵侯，隨即在廣陵起兵拒命，被沈慶之率軍圍困於城中。他堅守數月，於當年七月城破身亡，年僅二十七歲。孝武帝削其宗籍，貶爲留姓。前廢帝劉子業繼位後，以庶人之禮節下葬。宋明帝即位後，依禮改葬，並以少牢之禮祭祀。本書卷一四、《宋書》卷七九有傳。

岫幼而好學，早孤，事母以孝聞。外祖顏延之早相題目，[1]以爲中外之寶。蔡興宗臨荆州，[2]引爲主簿。[3]及蔡將卒，以岫貧乏，遺旨賜錢二十萬，固辭拒之。

［1］顏延之：字延年，琅邪臨沂（今山東臨沂市）人。南朝宋文學家、文壇領袖人物、元嘉三大家之一。護軍司馬顏顯之子。本書卷三四、《宋書》卷七三有傳。　題目：品評。晋代袁宏《後漢紀·獻帝紀二》：“（許邵）少讀書，雅好三史，善與人論臧否之談，所題目，皆如其言，世稱‘郭許之鑒’焉。”南朝宋劉義慶《世説新語·政事》：“山司徒（山濤）前後選，殆周遍百官，舉無失才。凡所題目，皆如其言。”

［2］蔡興宗：字興宗，濟陽考城（今河南民權縣）人。南朝宋大臣。東晋司徒蔡謨玄孫、祠部尚書蔡廓之子。仕宋，官至開府儀同三司、荆州刺史。本書卷二九、《宋書》卷五七有附傳。　荆州：州名。治江陵縣，在今湖北荆州市荆州區。

［3］主簿：官名。各級主官屬下掌管文書的佐吏。其品秩隨府主地位高下而異。《文獻通考》卷六三：“蓋古者官府皆有主簿一官，上自三公及御史府，下至九寺五監以至郡縣皆有之。”隋唐以前，因爲是長官的親吏，權勢頗重。魏晋以下統兵開府之大臣幕府

中，主簿常参機要，總領府事。習鑿齒曾爲桓温的主簿，時人曰“三十年看儒書，不如一詣習主簿”，此爲主簿權勢最盛之時。隋唐以後，主簿是部分官署與地方政府的事務官，重要性減少。

仕齊爲太子家令。[1]文惠太子之在東宫，[2]沈約之徒以文才見引，[3]岫亦預焉。岫文雖不逮約，[4]而名行爲時輩所與。[5]博涉多通，尤悉魏、晋以來吉凶故事。約常稱曰："范公好事該博，[6]胡廣無以加。"[7]南鄉范雲謂人曰：[8]"諸君進止威儀，當問范長頭。"[9]以岫多識前代舊事也。

[1]太子家令：官名。東宫屬官。掌東宫刑獄、錢穀等。

[2]文惠太子：齊武帝長子蕭長懋。字雲喬，小字白澤，南蘭陵（今江蘇常州市武進區）人。武帝即位，立爲太子，未繼位而早卒，謚文惠。本書卷四四、《南齊書》卷二一有傳。　東宫：宫殿指稱，因方位得名。後借指居住東宫的儲君。因“東”時屬春，色屬“青”，故又稱“春宫”“青宫”；國儲所居，故又曰“儲宫”。

[3]沈約：字休文，吴興武康（今浙江德清縣）人。劉宋建威將軍沈林子之孫、劉宋淮南太守沈璞之子。著有《晋書》《宋書》《齊紀》《梁武帝本紀》等史書，其中《宋書》入二十四史。本書卷五七、《梁書》卷一三有傳。

[4]不逮：不及。

[5]時輩：同輩。　與：贊許。

[6]該博：同“賅博”。學問或見識廣博。

[7]胡廣：字伯始，南郡華容（今湖北監利市）人。東漢時期重臣、學者。博學多通，奏章爲天下第一。《後漢書》卷四四有傳。

[8]南鄉：郡名。即順陽。治南鄉縣，在今河南淅川縣西南。《史記》卷五三《蕭相國世家》司馬貞索隱引顧氏云："南鄉，郡名

也。《太康地理志》云‘魏武帝建安中分南陽立南鄉，晋武帝又曰順陽郡也’。”錢大昕《廿二史考異》卷二六：“按《宋》《齊》二《志》俱無南鄉郡，而有南鄉縣，爲順陽郡之治所。舞陰則南陽之屬縣也。蓋梁時避武帝父諱，改順陽爲南鄉耳。”陳垣《史諱舉例》卷四《因避諱而生之訛異》亦云：“南鄉即順陽，梁代避諱改也。”（中華書局2004年版，第55頁）　范雲：字彦龍，南鄉舞陰（今河南泌陽縣）人。南梁時期宰相、著名政治家、文學家、詩人。“竟陵八友”之一。本書卷五七、《梁書》卷一三有傳。

［9］范長頭：指范岫。《後漢書》卷三六《賈逵傳》：“（逵）自爲兒童，常在太學，不通人間事。身長八尺二寸，諸儒爲之語曰：‘問事不休賈長頭。’”後世以長頭爲博學者之通稱。

遷國子博士。[1]岫長七尺八寸，姿容奇偉。永明中，[2]魏使至，[3]詔妙選朝士有辭辯者，接使於界首，故以岫兼淮陰長史迎焉。[4]入爲尚書左丞。[5]丁母憂，[6]居喪過禮。朝廷頻起，並不拜。朝廷亮其哀款，[7]得終喪制。出爲安成内史，[8]創立鈞折行倉，[9]公私弘益。徵黄門侍郎，[10]兼御史中丞，[11]吏將送一無所納。永元末，[12]爲輔國將軍、冠軍晋安王長史，[13]行南徐州事。[14]梁武帝平建鄴，[15]承制徵爲尚書吏部郎，[16]參大選。[17]天監五年，[18]爲散騎常侍、光禄大夫，[19]侍皇太子，給扶。[20]累遷祠部尚書，[21]金紫光禄大夫。[22]卒官。

［1］國子博士：官名。屬太常。掌教授國子生。

［2］永明：南朝齊武帝蕭賾年號（483—493）。

［3］魏：北魏。南北朝時期，由鮮卑族拓跋珪建立的北方政權，也是北朝的第一個王朝。公元386年，拓跋珪在牛川稱王，建代

國，定都盛樂（今内蒙古和林格爾縣），同年改國號爲“魏”，史稱“北魏”。後太武帝拓跋燾統一北方，孝文帝拓跋宏遷都洛陽，開始大舉改革。北魏後分裂爲東魏與西魏，分别被北齊與北周取代。

[4]淮陰長史：《梁書》卷二六《范岫傳》同。參《南齊書·州郡志上》，南齊無淮陰郡亦無淮陰國。有淮陰縣，屬南徐州臨淮郡，然縣無長史之官。此淮陰可能是北兖州鎮所。

[5]尚書左丞：官名。佐尚書令、僕射知省事，掌中央機構文書章奏，監察百官。員一人。

[6]母憂：母親的喪事。《後漢書》卷五三《徐穉傳》：“及林宗有母憂，穉往弔之，置生芻一束於廬前而去。”

[7]亮：通“諒”。

[8]安成：郡名。治平都縣，在今江西安福縣東南。　内史：官名。王國行政長官，掌治民。宋五品。齊官品不詳。

[9]鈞折行倉：古代平抑物價的一種方法。囤積、周轉貨物，貴時賣出，賤時買進。

[10]黄門侍郎：官名。門下省次官。佐侍中掌侍從左右，管知詔令。出入禁中，職任顯要。員四人。《梁書·范岫傳》作“給事黄門侍郎”。

[11]御史中丞：官名。南朝時亦稱“南司”。御史臺長官，掌監察執法，糾彈百官。

[12]永元：南朝齊東昏侯蕭寶卷年號（499—501）。

[13]輔國將軍：官名。宋明帝泰始五年（469）改名輔師將軍，後廢帝元徽二年（474）復舊，三品。齊爲小號將軍。　冠軍：官名。冠軍將軍省稱。齊官品不詳。　晋安王：齊明帝子蕭寶義。字智勇，小名明基，南蘭陵（今江蘇常州市武進區）人。齊明帝蕭鸞的庶長子，東昏侯蕭寶卷及齊和帝蕭寶融的庶兄，母爲殷貴嬪。本書卷四四、《南齊書》卷五〇有傳。

[14]行南徐州事：代行南徐州政事。南朝諸王往往年少即出鎮

一方，皇帝因命長史代行政事。南徐州，州名。治京口城，在今江蘇鎮江市。

[15]梁武帝：蕭衍。南朝梁開國皇帝。本書卷六、卷七，《梁書》卷一至卷三有紀。　建鄴：建康。在今江蘇南京市。三國吴，東晋，南朝宋、齊、梁、陳六代京師之地。西晋愍帝建興元年(313)，因避愍帝司馬鄴諱，改建鄴爲建康。

[16]承制：秉承皇帝旨意。此處指蕭衍。東昏侯永元三年十二月，蕭衍平建康，齊宣德太后授蕭衍大司馬、録尚書、驃騎大將軍，依晋武陵王遵承制故事。　尚書吏部郎：官名。尚書省諸曹郎之一，屬吏部尚書。掌官吏銓選、調動事宜。

[17]參：官制術語。奉特敕參掌本官職權範圍以外的他項事務。　大選：指吏部尚書。南朝稱吏部郎爲小選，吏部尚書爲大選。

[18]天監：南朝梁武帝蕭衍年號（502—519）。

[19]散騎常侍：官名。集書省長官。掌侍從左右，獻納得失。南朝宋以後，職以侍從左右、掌圖書文翰爲主，地位較前爲低。員四人。梁初第三品，武帝天監七年革選，定爲十二班。　光禄大夫：官名。屬光禄勳。養老疾，無職事。梁初不詳。

[20]給扶：意思是給予扶侍之人。古時君主賜給大臣的一種禮遇。

[21]祠部尚書：官名。尚書省列曹尚書之一，掌禮制。與尚書右僕射不並置。梁十三班。

[22]金紫光禄大夫：官名。光禄大夫之重者加金章紫綬，稱爲金紫光禄大夫。養老疾，無職事。梁十四班。

岫恭敬儼恪，[1]進止以禮，自親喪後，蔬食布衣以終身。每所居官，恒以廉潔著稱。爲長城令時，[2]有梓材巾箱，[3]至數十年，經貴遂不改易。在晋陵唯作牙管筆一雙，[4]猶以爲費。所著文集、禮論、雜儀、字訓行於世。二子褒、偉。

[1]儼恪：莊嚴恭敬。《禮記·祭義》："嚴威儼恪，非所以事親也，成人之道也。"孔穎達疏："儼，謂嚴正；恪，謂恭敬。"

[2]長城：縣名。治所在今浙江長興縣東。

[3]梓材：梓，落葉喬木。木材可供建築及製造器物之用。　巾箱：古時裝頭巾或書卷等的小箱子。

[4]牙管筆：指精良的毛筆。

傅昭字茂遠，[1]北地靈州人，[2]晋司隸校尉咸七世孫也。[3]祖和之，父淡，善"三禮"，[4]知名宋世。淡事宋竟陵王誕，誕反坐誅。

[1]傅昭：《梁書》卷二六有傳。

[2]北地：郡名。東漢末置，寄治馮翊郡界。三國魏割馮翊之祋祤（今陝西銅川市耀州區東）爲實土，相當今陝西銅川市耀州區、富平縣。　靈州：縣名。西漢惠帝時置。治所在今寧夏吴忠市黄河中沙洲上。東漢後廢。西晋武帝太康三年（282）重置，治所確址未詳。《宋書》卷四八《傅弘之傳》："傅氏舊屬靈州。漢末郡境爲虜所侵，失土寄寓馮翊，置泥陽、富平二縣，靈州廢不立，故傅氏悉屬泥陽。晋武帝太康三年，復立靈州縣，傅氏還屬靈州。弘之高祖晋司徒祗，後封靈州公，不欲封本縣，故祗一門還復泥陽。"

[3]司隸校尉：官名。掌京畿治安，糾察百官不法。晋三品。　咸：傅咸。字長虞，北地泥陽（今陝西銅川市耀州區）人。曹魏扶風太守傅幹之孫，司隸校尉傅玄之子。曾任太子洗馬、尚書右丞、御史中丞等職。封清泉侯。《晋書》卷四七有傳。

[4]"三禮"：儒家經典《周禮》《儀禮》《禮記》的合稱。

昭六歲而孤，哀毁如成人，爲外祖所養。十歲，於朱雀航賣曆日，[1]雍州刺史袁顗見而奇之。[2]顗嘗來昭所，昭讀書自若，神色不改。顗歎曰："此兒神情不凡，必成佳器。"司徒建安王休仁聞而悦之，[3]固欲致昭。昭以宋氏多故，遂不往。或有稱昭於廷尉虞愿，[4]乃遣車迎昭。時愿宗人通之在坐，[5]並當時名流。通之貽昭詩曰：[6]"英妙擅山東，才子傾洛陽，[7]清塵誰能嗣，[8]及爾遘遺芳。"太原王延秀薦昭於丹楊尹袁粲，[9]深見禮，辟爲郡主簿，使諸子從昭受學。會明帝崩，粲造哀策文，[10]乃引昭定其所製，昭有其半焉。粲每經昭户，輒歎曰："經其户寂若無人，披其室其人斯在，[11]豈非名賢。"尋爲總明學士、奉朝請。[12]

[1]朱雀航：朱雀橋，一名大航。在今江蘇南京市南秦淮河上。曆日：即日曆。

[2]雍州：州名。治襄陽縣，在今湖北襄陽市。　袁顗：字景章，陳郡陽夏（今河南太康縣）人，出身陳郡袁氏。吴郡太守袁洵之子。宋孝武帝大明末除雍州刺史。南朝宋大臣。本書卷二六有附傳，《宋書》卷八四有傳。

[3]建安王休仁：宋文帝第十二子劉休仁，始封建安王。孝武帝劉駿、明帝劉彧異母弟，生母楊修儀。本書卷一四、《宋書》卷七二有傳。建安，郡名。治建安縣，在今福建建甌市。

[4]廷尉：官名。九卿之一，掌刑辟。宋三品。　虞愿：會稽餘姚（今浙江餘姚市）人。南朝齊大臣。本書卷七〇、《南齊書》卷五三有傳。

[5]通之：虞通之。會稽餘姚（今浙江餘姚市）人。善言《易》，官至步兵校尉。本書卷七二有附傳。

[6]貽：贈給。

[7]英妙擅山東，才子傾洛陽：《文選》卷一〇潘安仁《西征賦》："終童山東之英妙，賈生洛陽之才子。"以西漢終軍、賈誼比傅昭。

[8]清塵：本指車後揚起的塵土，後用於對人的敬稱。

[9]太原：郡名。治晉陽縣，在今山西太原市西南。　丹陽尹：官名。京師所在丹陽郡行政長官，主治民。宋三品。　袁粲：字景倩，小名愍孫，陳郡陽夏（今河南太康縣）人。南朝宋宰相。東晉丹陽尹袁豹之孫，太尉袁淑之侄。本書卷二六有附傳，《宋書》卷八九有傳。

[10]哀策文：文體之一種。用於遷移皇帝棺木及對太子及后妃諸王大臣死者的策書。

[11]披其室其人斯在：中華本校勘記云："'帷'各本作'室'，據《梁書》改。按室不可以言披，《通志》亦作'帷'。"可從。

[12]總明學士：即總明觀學士。《南齊書·百官志》："泰始六年，以國學廢，初置總明觀，玄、儒、文、史四科，科置學士各十人……永明三年國學建，省。"　奉朝請：官名。本指大臣定期參加朝會，朝見皇帝。晉以後以爲官名，用以安置閑散官員。宋齊無職事。

齊永明中，累遷尚書儀曹郎。[1]先是御史中丞劉休薦昭於齊武帝，[2]永明初，以昭爲南郡王侍讀。[3]王嗣帝位，故時臣隸争求權寵，唯昭及南陽宗史保身而已，[4]守正無所參入，竟不罹禍。[5]明帝踐阼，[6]引昭爲中書通事舍人。[7]時居此職者，皆權傾天下，昭獨廉静無所干豫，器服率陋，身安麤糲。[8]常插燭板牀，明帝聞之，賜漆合燭盤，敕曰："卿有古人之風，故賜卿古人之物。"[9]累遷尚書左丞。[10]

[1]尚書儀曹郎：官名。尚書省諸曹郎之一，屬祠部尚書，掌禮儀。

[2]劉休：字弘明，沛郡相（今安徽濉溪縣）人。南朝宋齊時期官員。本書卷四七、《南齊書》卷三四有傳。　齊武帝：蕭賾。字宣遠，小名龍兒。齊高帝蕭道成長子，母爲昭皇后劉智容。本書卷四、《南齊書》卷三有紀。

[3]南郡王：蕭昭業。齊武帝長孫，文惠太子蕭長懋之長子，繼承其父王位，封南郡王，即位後被廢爲鬱林王。本書卷五、《南齊書》卷四有紀。　侍讀：官名。爲皇帝、太子、王公講讀經史的官吏。官品不詳。

[4]南陽：郡名。治宛縣，在今河南南陽市。　宗史：汲古閣本同，殿本作"宗夬"。按，作"宗夬"是，底本誤。宗夬，字明揚（《梁書》作"明敭"），南陽涅陽（今河南鄧州市）人，畫家宗炳之孫，歷仕宋、齊、梁三朝。南朝大臣。本書卷三七有附傳，《梁書》卷一九有傳。

[5]罹禍：遭受災禍。

[6]明帝：南朝齊明帝蕭鸞。字景栖，小字玄度。齊高帝蕭道成侄兒，始安貞王蕭道生次子。本書卷五、《南齊書》卷六有紀。

[7]中書通事舍人：官名。中書省屬官，掌呈奏案章。南朝宋以後，漸用寒士及皇帝親信擔任此職，奪中書侍郎草擬詔誥之權。至梁則用人殊重，選以才能，不限資地，掌中書詔令，多以他官兼領。員四人。

[8]麤糲：糙米。《戰國策・韓策二》："然至齊，聞足下義甚高，故直進百金者，特以爲夫人麤糲之費，以交足下之驩，豈敢以有求邪？"《史記》卷八六《刺客列傳》引此文，張守節正義："糲，猶麤米也，脱粟也。"

[9]卿有古人之風，故賜卿古人之物：語出《三國志》卷一二《魏書·毛玠傳》："初，太祖平柳城，班所獲器物，特以素屏風、素凴几賜玠，曰：'君有古人之風，故賜君古人之服。'"

[10]尚書左丞：官名。佐尚書令、僕射知省事，掌臺内分職儀、禁令、報人章，督録近道文書章表奏事，糾諸不法。

梁武帝素重昭，梁臺建，[1]以爲給事黄門侍郎，領著作，[2]兼御史中丞。[3]天監三年，[4]兼五兵尚書，[5]參選事。四年即真。[6]歷位左户尚書，[7]安成内史。[8]郡自宋來，兵亂相接，府舍稱凶。每昏旦間，人鬼相觸，在任者鮮以吉終。及昭至，有人夜見甲兵出，曰："傅公善人，不可侵犯。"乃騰虚而去。[9]有頃風雨忽至，飄郡聽事入隍中，自是郡遂無患，咸以昭貞正所致。郡溪無魚，或有暑月薦昭魚者，昭既不納，又不欲拒，遂餧于門側。[10]郡多猛獸爲害，常設檻穽，[11]昭曰："人不害猛獸，猛獸亦不害人。"乃命去檻穽，猛獸竟不爲害。

[1]梁臺建：臺，官署。指齊和帝中興二年（502）二月蕭衍受封梁公，建臺治事。

[2]著作：官名。著作郎。秘書省屬官，掌國史，集注起居。爲清簡之職，多甲族貴游起家之選。員一人。梁初六品。

[3]兼：官制術語。假職未真授之稱。

[4]天監：南朝梁武帝蕭衍年號（502—519）。

[5]五兵尚書：官名。尚書省列曹尚書之一。掌全國軍事行政。梁初三品。

[6]即真：由假職而真授。

[7]左户尚書：官名。尚書省列曹尚書之一。掌土木工程及户

籍等。梁初三品。按，《梁書》卷二六《傅昭傳》作“左民尚書”，當是本書避唐太宗李世民諱。

［8］安成：安成王蕭秀。字彦達，南蘭陵（今江蘇常州市武進區）人。蕭順之第七子，梁武帝之弟。本書卷五二、《梁書》卷二二有傳。

［9］騰虚：騰雲駕霧。

［10］餧：魚臭壞。

［11］檻穽：亦作“檻阱”。捕捉野獸的機具和陷坑。《後漢書》卷四一《宋均傳》：“郡多虎暴，數爲民患，常募設檻穽而猶多傷害。”李賢注：“檻，爲機以捕獸。穽謂穿地陷之。”

歷秘書監，[1]太常卿，[2]遷臨海太守。[3]郡有蜜巖，[4]前後太守皆自封固，專收其利。昭以周文之囿，與百姓共之，[5]大可喻小，乃教勿封。縣令嘗餉栗，[6]置絹于薄下，昭笑而還之。普通五年，[7]爲散騎常侍、金紫光禄大夫。[8]

［1］秘書監：官名。秘書省長官。掌國之典籍圖書。梁十一班。

［2］太常卿：官名。梁十二卿之一，掌禮儀。十四班。

［3］臨海：郡名。治章安縣，在今浙江台州市椒江區章安街道。

［4］蜜巖：産蜜的岩地。

［5］周文之囿，與百姓共之：周文，即周文王。典出《孟子·梁惠王下》：孟子曰：“文王之囿方七十里，芻蕘者往焉，雉兔者往焉，與民同之。”

［6］嘗：曾經。　餉：饋贈。

［7］普通：南朝梁武帝蕭衍年號（520—527）。

［8］金紫光禄大夫：官名。光禄大夫之重者加金章紫綬，稱爲金紫光禄大夫。養老疾，無職事，多用爲重要高官之榮銜。梁十

四班。

昭所莅官，常以清静爲政，不尚嚴肅。居朝廷，無所請謁，[1]不畜私門生，[2]不交私利。終日端居，以書記爲樂，雖老不衰。博極古今，尤善人物，魏、晋以來，官宦簿伐，[3]姻通内外，舉而論之，無所遺失，世稱爲學府。性尤篤慎，[4]子婦嘗得家餉牛肉以進昭，昭召其子曰："食之則犯法，告之則不可。取而埋之。"其居身行己，不負闇室，[5]類皆如此。後進宗其學，重其道，人人自以爲不逮。卒，謚曰貞。[6]

[1]請謁：私下告求。

[2]門生：隨從。

[3]簿伐：先代官籍。伐，通"閥"。

[4]篤慎：厚重謹慎。

[5]闇室：幽暗無人之處。引申爲獨處之處。不負闇室即慎獨之意。

[6]謚曰貞：按，《梁書》卷二六《傅昭傳》作"謚曰貞子"。錢大昕《十駕齋養新録》卷二〇"沈恭子"條有云："六朝文臣無封爵而得謚者，例稱子。如任昉稱敬子，周弘正稱簡子之類，不一而足。"

長子諝，位尚書郎，[1]湘東王外兵參軍。[2]諝子準有文才，梁宣帝時，[3]位度支尚書。[4]

[1]尚書郎：官名。尚書省諸曹郎之一。梁制，尚書郎中在職勤能，滿二歲轉爲侍郎。郎中，梁五班；侍郎，梁六班。

［2］湘東王：梁元帝蕭繹。字世誠，小字七符，自號金樓子。梁武帝蕭衍第七子。初封湘東郡王。本書卷八、《梁書》卷五有紀。外兵參軍：官名。諸公軍府屬官。掌本府軍隊政令。宋七品。

［3］梁宣帝：蕭詧。字理孫，南蘭陵（今江蘇常州市武進區）人。西梁開國皇帝。梁武帝蕭衍之孫，昭明太子蕭統第三子。封爵號岳陽王。《周書》卷四八、《北史》卷九三有傳。

［4］度支尚書：官名。主管國家財政税收的官吏。漢代管理財政税收的中央官吏爲大司農。到魏晋南北朝時，司農官名雖存，其職權已大爲縮小，僅爲收粟之官。三國魏始置度支尚書，職掌全國賦税收入。西晋沿用魏制。南北朝以度支尚書領度支、金部、倉部、起部四曹。宋三品。陳三品，秩中二千石。

昭弟映字徽遠，三歲而孤。兄弟友睦，脩身勵行，非禮不動。始昭之守臨海，陸倕餞之，[1]賓主俱懽，日暮不反。[2]映以昭年高，不可連夜極樂，乃自往候接，同乘而歸。兄弟並已班白，時人美而服焉。及昭卒，映喪之如父，年踰七十，哀戚過禮，服制雖除，每言輒慟。天監中，位烏程令，[3]卒於太中大夫。[4]子弘。

［1］陸倕：字佐公，吴郡吴（今江蘇蘇州市）人。南朝大臣，著名文學家，竟陵八友之一。贈太常陸慧曉之子，蜀郡太守陸僚、陸任之胞弟。《梁書》卷二七有傳。

［2］反：同“返”。

［3］烏程：縣名。治所在今浙江湖州市。

［4］太中大夫：官名。南朝梁、陳多用以安置老疾退免的九卿等大臣，無職事。梁十一班。

孔休源字慶緒，[1]會稽山陰人，[2]晉尚書沖之八世孫，[3]沖即開府儀同三司愉之世父也。[4]曾祖遥之，宋尚書水部郎。[5]父佩，[6]齊通直郎。[7]

[1]孔休源：《梁書》卷三六有傳。

[2]會稽：郡名。治山陰縣，在今浙江紹興市。　山陰：縣名。治所在今浙江紹興市。

[3]晉尚書沖之八世孫：按，《梁書·孔休源傳》作“晉丹陽太守沖之八世孫”。《梁書·孔休源傳》中華本校勘記引張森楷《梁書校勘記》：“《晉書·許孜傳》有豫章太守孔沖，當即此人。晉有丹陽尹，無太守，此丹陽太守蓋是豫章太守之誤。”

[4]開府儀同三司愉：孔愉。字敬康，會稽山陰（今浙江紹興市）人。東晉名臣。孔愉出身官宦世家，與同郡人張茂、丁潭並稱“會稽三康”。孫吴滅亡後遷居洛陽，晉惠帝末年歸隱新安山中。直到五十歲時纔應召任左丞相司馬睿的掾屬，歷任駙馬都尉、中書郎、吴興太守、太常等職。蘇峻叛軍攻入建康時，孔愉身著朝服守護宗廟。官至鎮軍將軍、會稽内史、散騎常侍，封余不亭侯。任内修復句章縣舊堤，灌溉良田。晚年棄官居於南侯山下，於晉成帝咸康八年（342）去世，年七十五。追贈車騎將軍、開府儀同三司，謚號“貞”。著有《晉咸和咸康故事》，今已佚。《晉書》卷七八有傳。

[5]尚書水部郎：官名。尚書省諸曹郎之一，屬都官尚書。掌水利。宋六品。

[6]佩：《梁書·孔休源傳》作“珮”，《册府元龜》卷七五三同。

[7]齊通直郎：按，《梁書·孔休源傳》作“齊廬陵王記室參軍”。

休源十一而孤，[1]居喪盡禮，每見父手所寫書，必哀慟流涕不能自勝，[2]見者莫不爲之垂泣。後就吴興沈驎士受經，[3]略通大義。州舉秀才，太尉徐孝嗣省其策，[4]深善之，謂同坐曰："董仲舒、華令思何以尚此，[5]可謂後生之準的也。[6]觀此足稱王佐之才。"琅邪王融雅相友善，[7]乃薦之於司徒竟陵王，[8]爲西邸學士。[9]

[1]孤：《孟子·梁惠王下》："幼而無父曰孤。"後世凡無父或父母雙亡的人都稱爲孤。

[2]不能自勝：不能克制自己。

[3]吴興：郡名。治烏程縣，在今浙江湖州市。　麟士：《梁書》卷三六《孔休源傳》作"驎士"。《南齊書》有《沈驎士傳》，麟、驎本一字。

[4]徐孝嗣：字始昌，小字遺奴，東海郯（今山東郯城縣）人。司空徐湛之之孫。齊明帝駕崩時，拜中書監，選爲顧命大臣，輔佐東昏侯蕭寶卷。蕭寶卷殘酷暴虐，潛生廢立之心，召入華林省賜死。本書卷一五、《南齊書》卷四四有傳。

[5]董仲舒：西漢大儒。著《春秋繁露》，爲公羊學代表之一。《漢書》卷五六有傳。　華令思：華譚。字令思，晋廣陵（今江蘇揚州市）人。《晋書》卷五二有傳。

[6]準的：標準、準則。

[7]琅邪王融：字元長，琅邪臨沂（今山東臨沂市）人。南朝齊大臣、文學家。"竟陵八友"之一。東晋宰相王導六世孫，廬陵太守王道琰之子。本書卷二一有附傳，《南齊書》卷四七有傳。

[8]竟陵王：蕭子良。字雲英，南蘭陵（今江蘇常州市武進區）人。南朝齊宗室大臣。齊武帝蕭賾次子，母爲武穆皇后。死後謚號文宣，葬禮依照西晋安平獻王司馬孚故事，有《竟陵王集》。本書卷四四、《南齊書》卷四〇有傳。

［9］西邸：齊武帝永明二年（484）竟陵王開西邸招文學之士，先後有七十四位文人進入西邸，形成了中國文學史上最爲龐大的文學集團。謝脁、王融、沈約、蕭衍、蕭琛、任昉、范雲、陸倕八人乃其翹楚，史稱“竟陵八友”，亦稱“西邸八友”。

梁臺建，與南陽劉之遴同爲太學博士，[1]當時以爲美選。休源初到都，寓於宗人少府孔登。[2]曾以祠事入廟，侍中范雲一與相遇，深加褒賞，曰：“不期忽覯清顏，頓祛鄙吝，觀天披霧，[3]驗之今日。”後雲命駕到少府，登便拂筵整帶，謂當詣己，備水陸之品。雲駐節命休源，及至，命取其常膳，止有赤倉米飯，蒸鮑魚。雲食休源食，不舉主人之饌。高談盡日，同載還家。登深以爲愧。尚書令沈約當朝貴顯，[4]軒蓋盈門，[5]休源或時後來，必虛襟引接，[6]處之坐右，[7]商略文義。[8]其爲通人所推如此。[9]

［1］劉之遴：字思貞，南陽涅陽（今河南鄧州市）人。南朝梁大臣、學者。劉虯之子。之遴著有前後文集五十卷，（《隋書·經籍志四》作前集十一卷，後集二十一卷。《舊唐書·經籍志下》《新唐書·藝文志四》作前集十卷，後集三十卷。此從《梁書》本傳）及《神録》五卷，並傳於世。本書卷五〇有附傳，《梁書》卷四〇有傳。

［2］少府：《梁書》卷三六《孔休源傳》作“少府卿”。官名。梁十二卿之一，掌宫廷手工製造。梁武帝天監七年（508）革選，定流内官職爲十八班，以班多者爲貴。少府卿爲十一班。

［3］觀天披霧：《世説新語·賞譽》：“衛伯玉爲尚書令，見樂廣與中朝名士談議，奇之……曰：‘此人，人之水鏡也。見之若披云

霧，覩青天。’”

［4］尚書令：官名。尚書省長官。守宰相之任，位尊權重，不親庶務，梁、陳時常闕而不置，尚書省日常政務通常由僕射主持。梁十六班。

［5］軒蓋：本指貴官的車駕，此代指貴官。

［6］虛襟：虛心，或指淡泊的胸懷。

［7］坐右：古以右爲尊，處之座右表示敬重。

［8］商略：商量，討論。

［9］通人：學識淵博又能融會貫通且曉達事理的人。

武帝嘗問吏部尚書徐勉求一有學藝解朝儀者，[1]爲尚書儀曹郎，[2]勉曰："孔休源識見清通，[3]詳練故事，[4]自晉、宋起居注，[5]誦略上口。"武帝亦素聞之，即日除兼尚書儀曹郎。[6]時多所改作，每逮訪前事，休源即以所誦記隨機斷決，曾無疑滯。吏部郎任昉常謂之爲"孔獨誦"。[7]

［1］吏部尚書：官名。尚書省吏部曹長官。掌官吏銓選、任免事宜，職任極重。多僑姓高門、世胄顯貴擔任。員一人。梁十四班。　徐勉：字脩仁，東海郯（今山東郯城縣）人。南朝梁大臣、文學家。本書卷六〇、《梁書》卷二五有傳。

［2］尚書儀曹郎：官名。尚書省諸曹郎之一，屬祠部尚書。掌禮儀典制。梁六班。

［3］識見：見識、才能。見，《太平御覽》卷二一八引《梁書》同，然《梁書》卷三六《孔休源傳》作“具”。

［4］詳練故事：按，《梁書》本傳作“諳練故實”。

［5］晉、宋起居注：梁代存有晉、宋《起居注》多部。見《隋書·經籍志》。起居注，文籍之一種，記録皇帝之言行及國家大事。

顧炎武在《日知録》中講："古之人君，左史記事，右史記言，所以防過失，而示後王。記注之職，其來尚矣。"

[6]兼：官制術語。假職未真授之稱。　尚書儀曹郎：梁制尚書諸曹郎，始任爲郎中，其郎中在職勤能，滿二歲者，轉侍郎。

[7]常：殿本同，汲古閣本作"嘗"。本卷下同，不再出注。

遷建康獄正，[1]平反辯析，時罕冤人。[2]後有選人爲獄司者，[3]帝常引休源以勵之。除中書舍人。[4]後爲尚書左丞，[5]彈肅禮闈，[6]雅允朝望。時周捨撰《禮疑義》，[7]自漢、魏至于齊、梁，[8]並皆搜采，休源所有奏議，咸預編録。再遷長兼御史中丞，[9]正色直繩，[10]無所回避，[11]百僚憚之。[12]

[1]建康獄正：官名。又稱建康正。與建康監、平合稱建康三官，掌京師建康刑獄。梁武帝天監元年（502）置，員一人，四班。

[2]罕：少見。　冤人：被冤枉之人。

[3]獄司：掌管刑獄的官吏。

[4]中書舍人：官名。中書省屬官，掌入值閣内，呈奏案章。劉宋時漸用寒士及皇帝親信任此職，奪中書侍郎草擬詔書之權。至梁，用人殊重，不限資地，使掌中書詔誥，權勢顯赫。多由他官兼領。員四人。梁四班。

[5]尚書左丞：官名。尚書省屬官，佐尚書令、僕射知省事，掌中央機構文書章奏，糾諸不法。員一人。梁九班。

[6]禮闈：尚書省的别稱。《文選》卷四六任彦昇《王文憲集序》李善注："《十州記》曰：'崇禮闈即尚書上省門，崇禮東建禮門即尚書下舍門。'然尚書省二門名禮，故曰禮闈也。"

[7]周捨：字昇逸，汝南安成（今河南汝南縣）人。南朝梁大臣、文學家。東晉左光禄大夫周顗八世孫。本書卷三四有附傳，

《梁書》卷二五有傳。　《禮疑義》：《隋書·經籍志一》著録："《禮疑義》五十二卷，梁護軍周捨撰。"

[8]漢、魏：西漢、東漢與曹魏。　齊、梁：南朝齊、梁政權。

[9]長兼：官制術語。南朝官吏假職未真授之稱有兼、長兼之目。宋代沈括《夢溪筆談》卷二《故事二》有云："古之兼官，多是暫時攝領，有長兼者，即同正官。"

[10]正色：態度嚴肅，神色嚴厲。　直繩：嚴格依法辦事。

[11]無所回避：回避即避忌。没有什麽避忌或諱言的。

[12]憚：畏懼，忌憚。

後爲晉安王長史、南郡太守，[1]行荆州府州事。[2]帝謂曰："荆州總上流衝要，[3]義高分陝，[4]今以十歲兒委卿，善匡翼之，勿憚周昌之舉也。"[5]乃敕晉安王曰："孔休源人倫儀表，汝年尚幼，當每事師之。"尋始興王憺代鎮荆州，[6]復爲憺府長史，太守、行府事如故。在州累政，甚有政績，平心決斷，請託弗行。[7]帝深嘉之。歷秘書監，復爲晉安王府長史、南蘭陵太守，[8]別敕專行南徐州事。[9]休源累佐名蕃，甚得人譽，王深相倚仗，[10]常於中齋別施一榻，[11]云"此是孔長史坐"，人莫得預焉，[12]其見敬如此。歷都官尚書。

[1]晉安王：梁簡文帝蕭綱的初封爵號。蕭綱，字世纘，小字六通，梁武帝第三子。武帝天監五年（506）封晉安王。本書卷八、《梁書》卷四有紀。　長史：官名。王公軍府屬官，掌本府官吏事。梁十班至六班。　南郡：郡名。治江陵縣，在今湖北荆州市荆州區。

[2]荆州：州名。治所與南郡同，在今湖北荆州市荆州區。

[3]衝要：軍事上或交通上重要的地方。

[4]分陝：分陝而治，是中國西周初期重大政治決策之一。即以今河南三門峽市陝州區境内的“陝原”爲分界綫，把西周王朝的統治區劃分爲東、西兩大行政區，由周王朝的開國重臣分頭治理。西周王朝建立四年後，周武王勞病而逝，由於即位的周成王年幼，便由周武王之弟周公旦和召（shào）公奭（shì）輔政。當時，西周天下很不穩定，周公旦和召公奭二人遂決定分陝而治。根據“夏商周斷代工程”成果，西周王朝於公元前1046年建立。周武王姬發在位不到四年即去世。周成王於公元前1042年繼位。“分陝而治”的決策當發生在此前後。當年周、召二公商定，鑿了一根高三米五的石柱栽於分界之處，稱作“立柱爲界”。據《左傳》隱公五年記載：“自陝而東者，周公主之；自陝而西者，召公主之。”《史記·樂書》：“五成而分陝，周公左，召公右。”周公旦就可以把主要的精力用於防備殷商遺民的反叛，穩定東部新拓展的領地；而召公奭的責任就是進一步開發黄河中游地區的農業生産，建立鞏固的經濟後方，爲周王朝進一步開拓疆土解除後顧之憂。《南齊書·州郡志下》：“江左大鎮，莫過荆、揚。弘農郡陝縣，周世二伯總諸侯，周公主陝東，召公主陝西，故稱荆州爲陝西也。”

[5]周昌：西漢初年大臣。以剛正、直言敢諫著稱。秦時爲泗水卒史。秦末農民戰争中，隨劉邦入關破秦，任御史大夫，封汾陰侯。耿直敢言。劉邦欲廢太子，他直言諫止。後爲趙王劉如意相，劉如意爲吕后所殺，周昌自覺辜負劉邦，鬱悶不樂，三年後去世，謚號悼。《漢書》卷四二有傳。

[6]始興王蕭憺：字僧達，南蘭陵（今江蘇常州市武進區）人，梁武帝弟。本書卷五二、《梁書》卷二二有傳。

[7]請託：謂以私事相囑託；走門路，通關節。《漢書》卷八四《翟方進傳》：“爲相公絜，請託不行郡國。”顔師古注：“言不以私事託於四方郡國。”

[8]南蘭陵：郡名。治蘭陵縣，在今江蘇常州市武進區西北。

[9]南徐州：州名。治京口城，在今江蘇鎮江市。

[10]倚仗：靠别人的勢力或有利條件，依賴。

[11]中齋：正廳。

[12]預：參與。

普通七年，揚州刺史臨川王宏薨，[1]武帝與群臣議代居州任者，時貴戚王公咸望遷授。帝曰："朕已得人，孔休源才識通敏，寔應此選。"乃授宣惠將軍、監揚州事。[2]休源初爲臨川王行佐，及王薨而管州任，時論榮之。神州都會，[3]簿領殷繁，[4]休源剖斷如流，[5]傍無私謁。[6]

[1]揚州：州名。治建康縣，在今江蘇南京市。　臨川王宏：蕭宏。字宣達，南蘭陵（今江蘇常州市武進區）人。梁武帝六弟。武帝天監元年（502），封爲臨川王，遷揚州刺史。本書卷五一、《梁書》卷二二有傳。臨川，郡名。治南城縣，在今江西南城縣東南。

[2]宣惠將軍：官名。將軍名號。梁置，與鎮兵、翊師、宣毅將軍代舊東、西、南、北四中郎將。梁武帝天監七年革選，釐定將軍名號及班品，有一百二十五號十品二十四班，以班多者爲貴。宣惠將軍爲十七班。　監：官制術語。非正式任職而督理其職事。

[3]神州：六朝時人常稱京師所在之揚州爲神州。

[4]簿領：文簿記録。《文選》卷二九劉公幹《雜詩》："沈迷簿領書，回回自昏亂。"李善注："簿領，謂文簿而記録之。"　殷繁：繁多，衆多。

[5]剖斷如流：剖析决斷猶如流水。形容處理問題果斷迅速。也作剖决如流。

[6]私謁：因私事而干謁請託。

中大通二年，[1]加金紫光禄大夫。在州晝決辭訟，[2]夜覽墳籍。[3]每車駕巡幸，[4]常以軍國事委之。昭明太子薨，[5]有敕夜召休源入宴居殿與群公參定謀議，[6]立晋安王綱爲皇太子。自公卿珥貂插筆奏決於休源前，[7]休源怡然無愧，[8]時人名爲兼天子。四年，卒，遺令薄葬，節朔薦蔬菲而已。[9]帝爲之流涕，顧謝舉曰：[10]"孔休源居職清忠，方欲共康政道，奄至隕没，朕甚痛之。"舉曰："此人清介彊直，[11]臣竊爲陛下惜之。"謚曰貞子。

[1]中大通：南朝梁武帝蕭衍年號（529—534）。

[2]辭：殿本同，汲古閣本作"詞"。

[3]墳籍：指古代典籍。《左傳》昭公十二年楚靈王稱贊左史倚相："是良史也，子善視之，是能讀《三墳》《五典》《八索》《九丘》。"

[4]車駕：皇帝乘坐的車馬。代指皇帝。

[5]昭明太子：蕭統。梁宗室、文學家，梁武帝蕭衍長子，梁簡文帝蕭綱和梁元帝蕭繹長兄。字德施，小字維摩，南蘭陵蘭陵（今江蘇常州市武進區）人。英年早逝，時年三十歲，謚號昭明，葬於安寧陵，史稱"昭明太子"。主持編撰中國現存最早的詩文總集《文選》，史稱《昭明文選》。本書卷五三、《梁書》卷八有傳。

[6]宴居殿：京師建康宫城内殿名。

[7]珥貂：插戴貂尾。漢代侍中、中常侍於冠上插貂尾爲飾。後借指皇帝之近臣。

[8]怡然：安適自在的樣子。

[9]節朔：節日和朔日。亦泛指節日。

[10]謝舉：字言揚，陳郡陽夏（今河南太康縣）人。南北朝時梁大臣、文學家。梁武帝時尚書令。建昌縣侯謝弘微的曾孫，謝

莊的孫子，謝瀹之子。本書卷二〇有附傳，《梁書》卷三七有傳。

[11]清介彊直：清正耿直。

休源風範彊正，明練政體，[1]常以天下爲己任。武帝深委仗之。累居顯職，性縝密，未嘗言禁中事。[2]聚書盈七千卷，[3]手自校練。凡奏議彈文勒成十五卷。[4]

[1]明練：熟悉，通曉。

[2]禁中：帝王所居的宫苑。

[3]盈：滿，超過。

[4]勒：整理。

長子雲章頗有父風，[1]位東揚州別駕。少子宗範聰敏有識度，[2]位中書郎。[3]

[1]云章：《梁書》卷三六《孔休源傳》作"云童"。

[2]宗範：《梁書·孔休源傳》作"宗軌"。

[3]中書郎：官名。又稱中書侍郎。中書省屬官。舊掌詔誥，南朝宋以後草擬詔誥之權暫歸中書舍人，侍郎職少官清，成爲諸王起家官。員四人。梁九班。

江革字休映，[1]濟陽考城人也。祖齊之，宋都水使者，[2]尚書金部郎。[3]父柔之，齊尚書倉部郎，[4]有孝行，以母憂毀卒。[5]

[1]江革：《梁書》卷三六有傳。

[2]都水使者：官名。掌舟航堤渠。梁武帝天監七年（508）

改爲大舟卿，爲十二卿之一。宋三品。

［3］尚書金部郎：官名。尚書省金部曹長官，屬度支尚書。掌庫藏錢帛。宋六品。

［4］尚書倉部郎：官名。尚書省諸曹郎之一，屬度支尚書。掌糧食倉儲。

［5］毀卒：因哀毀而卒。

革幼而聰敏，早有才思，六歲便解屬文。[1]柔之深加賞器，[2]曰："此兒必興吾門。"九歲丁父艱，[3]與第四弟觀同生，少孤貧，傍無師友，兄弟自相訓勗，[4]讀書精力不倦。十六喪母，以孝聞。服闋，[5]與觀俱詣太學，[6]補國子生，[7]舉高第。齊中書郎王融、吏部郎謝脁雅相欽重。[8]脁嘗行還過候革，[9]時大寒雪，見革弊絮單席，[10]而耽學不倦，[11]嗟歎久之，[12]乃脱其所著襦，[13]并手割半氈與革充卧具而去。司徒竟陵王聞其名，引爲西邸學士。

［1］屬文：連綴字句成文。即撰寫文章。

［2］賞器：賞識器重。

［3］父艱：父憂，父喪。

［4］訓勗：訓教勉勵。

［5］服闋：守喪期滿除服。

［6］太學：古代設於京城以傳授儒家經典的最高學府。

［7］國子生：國子監學生。國子學（監），國立儒學最高學府。晋武帝咸寧二年（276）始設。據《周禮》"國之貴族子弟國子受教於師"之意而名。咸寧四年，置國子祭酒、博士各一人，助教十五人，以教生徒。從此國子學與太學並立。南北朝時，或設國子

學、或設太學，或兩者同設。南朝梁國子學隸屬太常卿，設祭酒一員、博士二員、助教十員、太學博士八員，又有限外博士員。

[8]謝朓：字玄暉，齋號高齋，陳郡陽夏（今河南太康縣）人。南朝齊詩人、官員。“竟陵八友”之一。出身陳郡謝氏，與“大謝”謝靈運同族，世稱“小謝”。本書卷一九有附傳，《南齊書》卷四七有傳。

[9]過候：訪問，探望。

[10]弊絮：破舊的棉絮。

[11]耽：沉迷，迷戀。

[12]嗟歎：嘆息。

[13]襦：短衣，短襖。

弱冠舉南徐州秀才。[1]時豫章胡諧之行州事，[2]王融與諧之書令薦革。諧之方貢琅邪王汎，便以革代之。僕射江祏深相引接，[3]祏爲太子詹事，[4]啓革爲丞。[5]祏時權傾朝右，[6]以革才堪經國，令參掌機務，詔誥文檄皆委以具。[7]革防杜形迹，[8]外人不知。祏誅，賓客皆罹其罪，革獨以智免。除尚書駕部郎。[9]

[1]弱冠：二十歲。《禮記·曲禮》:“二十曰弱，冠。”

[2]豫章：郡名。治南昌縣，在今江西南昌市。　胡諧之：南朝齊大臣。豫章南昌（今江西南昌市）人。治書侍御史胡廉之之孫。本書卷四七、《南齊書》卷三七有傳。　行州事：代行州府政事。

[3]僕射：官名。此處指尚書右僕射。尚書令之副佐，並與尚書分領諸曹。與祠部尚書不並置。員一人。　江祏：字弘業，濟陽考城（今河南民權縣）人。南朝齊外戚大臣。贈光禄大夫江德鄰之子，齊明帝蕭鸞姑表弟。齊明帝去世後，接受遺詔輔政，領太子詹

事，爲朝中“六貴”之一。本書卷四七、《南齊書》卷四二有傳。

[4]太子詹事：官名。東宫官員，總理東宫庶務，或參議大政，職任甚重。

[5]啓革爲丞：指太子詹事丞。掌府内庶務。

[6]朝右：位列朝官之右。同“權傾朝野”。

[7]文檄：古代用以徵召，曉喻或聲討的文書。

[8]防杜：防範杜絶（禍患等）。

[9]尚書駕部郎：官名。尚書省諸曹郎之一，屬左民尚書。掌車駕、畜牧。

中興元年，[1]梁武帝入石頭，[2]時吴興太守袁昂據郡拒義不從，[3]革製書與昂，[4]於坐立成，辭義典雅，帝深賞歎之，令與徐勉同掌書記。建安王爲雍州刺史，[5]表求管記，[6]以革爲征北記室參軍，[7]帶中廬令。[8]與弟觀少長共居，不忍離别，苦求同行。以觀爲征北行參軍，兼記室。時吴興沈約、樂安任昉與革書云："比聞雍府妙選英才，[9]文房之職，總卿昆季，可謂馭二龍於長途，騁騏驥於千里。"[10]途次江夏，[11]觀卒。革在雍州，爲府王所禮，款若布衣。[12]

[1]中興：南朝齊和帝蕭寶融年號（501—502）。

[2]石頭：即石頭城。在今江蘇南京市西清凉山。其地負山面江，形勢險固，爲六朝軍事要地。

[3]袁昂：本名千里，後爲齊武帝賜名昂，字千里。陳郡陽夏（今河南太康縣）人。南朝梁大臣、書法理論家、畫家。劉宋雍州刺史袁顗之子。本書卷二六有附傳，《梁書》卷三一有傳。

[4]革製書與昂：江革爲蕭衍作《與袁昂書》，見《梁書·袁

昂傳》。

［5］建安王：梁武帝弟蕭偉的初封爵號。蕭偉，字文達，南蘭陵蘭陵（今江蘇常州市武進區）人。南朝梁宗室大臣。梁文帝蕭順之第八子，梁武帝蕭衍的弟弟，母爲陳太妃。本書卷五二、《梁書》卷二二有傳。

［6］管記：官名。南朝梁、陳，北齊置。掌文書，多置於東宫、相府、王府等。常以文學之士擔任，亦有以中書侍郎兼掌者。一説即記室參軍之職。

［7］征北：官名。征北將軍之省稱。與征東、征西、征南將軍合稱四征將軍。多爲持節都督，出鎮方面，地位顯要。　記室參軍：諸王府、公府、將軍府皆置，爲記室曹長官，掌文疏表奏。

［8］帶：官制術語。兼帶下屬職官。有其官號、俸禄而不理其職事。　中廬：縣名。治所在今湖北南漳縣東北。

［9］雍府：建安王雍州府。

［10］馭二龍於長途，騁騏驥於千里：典出《三國志》卷四九《吴書·劉繇傳》："平原陶丘洪薦繇，欲令舉茂才。刺史曰：'前年舉公山，奈何復舉正禮乎？'洪曰：'若明使君用公山於前，擢正禮於後，所謂御二龍於長塗，騁騏驥於千里，不亦可乎！'"二龍，《後漢書》卷六八《許劭傳》："（劭）兄虔亦知名，汝南人稱平輿淵有二龍焉。"

［11］江夏：郡名。治夏口城，在今湖北武漢市武昌區。

［12］款：情感真誠。　布衣：布衣之交。指不分貴賤、情感深厚的交誼。

後爲建康正，[1]頻遷秣陵、建康令，[2]爲政明肅，豪彊憚之。歷中書舍人，尚書左丞，晋安王長史、尋陽太守，[3]行江州府事。[4]徙廬陵王長史，[5]太守、行事如故。以清嚴爲屬城所憚。時少王行事，[6]多傾意於籤帥，[7]革以正直自居，不與典籤趙道智坐。道智因還都啓事，面諫革墮事好酒，以琅邪王曇聰代爲行事。南州士庶爲之語曰："故人不道智，新人佞散騎，莫知度不度，新人不如故。"遷御史中丞，彈奏豪權，一無所避。

[1]建康正：官名。與建康平、建康監合稱建康三官。梁武帝天監元年（502）置，掌京師建康刑獄。梁四班。

[2]秣陵：縣名。治所在今江蘇南京市中華門外故報恩寺附近。

[3]尋陽：郡名。治柴桑縣，在今江西九江市西南。

[4]江州：州名。治所與尋陽郡同，在今江西九江市西南。

[5]廬陵王：梁武帝子蕭續的封爵號。蕭續，字世訢，梁武帝第五子。武帝天監八年封廬陵郡王。本書卷五三、《梁書》卷二九有傳。廬陵，郡名。治石陽縣，在今江西吉水縣東北。

[6]少王：指梁武帝之子廬陵王蕭續。

[7]籤帥：官名。即典籤。南朝時，王公軍州府乃至丹陽尹皆置。王國典籤，常以皇帝近侍充任，名爲典領文書，實則監察諸王行爲，其權力甚大，故有"籤帥"之稱。

後爲鎮北豫章王長史、廣陵太守。[1]時魏徐州刺史元法僧降附，[2]革被敕隨府王鎮彭城。[3]城既失守，革素不便馬，[4]汎舟而還。途經下邳，[5]爲魏人所執。魏徐州刺史安豐王延明聞革才名，[6]厚加接待。革稱脚疾不拜，延明將害之，見革辭色嚴正，更加敬重。時祖暅同被拘縶，[7]延明使暅作欹器漏刻銘，[8]革唾罵暅曰："卿荷國厚恩，已無報答，乃爲虜立銘，孤負朝廷。"延明聞之，乃令革作《丈八寺碑》并《祭彭祖文》，[9]革辭以囚執既久，無復心思。延明將加箠扑，[10]革厲色曰："江革年六十，不能殺身報主，今日得死爲幸，誓不爲人執筆。”延明知不可屈乃止。日給脱粟三升，[11]僅餘性命。會魏帝請中山王元略反北，[12]乃放革及祖暅還朝。上大宴，舉酒勸革曰：“卿那不畏延明害？”對曰：“臣行年六十，死不爲夭，豈畏延明。”帝曰：“今日始見蘇武之節。”[13]於是以爲太尉臨川王長史。

[1]豫章王：梁武帝子蕭綜的封爵號。一作蕭纘，本名蕭綜，字德文，小名緣覺。南朝齊宗室大臣。東昏侯蕭寶卷遺腹子，梁武帝蕭衍養子（名義上的次子），母爲吴景暉。本書卷五三、《梁書》卷五五有傳。　廣陵：郡名。治廣陵縣，在今江蘇揚州市西北蜀岡上。

[2]徐州：州名。治彭城縣，在今江蘇徐州市。　元法僧：字法僧，河南洛陽（今河南洛陽市）人，鮮卑族。北魏宗室、叛臣。北魏道武帝拓跋珪玄孫，江陽郡王拓跋鍾葵之子。梁武帝普通五年(524)，趁魏室大亂，稱帝，爲安樂王元鑒所敗。歸順梁武帝，授侍中、司空，封始安郡公。《梁書》卷三九有傳，《北史》卷一六有附傳。

[3]彭城：徐州鎮所，在今江蘇徐州市。

[4]素：平時，一直。

[5]下邳：縣名。治所在今江蘇睢寧縣西北古邳鎮東。

[6]安豐王延明：北魏文成帝之孫元延明封爵號安豐王。元延明，字延明，河南洛陽（今河南洛陽市）人，鮮卑族。北魏宗室大臣、藏書家、數學家。文成帝拓跋濬的孫子，安豐匡王拓跋猛嫡長子。《魏書》卷二〇有附傳。安豐，縣名。治所在今安徽霍邱縣西南。

[7]祖暅：一作祖暅之，字景爍，范陽遒（今河北淶水縣）人。南北朝時期數學家、天文學家。祖沖之之子。同父親祖沖之一

起圓滿解決了球面積的計算問題，得到正確的體積公式，並據此提出了著名的“祖暅原理”。本書卷七二有附傳。

［8］欹器：一種計時器，類似沙漏。設計奇特：有雙耳可穿繩懸挂，底厚而收尖，利於空瓶時向下垂直；口薄而敞開，利於盛滿大量的水時而傾倒。其上放置勻速滴水，則形成周期性自動滴入水、傾倒水、空瓶立正，循環往復。關於“欹器”的最早記載，見於《荀子·宥坐》。

［9］《丈八寺碑》：按，《資治通鑑》卷一五〇《梁紀六》梁武帝普通六年六月條下作“《大小寺碑》”，胡三省注引《考異》曰：“《南史》作‘《丈八寺碑》’。今從《梁書》。”是《考異》所見《梁書》作《大小寺碑》。　《祭彭祖文》：彭祖以長壽著稱。彭祖爲姓，名鏗，帝顓頊之玄孫，陸終之子。《資治通鑑·梁紀六》胡三省注:“彭城，大彭氏之墟也，故祭之。”

［10］箠扑：鞭笞。

［11］脱粟：粗糧，衹脱去穀皮的粗米。

［12］會魏帝請中山王元略反北：北魏以江革、祖暅易元略之事，詳《魏書》卷三八《刁雍傳》及《洛陽伽藍記》卷四《追光寺》條。中山王元略，中山，郡名。治盧奴縣，在今河北定州市。元略，字儁興，河南洛陽人。北魏宗室宰相。中山王元英第四子，南秦州刺史元誘第四弟。器度寬雅，爲人和邃。領軍將軍元叉掌權，殺害太傅清河王元懌。貶爲懷朔鎮副將，聯合中山王元熙兄弟，起兵勤王。兵敗之後，投奔南朝梁，深得梁武帝蕭衍敬重。孝明帝即位後，回歸北魏，拜侍中、驃騎大將軍、尚書令，領國子祭酒，封東平王。《魏書》卷一九有附傳。

［13］蘇武：西漢時期傑出的外交家。武帝天漢元年（前 100）奉命以中郎將持節出使匈奴，被扣留。匈奴貴族多次威脅利誘，欲使其投降；後將他遷到北海邊牧羊，揚言要公羊生子方可釋放他回國。蘇武歷盡艱辛，留居匈奴十九年持節不屈。至昭帝始元六年（前 81），方獲釋回漢。漢宣帝將蘇武列爲麒麟閣十一功臣之一。

《漢書》卷五四有傳。

時帝惑於佛教，朝賢多啓求受戒。革精信因果，[1]而帝未知，謂革不奉佛法，乃賜革《覺意詩》五百字，云："唯當勤精進，自彊行勝脩，[2]豈可作底突，[3]如彼必死因。以此告革，及諸貴遊。"[4]又手敕曰："果報不可不信，豈得底突如對元延明邪。"革因乞受菩薩戒。[5]

［1］因果：佛教用語。梵語 hetu-phala，指原因與結果。佛教認爲一切法皆是依因果之理而生成或滅壞。因是能生，果是所生。而且有因必有果，有果必有因。由因生果，因果歷然。十界迷悟，不外是因果關係。

［2］勝脩：指佛徒的修行。

［3］底突：頂撞，衝突。

［4］以此告革，及諸貴遊：中華本校勘記據《梁書》卷三六《江革傳》補作"以此告江革並及諸貴遊"。按上"乃賜革覺意詩五百字"，則此末二句不應四字爲句也。貴遊，無官職的王公貴族。

［5］菩薩戒：大乘菩薩所受持之戒律。菩薩戒之内容爲三聚净戒，即攝律儀戒、攝善法戒、饒益有情戒等三項，亦即聚集了持律儀、修善法、度衆生等三大門之一切佛法，作爲禁戒以持守之。説菩薩戒之大乘典籍甚多，可綜合爲梵網與瑜伽二類律典。

時武陵王紀在東州，[1]頗驕縱，上以臧盾性弱，[2]不能匡正，[3]召革慰遣，乃除武陵王長史、會稽郡丞，行府州事。革門生故吏家多在東，聞革應至，並賫持緣道迎候。[4]革曰："我通不受餉，[5]不容獨當故人筐篚。"[6]至鎮唯資公俸，食不兼味。郡境殷廣，辭訟日數百，革分判辯析，曾無疑滯，[7]人安吏畏，百城震恐。琅邪王騫爲山陰令，[8]贓貨狼籍，[9]望風自解。府王憚之。每侍讌，言論必以《詩》《書》，王因此耽學好文。典籤沈熾文以王所制詩呈武帝，帝謂僕射徐勉曰："革果稱職。"乃除都官尚書。[10]將還，贈遺一無所受，送故依舊訂舫，[11]革並不納，唯乘臺所給一舸。[12]舸艚偏欹，[13]不得安卧。或請濟江徙重物以迮輕艚，[14]革既無物，乃於西陵岸取石十餘片以實之。[15]其清貧如此。

[1]武陵王：梁武帝子蕭紀的封爵號。蕭紀，字世詢。梁元帝蕭繹之弟。自幼勤學，不好輕華，受封武陵郡王，後任益州刺史。治理蜀地，頗有政績，加號征西大將軍。侯景之亂時候，没有帶兵勤王，梁武帝和梁簡文帝相繼駕崩後。爲了和梁元帝争奪帝位，稱帝於成都，年號天正，受到西魏大將韋孝寬和梁元帝的討伐。天正二年（553），被部下樊猛殺害，他的侄子梁宣帝蕭詧追贈他爲丞相武陵貞獻王。本書卷五三、《梁書》卷五五有傳。武陵，郡名。治臨沅縣，在今湖南常德市。　東州：即東揚州，治所在今浙江紹興市。

[2]臧盾：字宣卿。南朝梁大臣。本書卷一八有附傳，《梁書》卷四二有傳。

[3]匡正：糾正，改正。

[4]賫持：捧持。出自王充《論衡·紀妖》："妖氣象人之形，則其所賫持之物，非真物也。"

[5]通：一貫，一概。

[6]筐篚：盛物竹器。方曰筐，圓曰篚。此處代指禮物。

[7]疑滯：遲疑不决，猶豫不定。

[8]王騫：字思寂，琅邪臨沂（今山東臨沂市）人。王儉長

子，本字玄成，與齊高帝偏諱同，故改焉。南朝梁官吏。本書卷二二有傳。　山陰：縣名。治所在今浙江紹興市。

［9］贓貨：用不正當手段獲取的財貨。　狼籍：亂七八糟的樣子；雜亂不堪。

［10］都官尚書：官名。尚書省都官曹長官。掌法律刑獄及水利工程政令。梁十三班。

［11］送故：六朝時官吏離任，地方吏民斂財相送，是爲送故。

［12］舸：大船。

［13］偏欹：傾斜。

［14］迮：壓迫。

［15］西陵：渡口名。在今浙江杭州市蕭山區西。

尋監吴郡，[1]時境内荒儉，[2]劫盜公行。革至郡唯有公給仗身二十人，[3]百姓皆懼不能静寇，革乃省游軍尉，[4]百姓逾恐。革乃廣施恩惠，盜賊静息。[5]

［1］吴郡：郡名。治吴縣，在今江蘇蘇州市。

［2］荒儉：猶荒歉。

［3］仗身：執武器的隨從衛士。

［4］乃：《梁書》卷三六《江革傳》作“反”。當從《梁書》。　游軍：無固定防地的巡邏軍隊。

［5］静息：静止。

武陵王出鎮江州，乃曰："我得江革文，[1]得革清貧，豈能一日忘之，當與其同飽。"乃表革同行。除南中郎長史、尋陽太守。[2]徵入爲度支尚書。[3]好奬進閭閻，[4]爲後生延譽，[5]由是衣冠士子翕然歸之。[6]時尚書令何敬容掌選，[7]序用多非其人。[8]革性彊直，每朝宴恒有褒貶，以此爲權貴所疾。[9]乃謝病還家，[10]除光禄大夫，優游閑放，以文酒自娱。卒，謚曰彊子。有集二十卷行於世。革歷官八府長史，四王行事，三爲二千石，[11]傍無姬侍，[12]家徒壁立，時以此高之。長子敏早卒，[13]次子德藻。

[1]文：汲古閣本同，殿本作“又”。

[2]南中郎：官名。南中郎將之省稱。東、西、南、北四中郎將之一。

[3]度支尚書：官名。尚書省列曹尚書之一，掌財賦支調、計算。梁十三班。

[4]閭閻：平民居住的地區，借指民間或平民。

[5]延譽：傳揚聲譽，傳揚好名聲。

[6]翕然：形容言論、行爲一致。

[7]何敬容：字國禮，廬江灊（今安徽霍山縣）人。南梁大臣、文學家。太常卿何攸之之孫，吏部尚書何昌玓之子。曾以尚書右僕射參掌選事，故稱參掌。本書卷三〇有附傳，《梁書》卷三七有傳。

[8]序用多非其人：按，《梁書·何敬容傳》載：“（敬容）守吏部尚書，銓序明審，號爲稱職。”與此所言矛盾。

[9]疾：痛恨。

[10]謝病：推託有病。

[11]三爲二千石：二千石，漢代内自九卿郎將，外至郡守尉的俸禄等級皆爲二千石。後因稱郎將、郡守爲二千石。江革三爲太守，故云。

[12]姬侍：侍妾。

[13]長子敏早卒：中華本校勘記云：“‘行’字各本並脱，據

《梁書》《通志》補。”

德藻字德藻，[1]好學，美風儀，身長七尺四寸。性至孝，事親盡禮。與異産昆弟居，[2]恩惠甚篤。涉獵經籍，善屬文。仕梁爲尚書比部郎，[3]以父憂去職。服闋後，容貌毁瘠，[4]如居喪時。

[1]德藻：江德藻。《陳書》卷三四有傳。

[2]異産：指異母所生。

[3]尚書比部郎：官名。尚書省諸曹郎之一，屬吏部尚書。掌擬定、修訂法律。梁侍郎六班，郎中五班。

[4]毁瘠：哀毁瘠立。形容在父母喪中因過度悲傷而瘦得衹剩一把骨頭。

及陳武帝受禪，[1]爲秘書監，兼尚書左丞。尋以本官兼中書舍人。天嘉中，[2]兼散騎常侍，與中書郎劉師知使齊，[3]著《北征道里記》三卷。還除太子中庶子。[4]遷御史中丞，坐公事免。後自求宰縣，補新渝令。[5]政尚恩惠，頗有異績。卒於官，文帝贈散騎常侍。文筆十五卷。子椿亦善屬文，位尚書右丞。[6]

[1]陳武帝：陳霸先。字興國，小字法生，吴興長城（今浙江長興縣）下若里人，祖籍潁川（今河南許昌市）。東漢太丘長陳寔後裔。南北朝時期陳開國皇帝。本書卷九，《陳書》卷一、卷二有紀。　受禪：亦作“受嬗”。王朝更迭，新皇帝承受舊帝讓給的帝位。

[2]嘉：汲古閣本同，殿本作“監”。

［3］劉師知：沛國相（今安徽濉溪縣）人。南朝陳大臣。本書卷六八、《陳書》卷一六有傳。　齊：北齊。

［4］太子中庶子：官名。太子東宫屬官。梁時以功高者一人爲祭酒。行則負璽，前後部護駕。梁十一班。陳沿置，四品，秩二千石。

［5］新渝：縣名。亦作新喻。治所在今江西新餘市南。

［6］尚書右丞：官名。尚書省屬官，與尚書左丞分掌尚書省事務。梁八班。陳四品，秩六百石。

德藻弟從簡，[1]少有文情，年十七，作《采荷調》以刺何敬容，[2]爲當時所賞。位司徒從事中郎。[3]侯景亂，[4]爲任約所害。[5]子兼叩頭流血，乞代父命，以身蔽刃，遂俱見殺，天下痛之。

［1］從簡：江從簡。《梁書》卷三六有附傳。

［2］作《采荷調》以刺何敬容：按，郭茂倩《樂府詩集》卷七五《雜曲歌辭一五·采荷調》解題引《樂府廣題》："梁太尉從事中郎江從簡，年十七，有才思，爲《采荷調》以刺敬容。敬容覽之，不覺嗟賞，愛其巧麗。敬容時爲宰相。"其辭云："欲持荷作柱，荷弱不勝梁。欲持荷作鏡，荷暗本無光。"按，此事亦載《太平御覽》卷九九九引《三國典略》。

［3］司徒從事中郎：官名。司徒府屬官，與長史共掌官吏事。梁八班。

［4］侯景：本姓侯骨，字萬景，懷朔鎮（今内蒙古固陽縣）人。南北朝時將領。發動侯景之亂，率軍進攻京師建康，屠戮門閥世家，囚殺梁武帝父子。梁簡文帝大寶二年（551），篡位自稱皇帝，國號爲漢。本書卷八〇、《梁書》卷五六有傳。

［5］任約：南朝梁武帝時將領。侯景部屬，隨侯景反，爲儀同

南道行臺。梁敬帝時與徐嗣輝舉兵反，戰敗奔於江西。

徐勉字脩仁，[1]東海郯人也。[2]祖長宗，宋武帝霸府行參軍。[3]父融，南昌相。[4]

[1]徐勉：《梁書》卷二五有傳。

[2]東海：郡名。治郯縣，在今山東郯城縣。　郯：縣名。治所在今山東郯城縣。

[3]宋武帝：劉裕。字德輿，小名寄奴，彭城（今江蘇徐州市）人。南朝宋建立者。仕晋官至相國，封宋王。晋恭帝元熙二年（420）代晋稱帝。本書卷一、《宋書》卷一至卷三有紀。　霸府：晋、南北朝和五代時勢力强大，終成王業的藩王或藩臣的府署。

[4]南昌：縣名。治所在今江西南昌市。　相：官名。侯國官，掌民政。宋五品。

勉幼孤貧，早勵清節。年六歲，屬霖雨，[1]家人祈霽，[2]率爾爲文，[3]見稱耆宿。[4]及長好學，宗人孝嗣見之歎曰："此所謂人中之騏驥，必能致千里。"又嘗謂諸子曰："此人師也，爾等則而行之。"年十八，召爲國子生，便下帷專學，精力無怠。同時儕輩肅而敬之。[5]祭酒王儉每見，[6]常目送之，曰："此子非常器也。"每稱有宰輔之量。射策甲科，[7]起家王國侍郎，[8]補太學博士。[9]時每有議定，勉理證明允，莫能貶奪，同官咸取則焉。

[1]霖雨：連綿大雨。

[2]祈霽：祈求雨止。

[3]率爾：不假思索的樣子。

[4]耆宿：年老資深德高望重的人。

[5]儕輩：平輩。

[6]祭酒：國子祭酒之省稱。國子學長官，屬太常。參議禮制。齊第三品。　王儉：字仲寶，琅邪臨沂（今山東臨沂市）人。仕齊，官侍中、太子少傅，領國子祭酒，開府儀同三司。薨，贈太尉，謚文憲公。本書卷二二有附傳，《南齊書》卷二三有傳。

[7]射策：古代考試方式之一種。由主試者出題書之於簡策，分甲乙科，列置案上，應試者隨意取答。主試者據以定其優劣。上者爲甲，次者爲乙。

[8]王國侍郎：官名。王國屬官，掌侍從、諫諍。官品不詳。

[9]太學博士：官名。屬太常卿，掌教授國子學生，參議禮制。員八人。

遷臨海王西中郎田曹行參軍，[1]俄徙署都曹。時琅邪王融一時才儁，特相慕悅，嘗請交焉。勉謂所親曰："王郎名高望促，難可輕襞衣裾。"[2]融後果陷於法，以此見推識鑒。累遷領軍長史。[3]

[1]臨海王：齊文惠太子之子蕭昭秀的封爵號。蕭昭秀，字懷尚，南蘭陵（今江蘇常州市武進區）人。齊武帝蕭賾之孫，文惠太子蕭長懋第三子，生母宮人陳氏。《南齊書》卷五〇有傳。

[2]襞衣裾：本指以衣拂席爲敬，引申爲致敬。襞，拂拭。

[3]領軍：官名。領軍將軍之省稱。掌禁衛軍，管天下兵要。職任甚重。宋三品。齊官品不詳。　長史：官名。王公軍府屬官，掌本府官吏。其品秩依府主地位高下而定。

初與長沙宣武王游，[1]梁武帝深器賞之，及武帝兵至建鄴，勉於新林謁見，[2]帝甚加恩禮，使管書記。及帝即位，拜中書侍郎，進領中書通事舍人，[3]直内省。遷臨川王後軍諮議、尚書左丞。[4]自掌樞憲，[5]多所糾舉，時論以爲稱職。

[1]長沙宣武王：蕭懿。字元達。梁太祖蕭順之之子，梁武帝蕭衍胞兄。後爲東昏侯所殺。武帝天監元年（502），蕭衍稱帝，追贈蕭懿爲丞相、長沙郡王，謚號宣武。本書卷五一有傳，《梁書》卷二三有附傳。

[2]新林：浦名。又名新林浦、新林港。在今江蘇南京市西南。

[3]中書通事舍人：官名。魏晋時於中書省内置中書通事舍人，掌傳宣詔命。南朝沿置，宋時漸用寒士及皇帝親信任此職，奪中書侍郎草擬詔書之權。至梁，除“通事”二字，稱中書舍人，任起草詔令之職，參與機密，權力日重。多由他官兼領。員四人，四班。

[4]後軍：官名。後軍將軍之省稱。左、右、前、後四軍將軍之一，爲禁衛軍主要將領，掌宿衛。梁初不詳。　諮議：官名。諮議參軍省稱。王公官府屬官，掌諷議。梁初不詳。

[5]樞憲：指尚書左丞。尚書省爲朝廷中樞，而左丞掌執法，故稱。

天監三年，[1]除給事黄門侍郎，[2]尚書吏部郎，參掌大選。[3]遷侍中。[4]時師方侵魏，[5]候驛填委。[6]勉參掌軍書，劬勞夙夜，[7]動經數旬，乃一還家。群犬驚吠，[8]勉歎曰：“吾憂國忘家，乃至於此。若吾亡後，亦是傳中一事。”

[1]三年：《梁書》卷二五《徐勉傳》、《資治通鑑》卷一四五

《梁紀一》梁武帝天監二年作“二年”。

[2]給事黄門侍郎：官名。門下省的次官，協助長官侍中掌侍從贊相，獻納諫正，糾駁制敕。

[3]參掌：官制術語。本官之外，奉特敕掌管本官職權範圍之外的他項事務。　大選：六朝以吏部尚書爲大選，尚書吏部郎爲小選。

[4]侍中：官名。門下省長官。掌侍從左右，盡規獻納，儐相威儀等。參與決策，是中樞集團重要成員。員四人。梁十二班。

[5]時師方侵魏：指天監四年（505）梁武帝命臨川王宏都督衆軍伐魏事。見《梁書》卷二《武帝紀中》、卷二二《臨川王宏傳》。

[6]填委：紛集，堆積。

[7]劬勞：勞累。　夙夜：早晨和夜晚，泛指時時刻刻。

[8]群犬驚吠：因爲長期在外辦公，久不回家，家中之犬已經辨認不出主人了，側面襯托“憂國忘家”的情懷。

六年，除給事中、五兵尚書，[1]遷吏部尚書。勉居選官，彝倫有序。[2]既閑尺牘，[3]兼善辭令，雖文案填積，坐客充滿，應對如流，手不停筆。又該綜百氏，[4]皆避其諱。嘗與門人夜集，客有虞暠求詹事五官。[5]勉正色答云：“今夕止可談風月，不宜及公事。”故時人服其無私。天監初，官名互有省置，勉撰立選簿奏之，有詔施用。其制開九品爲十八班，[6]自是貪冒苟進者以財貨取通，守道淪退者以貧寒見没矣。

[1]給事中：官名。集書省官員，掌侍從及收發文書，地位不高。梁武帝天監七年（508）革選，定流内官職爲十八班，以班多

者爲貴，給事中爲四班。　五兵尚書：官名。尚書省列曹尚書之一，掌軍事行政。梁十三班。

[2]彝倫：人倫。

[3]閑：通“嫻”。嫻熟。

[4]百氏：此處指百家譜，亦即僑姓高門的代稱。

[5]客：殿本同，汲古閣本作“容”。　詹事五官：官名。太子詹事之僚屬。梁二班。

[6]十八班：南朝梁、陳的官吏等級制。梁武帝初依魏、晋制度，定官秩爲九品，一品官萬石；二、三品官中二千石，四、五品二千石。梁武帝天監七年，吏部尚書徐勉改定爲十八班，十八班居首，一班居末。同班之中，依排列順序，在下者爲劣。如最高的十八班，丞相居首，依次爲太宰、太傅、太保、大司馬、大將軍、太尉、司徒、司空。十八班之外，另分七班，多爲皇帝、皇子府、藩國、地方班府官吏。郡守及丞，另爲一類，分十班。縣的令長亦另分七班。梁將軍名號極繁，自成一類，初分二十四班，後增至四十四班。陳遵梁制，亦分十八班。

後爲左衛將軍，[1]領太子中庶子，侍東宫。昭明太子尚幼，敕知宫事，太子禮之甚重，每事詢謀。嘗於殿講《孝經》，臨川王宏、尚書令沈約備二傅，[2]勉與國子祭酒張充爲執經，[3]王瑩、張稷、柳憕、王暕爲侍講。[4]時選極親賢，妙盡人譽。勉陳讓數四，又與沈約書，求换侍講，詔弗許，然後就焉。舊揚、徐首迎主簿，盡選國華中正，取勉子崧充南徐選首。[5]帝敕之曰：“卿寒士，而子與王志子同迎，偃王以來未之有也。”勉耻以其先爲戲，答旨不恭，由是左遷散騎常侍，[6]領游擊將軍。[7]

[1]左衛將軍：官名。禁衛軍六軍之一，與右衛將軍合稱二衛將軍，掌宫廷宿衛營兵。員一人。梁十二班。

[2]二傅：指太子太傅、少傅。

[3]執經：南北朝時，講儒、佛經典，以專人持經文唱讀，以備講經人講解。持經文唱讀者謂之執經。

[4]玉瑩：字奉光，琅邪臨沂（今山東臨沂市）人。本書卷二三有附傳，《梁書》卷一六有傳。 張稷：字公喬，吴郡吴（今江蘇蘇州市）人。本書卷三一有附傳，《梁書》卷一六有傳。 柳憕：字文若。本書卷三八有附傳。 王暕：字思晦，琅邪臨沂（今山東臨沂市）人。本書卷二二有附傳，《梁書》卷二一有傳。 侍講：爲皇帝、太子、諸王講經者。

[5]南徐：州名。治京口城，在今江蘇鎮江市。

[6]左遷：貶官。《史記》卷八一《廉頗藺相如列傳》司馬貞索隱引董勳《答禮》曰："職高者名録在上，於人爲右；職卑者名録在下，於人爲左，是以謂下遷爲左。"

[7]游擊將軍：官名。梁武帝天監六年（507）置，掌宫廷侍衛。十一班。

後爲太子詹事，[1]又遷尚書右僕射，詹事如故。時人間喪事多不遵禮，朝終夕殯，相尚以速。勉上疏曰："《禮記·問喪》云：'三日而後斂者，以俟其生也。[2]三日而不生，亦不生矣。'頃來不遵斯制，送終之禮，殯以朞日。[3]潤屋豪家，[4]乃或半晷。[5]衣衾棺槨，以速爲榮。親戚徒隸，各念休反。故屬纊纔畢，[6]灰釘已具。[7]忘狐鼠之顧步，媿燕雀之徊翔，[8]傷情戚理，[9]莫此爲大。且人子承衾之時，[10]志懣心絶，[11]喪事所資，悉關他手。愛憎深淺，事寔難原。如覘視或爽，[12]存没違濫，使萬有其一，怨酷已多，豈不緩其告斂之辰，[13]申其望生之冀。請自今士庶宜悉依古，三日大斂。[14]如其不奉，加以糾繩。"[15]詔可其奏。

[1]太子詹事：官名。東宫職官，總領東宫官屬、庶務。梁武帝天監七年（508）革選，定流内官職爲十八班，以班多者爲貴。太子詹事爲十四班。

[2]俟：等待。

[3]朞日：朞，指時間周而復始。《素問・天元紀大論》："運氣運行，各終朞日，非獨主時也。"

[4]潤屋：指家庭富有。《禮記・大學》："富潤屋，德潤身。"孔穎達疏："言家若富則能潤其屋，有金玉，又華飾見於外也。"

[5]半晷：半日。

[6]屬纊：謂用新綿置於臨死者鼻前，察其是否斷氣。多指臨終將死。

[7]灰釘：釘棺的鐵釘和棺中的石灰。皆爲斂尸封棺所用之物。

[8]忘狐鼠之顧步，媿燕雀之徊翔：謂不循禮制而速葬，應有愧於鳥獸。《禮記・三年問》："凡生天地之間者，有血氣之屬必有知，有知之屬莫不知愛其類。今是大鳥獸則失喪其群匹，越月逾時焉則必反巡，過其故鄉，翔回焉，鳴號焉，蹢躅焉，踟蹰焉，然後乃能去之。小者至於燕雀，猶有啁噍之頃焉，然後乃能去之……將由夫患邪淫之人與？則彼朝死而夕忘之，然而從之，則是曾鳥獸之不若也。"

[9]戚：汲古閣本、百衲本同，殿本作"滅"。

[10]承衾之時：《禮記・喪大記》："凡哭屍於室者，主人二手承衾而哭。"陳澔《集説》："承衾而哭，猶若致其親近扶持之情也。謂初死時。"

[11]懣：煩悶。

[12]爽：差錯。

[13]豈不緩其告斂之辰：中華本校勘記據《梁書》卷二五《徐勉傳》、《册府元龜》卷五七九改“不”作“若”。

[14]大斂：亦作大殮。喪禮之一。將已裝裹的尸體放入棺材。《儀禮·既夕禮》：“大斂於阼。”鄭玄注：“主人奉屍斂於棺。”

[15]糾繩：督察糾正。

又除尚書僕射、中衛將軍。[1]勉以舊恩，繼升重位，盡心奉上，知無不爲。爰自小選迄于此職，[2]常參掌衡石，[3]甚得士心。禁省中事，未嘗漏泄，每有表奏，輒焚藁草。博通經史，多識前載。齊世王儉居職已後，莫有逮者。朝儀國典，昏冠吉凶，勉皆預圖議。

[1]尚書僕射：官名。尚書令副佐，並與尚書分領諸曹。南朝不常置，若尚書左右僕射並缺，則置以總掌左右事。梁十五班。中衛將軍：官名。將軍名號。爲一百二十五號將軍之一，二十三班。

[2]小選：指尚書吏部郎。六朝稱吏部尚書爲大選，吏部郎爲小選。

[3]衡石：指選拔、甄别人才。

初，勉受詔知撰五禮，[1]普通六年功畢，表上之曰：

[1]五禮：《周禮·春官·大宗伯》載大宗伯之職：以吉禮事邦國之鬼神示，以凶禮哀邦國之憂，以賓禮親邦國，以軍禮同邦國，以嘉禮親萬民。《隋書·禮儀志一》：“商辛無道，雅章湮滅。周公救亂，弘制斯文。以吉禮敬鬼神，以凶禮哀邦國，以賓禮親賓

客，以軍禮誅不虔，以嘉禮合姻好，謂之五禮。"《太平御覽》卷五二三引《禮記外傳》曰："吉凶賓軍嘉即五禮之目也。吉禮者，祭祀郊廟宗社之事是也；凶禮者，喪紀之説，年穀不登，大夫去國之事也；賓禮者，貢獻朝聘之事是也；軍禮者，始黄帝與蚩尤戰於涿鹿之野；嘉禮者，好會之事，起自伏羲，以儷皮爲幣，始制嫁娶，其後有冠、鄉飲酒、鄉射、食耆老、王燕族人之事是也。"

夫禮以安上化人，弘風訓俗，經國家，利後嗣者也。唐、虞、三代，咸必由之。在乎有周，憲章尤備，因殷革夏，損益可知。[1]雖復經禮三百，曲禮三千，[2]經文三百，威儀三千，[3]其大歸有五，即宗伯所掌曲禮，[4]吉爲上，凶次之，賓次之，軍次之，嘉爲下也。故祠祭不以禮，則不齊不莊；喪紀不以禮，則背死忘生者衆；賓客不以禮，則朝覲失其儀；軍旅不以禮，則致亂於師律；冠昏不以禮，則男女失其時。爲國脩身，於斯攸急。[5]洎周室大壞，王道既衰，官守斯文，日失其序。[6]暴秦滅學，[7]埽地無餘。漢氏鬱興，[8]日不暇給，猶命叔孫於外野，[9]方知帝王之爲貴。末葉紛綸，遞有興毀。及東京曹褒，[10]南宫制述，集其散略，百有餘篇。雖寫以尺簡，而終闕平奏。其後兵革相尋，異端互起，[11]章句既淪，[12]俎豆斯輟。[13]方領矩步之容，[14]事滅於旌鼓，[15]蘭臺石室之典，用盡於帷蓋。[16]至乎晋氏，爰定《新禮》，荀顗制之於前，[17]摯虞删之於末。[18]既而中原喪亂，罕有所遺，江左草創，[19]因循而已。釐革之風，[20]是則未暇。

［1］因殷革夏，損益可知：出自《論語·爲政》：子張問："十世可知也?" 子曰："殷因於夏禮，所損益可知也；周因於殷禮，所損益可知也。其或繼周者，雖百世，可知也。"

［2］經禮三百，曲禮三千：典出《禮記·禮器》："故經禮三百，曲禮三千，其致一也。"

［3］經文三百，威儀三千：典出《禮記·中庸》："禮儀三百，威儀三千，待其人而後行。" 宋代朱熹《中庸章句》："禮儀，經禮也；威儀，曲禮也。"

［4］宗伯：《周禮》所載官名，六卿之一。《周禮·春官》：大宗伯，掌邦國祭祀典禮。　曲：汲古閣本同，殿本作"典"。

［5］攸急：十分急切。

［6］"洎周室大壞" 至 "日失其序"：《論語·季氏》："孔子曰：'天下有道，則禮樂征伐自天子出；天下無道，則禮樂征伐自諸侯出。'" 洎，自。

［7］暴秦滅學：即焚書坑儒。又稱 "焚詩書，坑術士"。秦始皇在公元前 213 年和公元前 212 年焚毀書籍、坑殺 "犯禁者四百六十餘人"。

［8］鬱興：勃興。

［9］猶命叔孫於外野：叔孫，叔孫通。漢高祖劉邦踐阼後，接受叔孫通的建議，定朝儀。於是叔孫通與所徵諸生三十餘人及皇帝左右學者及弟子百餘人於野外習之。朝儀既行，劉邦乃曰："吾乃今日知爲皇帝之貴也。"《史記》卷九九有傳。叔孫通所訂朝儀簡明易行，適應了加强皇權的需要。司馬遷尊其爲漢家儒宗。

［10］東京曹褒：《後漢書》卷三五《曹褒傳》："章和元年正月，乃召褒詣嘉德門，令小黄門持班固所上叔孫通《漢儀》十二篇，敕褒曰：'此制散略，多不合經，今宜依禮條正，使可施行。於南宫、東觀盡心集作。' 褒既受命，乃次序禮事，依準舊典，雜以《五經》讖記之文，撰次天子至於庶人冠婚吉凶終始制度，以爲百五十篇，寫以二尺四寸簡。其年十二月奏上。帝以衆論難一，故但納

之，不復令有司平奏。”

［11］異端：指不合儒家正統的思想。

［12］章句：章句之學。指分析古書章節句讀的學問。宋代沈括《夢溪補筆談·辯證》：“古人謂章句之學，謂分章摘句，則今之疏義是也。”漢今文經學派專事此道。《漢書·藝文志》載：《尚書》有《歐陽章句》《夏侯章句》；《春秋》有《公羊章句》《穀梁章句》等皆是。《漢書》卷七五《夏侯勝傳》：“勝從父子建字長卿，自師事勝及歐陽高，左右采獲，又從《五經》諸儒問與《尚書》相出入者，牽引以次章句，具文飾説。”

［13］俎豆：本是古代宴享、朝聘、祭祀所用禮器，此代指禮儀。

［14］方領矩步：指儒生的服飾儀態。方領，直衣領；矩步，步履規矩合度。

［15］旍鼓：指戰争。此指東漢末之戰亂。

［16］蘭臺石室之典，用盡於帷蓋：蘭臺石室是古代宫廷藏書之所。帷蓋乃車之帷蓋。東漢末，董卓之亂，毁壞蘭臺、石室等之縑帛圖書，“大則連爲帷蓋，小乃制爲縢囊”。

［17］荀顗：西晋大臣。魏平蜀後，晋王司馬昭奏請帝命荀顗定禮儀。顗上書請羊祜、任愷、庾峻、應貞、孔顥共删改舊禮文，撰定晋禮。《晋書》卷三九有傳。

［18］摯虞：西晋大臣。晋惠帝元康中，摯虞爲吴王友，時荀顗撰新禮，使虞討論得失而後施行。《晋書》卷五一有傳。

［19］江左：因長江在今安徽蕪湖市、江蘇南京市間大致作南北流向，故習稱自此而下的長江南岸地區爲江東或江左。此處代指東晋。

［20］釐革：改革。

伏惟陛下睿明啓運，光天改物，［1］撥亂惟武，經俗以文。作樂在乎功成，制禮弘於業定。[2]伏尋所定五禮，起齊永明二年，太子步兵校尉伏曼容表求制一代禮樂。[3]于時參議，置新舊學士十人，止脩五禮，諮稟衛將軍丹揚尹王儉，[4]學士亦分住郡中，制作歷年，猶未克就。[5]及文憲薨，[6]遺文散逸，又以事付國子祭酒何胤，[7]經涉九載，猶復未畢。建武四年，[8]胤還東山，[9]齊明帝敕委尚書令徐孝嗣，舊事本末，隨在南第。[10]永元中，孝嗣於此遇禍，又多零落。當時鳩集所餘，[11]權付尚書左丞蔡仲熊、驍騎將軍何佟之共掌其事。[12]時禮局住在國子學中門外，東昏之時，[13]頻有軍火，其所散失，又踰太半。[14]天監元年，[15]佟之啓審省置之宜，敕使外詳。時尚書參詳，以天地初革，庶務權輿，[16]宜俟隆平，徐議刪撰。欲且省禮局，併還尚書儀曹。[17]詔旨云："禮壞樂缺，故國異家殊，寔宜以時脩定，以爲永準。"於是尚書僕射沈約等參議，請五禮各置舊學士一人，人各自舉學士二人相助，抄撰其中。有疑者依前漢石渠、後漢白虎，[18]隨源以聞，請旨斷決。乃以舊學士右軍記室參軍明山賓掌吉禮，[19]中軍騎兵參軍嚴植之掌凶禮，[20]中軍田曹行參軍兼太常丞賀瑒掌賓禮，[21]征虜記室參軍陸璉掌軍禮，[22]右軍參軍事司馬褧掌嘉禮，[23]尚書右丞何佟之總參其事。佟之亡後，以鎮北諮議參軍伏暅代之。[24]後又以暅代嚴植之掌凶禮。暅尋遷官，以《五經》博士繆昭掌凶禮。[25]復以禮儀深廣，記載殘缺，宜須博論，共盡其致，更使鎮軍將軍丹楊尹沈約、太常卿張充及臣三人同參厥務，[26]臣又奉別敕總知其事。末又使中書侍郎周捨、庾於陵二人復豫參知。[27]若有疑義，所掌學士當職先立議，通諮五禮舊學士及參知各言同異，條牒啓聞，決之制旨。[28]疑事既多，歲時又積，制旨裁斷，其數不少。莫不網羅經誥，玉振金聲。[29]凡諸奏決，皆載篇首，具列聖旨，爲不刊之則。[30]寧孝宣之能擬，[31]豈孝章之足云。[32]

[1]光天改物：中華本校勘記據《梁書》卷二五《徐勉傳》、《册府元龜》卷五六三改“光”作“先”。

[2]作樂在乎功成，制禮弘於業定：《禮記·樂記》：“王者功成作樂，治定制禮。”

[3]太子步兵校尉：官名。東宫三校之一，掌東宫侍衛。　伏曼容：字公儀，平昌安丘（今山東安丘市）人。南朝宋、齊大臣，著名儒士。早孤，與母兄客居南海（今廣東廣州市）。初以聚徒講學爲業。仕齊官至武昌太守、中散大失、臨海太守等。一生治學，尤善《老子》《周易》。南朝齊時，參與撰《喪服儀》。齊明帝不重儒術，他便自設高座講經，生徒常至數十百人。還撰有《周易集解》《毛詩集解》《表服集解》《老子義》《莊子義》《論語義》等。本書卷七一、《梁書》卷四八有傳。

[4]衛將軍：官名。將軍名號。爲重號將軍，用以加授大臣及重要地方長官。宋二品。齊官品不詳。

[5]克就：完成，成功。

[6]文憲：王儉謚號。代指王儉。

[7]何胤：字子季，廬江灊（今安徽霍山縣）人。南朝齊大

臣。何點弟。齊永明中曾官國子祭酒。本書卷三〇有附傳，《梁書》卷五一有傳。

［8］建武：南朝齊明帝蕭鸞年號（494—498）。

［9］東山：山名。在今浙江紹興市上虞區。

［10］南第：指華林省。齊永元元年（499）東昏侯召徐孝嗣入華林省，賜死。

［11］鳩集：聚集、搜集。

［12］驍騎將軍：官名。禁衛軍六軍之一，領營兵，掌宮廷護衛。宋四品。齊官品不詳。　何佟之：字士威，廬江灊（今安徽霍山縣）人。南朝齊大臣、學者。晋豫州刺史何惲六世孫，宋員外散騎常侍何邵之之孫。本書卷七一、《梁書》卷四八有傳。

［13］東昏：東昏侯蕭寶卷（亦作齊廢帝）。字智藏，本名明賢，南蘭陵蘭陵（今江蘇常州市武進區）人。南朝齊的第六任皇帝。齊明帝蕭鸞的次子。本書卷五、《南齊書》卷七有紀。

［14］踰：超過。

［15］天監：南朝梁武帝蕭衍年號（502—519）。

［16］權輿：起始。

［17］尚書儀曹：官署名。尚書省諸曹之一，掌禮儀。

［18］前漢石渠：指西漢石渠閣，漢宮中藏書之處。孝宣帝甘露三年（前51）與諸儒韋玄成、梁丘賀等講論於此。參見《漢書》卷八八《儒林傳》。　後漢白虎：指東漢白虎觀。東漢章帝建初四年（79），集諸儒於此講論五經同異，用皇帝名義製成定論，名《白虎通義》。參見《後漢書》卷三《章帝紀》。

［19］右軍：官名。右軍將軍之省稱。與前軍、後軍、左軍合稱四軍將軍。掌宮禁宿衛。梁九班。　明山賓：字孝若，平原鬲（今山東平原縣）人。南朝梁大臣。本書卷五〇有附傳，《梁書》卷二七有傳。

［20］中軍：官名。中軍將軍之省稱。爲重號將軍。梁二十三班。　騎兵參軍：官名。王公軍府屬官，掌本府騎兵曹。　嚴植

之：字孝源。建平秭歸（今湖北秭歸縣）人。南朝齊、梁時學者。少學老、莊，後改《毛詩》《鄭氏禮》《周易》《左傳》。齊武帝永明間爲廬陵王侍郎。梁武帝天監初兼《五經》博士，師從聽講者千餘人。撰有《凶禮儀注》。本書卷七一、《梁書》卷四八有傳。

［21］田曹行參軍：官名。王公軍府屬官，掌本府田曹事。位在正參軍之下。　賀瑒：字德璉，會稽山陰（今浙江紹興市）人。南朝梁大臣。賀循玄孫。少承家學。任齊爲太學博士、太常丞。入梁，復官太常丞。武帝天監四年初開五館，兼《五經》博士。爲皇太子定禮。精《三禮》，梁初創定禮樂，多用其説。曾聚徒教授鄉里，前後受業者達三千餘人，弟子中舉明經者亦數十人。著有《五經義》等。本書卷六二、《梁書》卷四八有傳。

［22］征虜：官名。征虜將軍之省稱。亦作爲高級文職官員的加官。宋三品。梁初不詳。　陸璉：吴郡（今江蘇蘇州市）人。南朝梁學者。曾仕於齊。武帝詔修“五禮”，以璉及賀瑒、嚴植之、明山賓、沈宏爲《五經》博士，璉掌軍禮。著有《軍禮儀注》一百九十卷、録二卷，佚。今存文一篇，見《全上古三代秦漢三國六朝文》；存詩九首，逯欽立輯入《先秦漢魏晋南北朝詩》。梁釋僧祐《弘明集》卷一〇有陸璉《答釋法書難范縝神滅論》。

［23］司馬褧：字元表，河内温（今河南温縣）人。南朝梁禮儀學家。國子博士司馬燮之子。少時好學，手不釋卷。起家奉朝請，除祠部郎中，負責創定禮樂制度。遷步兵校尉、通事舍人，累遷正員郎、尚書右丞，歷任長沙内史、御史中丞、南康長史、晋安長史。庾肩吾集《褧文》十卷，與所撰《嘉儀注》一百十二卷，並傳於世。本書卷六二、《梁書》卷四〇有傳。

［24］鎮北：官名。鎮北將軍之省稱。東南西北四鎮將軍之一。多爲持節都督，出鎮方面，權勢頗重。梁二十二班。　伏暅：字玄耀，平昌安丘（今山東安丘市）人。南朝齊、梁良吏。著名儒士伏曼容之子。幼傳父業，能言玄理，知名於世。本書卷七一有附傳，《梁書》卷五三有傳。

［25］《五經》博士：官名。梁武帝天監四年置，天監七年革選，定其官職爲六班。

［26］鎮軍將軍：官名。將軍名號。　太常卿：官名。梁十二卿之一，掌禮儀。梁十四班。

［27］庾於陵：字子介，南陽新野（今河南新野縣）人。南朝齊、梁大臣、學者。博學有才思，初爲荆州主簿，爲齊隨王子隆抄撰群書。入梁，歷尚書功論郎、文德殿待詔學士、中書通事舍人。官至鴻臚卿、荆州大中正卒。有文集十卷。本書卷五〇有附傳，《梁書》卷四九有傳。

［28］制旨：皇帝的旨意。

［29］玉振金聲：以鐘發聲，以磬收韻，奏樂從始至終，比喻音韻響亮、和諧，也比喻人的知識淵博，才學精到。《孟子·萬章下》："孔子之謂集大成。集大成也者，金聲而玉振之也。"

［30］不刊之則：刊，削除，修改。意思是比喻不能改動或不可磨滅的言論，用來形容文章或言辭的精準得當，無懈可擊。

［31］孝宣：指西漢宣帝劉詢。西漢第十位皇帝。原名劉病已，字次卿，漢武帝劉徹曾孫，戾太子劉據之孫，史皇孫劉進之子。《漢書》卷八有紀。

［32］孝章：指東漢章帝劉炟。東漢第三位皇帝。光武帝劉秀的孫子，漢明帝劉莊第五子，母爲賈貴人。《後漢書》卷三有紀。

五禮之職，事有繁簡，及其列畢，不得同時。《嘉禮儀注》以天監六年五月七日上尚書，合十有二帙，一百一十六卷，五百三十六條。《賓禮儀注》以天監六年五月二十日上尚書，合十有七帙，一百三十三卷，五百四十五條。《軍禮儀注》以天監九年十月二十九日上尚書，合十有八帙，一百八十九卷，二百四十條。《吉禮儀注》以天監十一年十一月十日上尚書，合二十有六帙，二百二十四卷，一千五條。《凶禮儀注》以天監十一年十一月十七日上尚書，合四十有七帙，五百一十四卷，五千六百九十三條。大凡一百二十帙，一千一百七十六卷，八千一十九條。[1]又列副秘閣及五經典書各一通，繕寫校定，以普通五年二月始獲洗畢。

[1]“《嘉禮儀注》”至“八千一十九條”：《隋書·經籍志二》著録“《梁賓禮儀注》九卷，賀瑒撰”下，小注有云：“案，梁明山賓撰《吉儀注》二百六卷，録六卷；嚴植之撰《凶儀注》四百七十九卷，録四十五卷；陸璉撰《軍儀注》一百九十卷，録二卷；司馬褧撰《嘉儀注》一百一十二卷，録三卷。並亡。存者唯《士》《吉》及《賓》，合十九卷。”帙，量詞。一套綫裝書叫一帙。

竊以撰正履禮，歷代罕就，皇明在運，厥功克成。[1]周代三千，舉其盈數，今之八千，隨事附益。質文相變，故其數兼倍，猶如八卦之爻，[2]因而重之，錯綜成六十四也。臣以庸識，謬司其任，淹留歷稔，[3]允當斯責。兼勒成之初，未遑表上，寔由才輕務廣，思力不周，永言慙惕，[4]無忘寤寐。[5]自今春輿駕將親六師，搜尋軍禮，閱其條章，靡不該備，[6]可以懸諸日月，[7]頒之天下者矣。

[1]厥功：厥，代詞，相當於“其”，“他的”。在“厥功”一語中，“厥”取代詞“其”義，做“功”的定語。“厥功”就是“他（他們）的功勞”。

［2］八卦之爻：卦爻是《易經》的基本因素，分陽爻、陰爻。根據天、人、地三才的道理，把三爻重疊起來，構成八卦，即乾、坤、震、巽、坎、離、兑、艮。八卦重疊起來，由陽爻“—”和陰爻“--”兩種爻象，按每卦六畫排列組合而成，構成六十四卦。

［3］淹留：長期逗留。

［4］慙惕：羞愧惶恐。

［5］寤寐：日夜。寤，醒時。寐，睡時。

［6］靡：殿本同，汲古閣本作“歷”。

［7］懸諸日月：形容正確完備，不可更改。

詔有司案以遵行。

尋加中書令，[1]勉以疾求解内任，詔不許，乃令停下省，[2]三日一朝，有事遣主書論决。[3]患脚轉劇，久闕朝覲，固求陳解，[4]詔許疾差還省。[5]

［1］中書令：官名。中書省長官之一，與中書監共掌出納帝命。東晋以後，中書出令權或歸他省，或歸侍郎、舍人，中書令漸成閑職，僅掌文章之事，多用爲重臣之加官。員一人。梁代規定其位在中書監下，十三班。

［2］下省：指尚書下省。尚書省官員、家屬、隨從宫内之住所。

［3］主書：官名。主書令史之省稱。中書省屬官，掌文書。梁流外三品勳位。

［4］固求陳解：中華本改作“固陳求解”，其校勘記云：“‘陳’‘求’各本誤倒，據《梁書》、《册府元龜》四六一乙正。”

［5］差：通“瘥”。病癒。

勉雖居顯職，不營産業，家無畜積，奉禄分贍親族之貧乏者。門人故舊或從容致言，勉乃答曰："人遺子孫以財，我遺之清白。子孫才也，則自致輜軿；[1]如不才，終爲佗有。"嘗爲書戒其子崧曰：

[1]輜軿：輜車和軿車的並稱。後泛指有遮罩的車子。《漢書》卷七六《張敞傳》："禮，君母出門則乘輜軿。"顏師古注："輜軿，衣車也。"

吾家本清廉，故常居貧素。至於産業之事，所未嘗言，非直不經營而已。薄躬遭逢，[1]遂至今日，尊官厚禄，可謂備之。每念叨竊若斯，[2]豈由才致，仰藉先門風範及以福慶，故臻此爾。古人所謂"以清白遺子孫，不亦厚乎"。[3]又云"遺子黄金滿籯，不如一經"。[4]詳求此言，信非徒語。[5]吾雖不敏，[6]寔有本志，庶得遵奉斯義，不敢墜失。所以顯貴以來，將三十載，門人故舊，承薦便宜，[7]或使創闢田園，或勸興立邸店；[8]又欲舳艫運致，亦令貨殖聚斂。[9]若此衆事，皆距而不納。非謂拔葵去織，[10]且欲省息紛紜。[11]

[1]薄躬：謙辭。自身。

[2]叨竊：自謙無才而據有其位。

[3]以清白遺子孫，不亦厚乎：典出《後漢書》卷五四《楊震傳》："（震）性公廉，不受私謁。子孫常蔬食步行，故舊長者或欲令爲開産業，震不肯，曰：'使後世稱爲清白吏子孫，以此遺之，不亦厚乎！'"

[4]遺子黄金滿籯，不如一經：典出《漢書》卷七三《韋賢傳》韋賢以丞相致仕，“年八十二薨，謚曰節侯。賢四子：長子方山爲高寢令，早終；次子弘，至東海太守；次子舜，留魯守墳墓；少子玄成，復以明經歷位至丞相。故鄒魯諺曰：‘遺子黄金滿籯，不如一經’”。

[5]徒語：虚語。

[6]不敏：不聰明。

[7]便宜：辦法。

[8]邸店：儲藏貨物並作商業活動的店鋪。

[9]貨殖：經商營利。

[10]拔葵去織：《漢書》卷五六《董仲舒傳》：“故公儀子相魯，之其家見織帛，怒而出其妻；食於舍而茹葵，愠而拔其葵，曰：‘吾已食禄，又奪園夫紅女利虖！’”後世以拔葵去織爲居官不與民争利的典故。

[11]省息：停止。

中年聊於東田開營小園者，[1]非存播藝以要利，[2]政欲穿池種樹，少寄情賞。又以郊際閑曠，終可爲宅，儻獲懸車致事，[3]寔欲歌哭於斯。[4]慧日、十住等既應營昏，[5]又須住止。吾清明門宅無相容處，[6]所以爾者，亦復有以。前割西邊施宣武寺，[7]既失西廂，不復方幅，[8]意亦謂此逆旅舍爾，[9]何事須華。常恨時人謂是我宅。古往今來，豪富繼踵，高門甲第，連闥洞房，[10]宛其死矣，定是誰室？[11]但不能不爲培塿之山，[12]聚石移果，雜以花卉，以娱休沐，[13]用託性靈。[14]隨便架立，不存廣大，唯功德處小以爲好，[15]所以内中逼促，無復房宇。近脩東邊兒孫二宅，乃藉十住南還之資，其中所須，猶爲不少。既牽挽不至，[16]又不可中途而輟，郊間之園，遂不辦保，貨與韋黯，[17]乃獲百金。成就兩宅，已消其半。尋園價所得，何以至此？由吾經始歷年，[18]粗已成立，[19]桃李茂密，桐竹成陰，塍陌交通，[20]渠畎相屬。華樓迥榭，頗有臨眺之美，孤峰叢薄，[21]不無糾紛之興。瀆中並饒荷茷，湖裏殊富芰蓮。[22]雖云人外，城闕密邇，[23]韋生欲之，[24]亦雅有情趣。追述此事，非有吝心，蓋是事意所至爾。憶謝靈運山家詩云：[25]"中爲天地物，今成鄙夫有。"吾此園有之二十載，今爲天地物。物之與我，相校幾何哉。此直所餘，[26]今以分汝營小田舍，親累既多，理亦須此。且釋氏之教，以財物謂之外命。外典亦稱"何以聚人曰財"。[27]況汝常情，安得忘此。聞汝所買湖熟田地，[28]甚爲舄鹵，[29]彌復可安，所以如此，非物競故也。[30]雖事異寢丘，[31]聊可髣髴。[32]孔子曰："居家理事，可移於官。"[33]既已營之，宜使成立，進退兩亡，更貽耻笑。[34]若有所收獲，汝可自分贍内外大小，宜令得所，非吾所知，又復應霑之諸女爾。[35]汝既居長，故有此及。

[1]東田：地名。在今江蘇南京鍾山下。本書卷五《鬱林王紀》："文惠太子立樓館於鍾山下，號曰'東田'，太子屢游幸之。"南朝齊梁時，豫章王蕭嶷、沈約皆有園宅在東田。

[2]藝：種植。　要：同"邀"。

［3］懸車致事：即告老退休。班固《白虎通義·致仕》："臣年七十懸車致仕者，臣以執事趨走爲職，七十陽道極，耳目不聰明，跂踦之屬，是以退老去避賢路者，所以長廉遠恥也。"

［4］歌哭於斯：歌，指祭祀歌樂，哭，指死喪哭泣。典出《禮記·檀弓下》："晋獻文子成室，晋大夫發焉。張老曰：'美哉輪焉，美哉奂焉。歌於斯，哭於斯，聚國族於斯。'"

［5］慧日、十住：佛教語。徐勉用爲其子之小名。慧日爲佛教詞語。意爲以日月之光比喻佛之智慧普照衆生，能破無明生死癡闇。與"慧光""慧照"等同義。出自於《法華經》卷七《普門品》："無垢清净光，慧日破諸闇，能伏災風火，普明照世間。"十住，又稱十地，佛教稱菩薩修行漸近於佛的十種境界，即歡喜地、離垢地、發光地、焰慧地、難勝地、現前地、遠行地、不動地、善慧地、法云地。

［6］清明門：京師建康城東面最南門。

［7］宣武寺：建康佛寺名。

［8］方幅：規模方正。

［9］逆旅舍：旅館。

［10］連闥：一重接一重的門。形容房屋深邃。

［11］宛其死矣，定是誰室：《詩·唐風·山有樞》："且以喜樂，且以永日。宛其死矣，他人入室。"房産生不帶來，死不帶去，意謂一旦死去，還不知此室歸誰。

［12］培塿之山：培塿，亦作"部婁"。小土丘。《左傳》襄公二十四年："部婁無松柏。"杜預注："部婁，小阜。"漢代應劭《風俗通·山澤·培》引《左傳》作"培塿"。《晋書》卷一〇一《劉元海載記》："當爲崇岡峻阜，何能爲培塿乎。"

［13］休沐：休息洗沐。指官吏例假。《初學記》卷二〇《政理部》："休假亦曰休沐。"漢律："吏五日得一休沐。言休息以洗沐也。"

［14］性靈：人的精神、性情、情感等。

［15］功德處：指念佛、誦經之處。功德，佛教語，指念佛、布施等事。

［16］牽挽：援引。

［17］貨：賣。　韋黯：字務直，韋睿之子。南朝梁大臣。性强正，少習經史，有文詞。起家太子舍人，稍遷太僕卿，南豫州刺史，太府卿。侯景濟江，黯屯六門，尋改爲都督城西面諸軍事。時景於城外起東西二土山，城内亦作以應之，太宗親自負土，哀太子以下躬執畚鍤。黯守西土山，晝夜苦戰，以功授輕車將軍，加持節。卒於城内，贈散騎常侍、左衛將軍。本書卷五八、《梁書》卷一二有附傳。

［18］經始：開始營建。《詩·大雅·靈臺》："經始靈臺，經之營之。"

［19］粗：大致，堪堪。

［20］塍陌：田間小路。

［21］叢薄：草木叢生的地方。

［22］芰：殿本同，汲古閣本作"芰"。

［23］密邇：接近。《左傳》文公十七年："以陳蔡之密邇於楚而不敢貳焉，則敝邑之故也。"

［24］韋生：即韋黯。

［25］謝靈運：名公義，字靈運，小名客兒，陳郡陽夏（今河南太康縣）人。東晋至南朝宋時期大臣、佛學家、旅行家，山水詩派鼻祖。秘書郎謝瑍之子，母爲王羲之的外孫女劉氏。謝靈運年少好學，博覽群書，工詩善文。其詩與顔延之齊名，並稱"顔謝"，是第一位全力創作山水詩的詩人。兼通史學，擅長書法，翻譯佛經，並奉詔撰寫《晋書》，輯有《謝康樂集》。本書卷一九、《宋書》卷六七有傳。

［26］直：《梁書》卷二五《徐勉傳》、《通志》作"吾"。

［27］外典：《梁書·徐勉傳》作"儒典"。清李慈銘《南史札記》云："六朝崇尚佛教，以旁行書爲内典，以儒書爲外典，故此引

《易·繫辭傳》而曰外典也。”《易·繫辭下》傳:“天地之大德曰生，聖人之大寶曰位；何以守位曰人，何以聚人曰財。”

[28]湖熟：《梁書·徐勉傳》作“姑孰”。地名。在今安徽當塗縣。

[29]舃鹵：瘠薄的鹽碱地。

[30]物競：互相競争。

[31]寢丘：春秋時楚邑名。在今安徽臨泉縣。楚令尹孫叔敖臨死，告誡其子勿受楚王所封肥美之地，而請封於貧瘠的寢丘，可以長保不失。參見《吕氏春秋·異寶》及《淮南子·人間訓》。

[32]髣髴：仿佛。

[33]居家理事，可移於官：典出《孝經·廣揚名》:“君子之事親孝，故忠可移於君；事兄悌，故順可移於長；居家理，故治可移於官。是以行成於内，而名立於後世矣。”

[34]貽：遺留，留下。

[35]霑：給人實惠。

凡爲人長，殊復不易，當使中外諧緝，[1]人無間言，[2]先物後已，然後可貴。老生云:[3]“後其身而身先。”[4]若能爾者，更招巨利。汝當自勗，[5]見賢思齊，[6]不宜忽略以棄日也。棄日乃是棄身，身名美惡，豈不大哉，可不慎歟！今之所敕，略言此意。政謂爲家以來，不事資産，暨立墅舍，似乖舊業，陳其始末，無愧懷抱。[7]兼吾年時朽暮，[8]心力稍單，牽課奉公，略不克舉，其中餘暇，裁可自休。或復冬日之陽，夏日之陰，良辰美景，[9]文案間隟，負杖躡履，[10]逍遥陋館，臨池觀魚，披林聽鳥，濁酒一杯，彈琴一曲，[11]求數刻之暫樂，庶居常以待終，不宜復勞家間細務。汝交關既定，[12]此書又行，凡所資須，付給如別。自兹以後，吾不復言及田事，汝亦勿復與吾言之。假使堯水湯旱，[13]豈如之何。若其滿庾盈箱，爾之幸遇，如斯之事過，[14]並無俟令吾知也。《記》云：[15]"夫孝者善繼人之志，善述人之事。"[16]今且望汝全吾此志，則無所恨矣。

[1]中外：中表親。中指舅父子女，外指姑母子女。　諧緝：團結一致。

[2]間言：非議之言。王儉《褚淵碑文》："孝敬淳深，率由斯至，盡歡朝夕，人無間言。"

[3]老生：指老子。

[4]後其身而身先：典出《道德經》第七章："是以聖人，後其身而身先。"

[5]自勗：自我勉勵。

[6]見賢思齊：見到德才兼備的人就想趕上他。《論語·里仁》："見賢思齊焉，見不賢而内自省也。"

[7]懷抱：胸懷。

[8]朽暮：年老體衰，如日暮西山。

[9]良辰美景：典見《文選》卷三〇謝靈運《擬魏太子鄴中集詩序》："天下良辰、美景、賞心、樂事，四者難並。"

[10]躡履：指趿拉着鞋。

[11]濁酒一杯，彈琴一曲：《文選》卷四三嵇叔夜《與山巨源絶交書》："今但願守陋巷，教養子孫，時與親舊叙闊，陳説平生。濁酒一杯，彈琴一曲，志願畢矣。"

[12]交關：交通往來。

[13]堯水湯旱：指自然灾害。古代傳説堯有九年之水，湯有七

年之早。

[14]如斯之事過："過" 字衍，中華本校勘記據《梁書》卷二五《徐勉傳》删。

[15]《記》：《禮記》。

[16]夫孝者善繼人之志，善述人之事：典出《禮記·中庸》："夫孝者，善繼人之志，善述人之事者也。"

第二子悱卒，痛悼甚至，不欲久廢王務，[1]乃爲《答客》以自喻焉。[2]普通末，武帝自筭擇後宫吴聲、西曲女妓各一部，並華少，賚勉，[3]因此頗好聲酒。禄奉之外，月别給錢十萬，信遇之深，故無與匹。

[1]王務：朝廷的公事。漢代班固《爲第五倫薦謝夷吾疏》："據其道德，以經王務。" 本書卷四八《陸澄傳》："令君少便鞅掌王務，雖復一覽便諳，然見卷軸未必多僕。"

[2]《答客》：《梁書》卷二五《徐勉傳》作"《答客喻》"，並有詳情，可參看。

[3]賚：賜予。

中大通中，又以疾自陳，移授特進、右光禄大夫、侍中、中衛將軍，[1]置佐史，扶如故。[2]增親信四十人。兩宫參問，[3]冠蓋結轍。有敕每欲臨幸，勉以拜伏有虧，頻啓停出，詔許之，遂停輿駕。及卒，帝聞而流涕。即日車駕臨殯，贈右光禄大夫、開府儀同三司。皇太子亦舉哀朝堂。有司奏謚"居敬行簡曰簡"，帝益"執心决斷曰肅"，因謚簡肅公。[4]勉雖骨鯁不及范雲，[5]亦不阿意苟合，後知政事者莫及，梁世之言相者稱范、徐云。

[1]特進：官名。諸侯功德優盛，爲朝廷所敬異者，賜位特進，在三公之下。梁十五班。《太平御覽》卷二四三引沈約《宋書》："其諸官加特進者，從本官供給，特進但爲班位而已，不別有吏卒車服也。"　右光禄大夫：官名。屬光禄卿。養老疾，無職事。梁十六班。

[2]扶如故：按，中華本校勘記據《梁書》卷二五《徐勉傳》改"扶"爲"餘"。

[3]兩宫：指皇帝和太子。

[4]簡肅公：《太平御覽》卷五六二引《梁書》："居敬行簡曰簡，執心決斷曰肅；因謚簡肅公。"

[5]骨鯁：指剛直之氣。

善屬文，勤著述，雖當機務，下筆不休。常以起居注煩雜，乃撰爲《流别起居注》六百六十卷，[1]《左丞彈事》五卷。在選曹，[2]撰《選品》三卷。齊時撰《太廟祝文》二卷。以孔、釋二教殊途同歸，撰《會林》五十卷。凡所著前後二集五十卷，又爲人章表集十卷。[3]

[1]流别：即分類。　六百六十：按，《梁書》卷二五《徐勉傳》作"六百"。

[2]選曹：指尚書吏部曹。因吏部曹主選舉，故稱。徐勉曾任選曹長官吏部郎。

[3]凡所著前後二集五十卷，又爲人章表集十卷：按，五十卷，《梁書·徐勉傳》作"四十五卷"，《通志》同。又爲人章表集，《梁書·徐勉傳》作"又爲婦人集"。

大同三年，故佐史尚書左丞劉覽等詣闕陳勉行狀，[1]請刊石紀德，即降詔立碑於墓焉。

[1]劉覽：字孝智，彭城安上里人。劉孺弟，十六通《老》《易》。南朝梁大臣。歷官中書郎，以所生母憂，廬於墓。再期，口不嘗鹽酪，冬止着單布。本書卷三九、《梁書》卷四一有附傳。 闕：宫廷。 行狀：文體之一種。用以記叙死者生前行事。

悱字敬業，幼聰敏，能屬文，位太子舍人，[1]掌書記。累遷洗馬，[2]中舍人，[3]猶管書記。出入宫坊者歷稔。[4]以足疾出爲湘東王友，[5]俄遷晋安内史。

[1]太子舍人：官名。東宫屬官，掌文記。員十六人。梁三班。

[2]洗馬：官名。太子洗馬之省稱。東宫屬官，掌文翰，多由士族之士擔任。員八人。梁六班。

[3]中舍人：官名。太子中舍人之省稱。掌侍從及文翰。員四人。梁八班。

[4]宫坊：此處指太子所居之東宫。 歷稔：歷年。

[5]友：官名。皇弟皇子府屬官，掌隨侍府主，拾遺補缺。員一人。梁八班。

許懋字昭哲，[1]高陽新城人，[2]魏鎮北將軍允九世孫也。[3]五世祖詢，晋徵士。[4]祖珪，宋給事，[5]著作郎，[6]桂陽太守。[7]父勇慧，齊太子家令，[8]冗從僕射。[9]

[1]許懋：《梁書》卷四〇有傳。

[2]高陽：郡名。治高陽縣，在今河北高陽縣東舊城。 新城：

縣名。治所在今河北高碑店市新城鎮。

［3］鎮北將軍：官名。將軍名號。東漢獻帝建安中置，與鎮南、鎮東、鎮西將軍合稱四鎮將軍，多持節都督，出鎮方面，權勢頗重。曹魏第二品。　允：許允。字士宗，高陽（今河北高陽縣）人。三國魏大臣、名士。官至中領軍。事見《三國志》卷九《魏書·夏侯玄傳》及裴松之注引《魏略》《魏氏春秋》。

［4］徵士：朝廷徵聘而不願就仕的人。漢代蔡邕《陳太丘碑文》:"徵士陳君，稟嶽瀆之精，苞靈曜之純。"《文選》卷五七《顏延之陶徵士誄》:"有晋徵士，尋陽陶淵明，南嶽之幽居者也。"張銑題注:"陶潜隱居，有詔禮徵爲著作郎，不就，故謂徵士。"

［5］宋給事：中華本據《梁書·許懋傳》、《陳書》卷三四《許亨傳》於"給事"後補"中"字。按，應據補。給事中，官名。散騎省屬官，掌侍從諫諍及文書收發，地位不高。宋五品。

［6］著作郎：官名。秘書省屬官，掌國史，集注起居。爲清簡之職，多甲族貴游起家之選。員一人。宋六品。

［7］桂陽：郡名。治郴縣，在今湖南郴州市。

［8］太子家令：官名。屬太子詹事。與太子率更令、太子僕合稱太子三卿，掌東宫刑獄、錢穀、倉庫等庶務。

［9］冗從僕射：官名。禁衛軍將領之一。與虎賁中郎將、羽林監合稱三將，掌侍衛送從。宋五品。齊官品不詳。

懋少孤，性至孝，居父憂執喪過禮。篤志好學，爲州黨所稱。十四入太學，受《毛詩》，旦領師説，[1]晚而覆講，[2]坐下聽者常數十百人，因撰《風雅比興義》十五卷，[3]盛行於時。尤明故事，稱爲儀注學。[4]

［1］旦：早上。

［2］覆講：重述師所講内容。周一良《魏晋南北朝史札記·梁

書札記》有“覆講”條:“案:覆字即後世言‘可覆案也’之覆。當時學習有所謂覆及覆講之制,儒生與僧徒皆用之,實爲一種考覈及輔助聽講者加深理解之方法,亦即後代私塾中背誦及回講之方法也。”(中華書局1985年版,第284—285頁)

[3]因撰《風雅比興義》十五卷:“義”下,《陳書》卷三四《許亨傳》有“類”字。

[4]儀注:制度,儀節。南朝梁沈約《議乘輿升殿疏》:“正會儀注,鑾出乘輿至太極殿前,納舄升階。”

起家後爲豫章王行參軍,[1]轉法曹。舉秀才,遷驃騎大將軍儀同中記室。[2]文惠太子聞而召之,侍講於崇明殿。[3]後兼國子博士,與司馬褧同志友善。[4]僕射江祏甚推重之,號爲經史笥。[5]

[1]後爲:中華本改作“後軍”,其校勘記云:“‘後軍’各本作‘後爲’,據《梁書》《通志》。”

[2]驃騎大將軍:官名。將軍名號。　儀同:官名。即開府儀同三司。非三公而儀制待遇同於三公之稱。宋一品。齊官品不詳。　中記室:官名。齊大將軍府屬官,職掌、官品並無考。

[3]崇明殿:建康宫城殿省名。

[4]同志:指志同道合的人。在中國古代,同志與先生、長者、君等詞的涵義一樣,都是朋友之間的稱呼。春秋時期,左丘明在《國語·晋語四》中對同志一詞作了解釋:“同德則同心,同心則同志。”《後漢書》卷五七《劉陶傳》曰:“所與交友,必也同志。”

[5]笥:盛飯或盛衣物的方形竹器。

梁天監初,吏部尚書范雲舉懋參詳五禮,除征西鄱陽王諮議參軍，[1]兼著作郎，待詔文德省。[2]時有請會稽封禪者，[3]武帝因集儒學士草封禪儀，將行焉，懋建議獨以爲不可。[4]帝見其議，嘉納之，由是遂停。十年，轉太子家令。凡諸禮儀，多所刊正。[5]以足疾，出爲始平太守，[6]政有能名，加散騎常侍，轉天門太守。[7]中大通三年，皇太子召與諸儒録《長春義記》。[8]四年，拜中庶子。是歲卒。撰《述行記》四卷，有集十五卷。子亨。

[1]征西：官名。征西將軍之省稱。按，“征西”疑爲“平西”之誤。據《梁書》卷二《武帝紀中》及卷二二《鄱陽王恢傳》，鄱陽王任征西將軍在梁武帝天監十八年（519），並非“天監初”，而天監十年前曾爲平西將軍，故疑爲“平西”之誤。

[2]文德省：又稱文德殿，京師建康宮城内殿省名。

[3]會稽：山名。即今浙江紹興市東南會稽山。相傳秦始皇登此以望南海，故又名秦望山。　封禪：封爲“祭天”，禪爲“祭地”，意思是指中國古代帝王在太平盛世或天降祥瑞之時的祭祀天地的大型典禮，一般由帝王親自到泰山上舉行。

[4]懋建議獨以爲不可：按,《梁書》卷四〇《許懋傳》有諫議詳情，可參看。

[5]凡諸禮儀，多所刊正：按，此處所載，本書多有删節。《梁書・許懋傳》載有禮制相關詳情：“宋、齊舊儀，郊天祀帝皆用衮冕，至天監七年，懋始請造大裘。至是，有事於明堂，儀注猶云‘服衮冕’。懋駁云：‘《禮》云“大裘而冕，祀昊天上帝亦如之。”良由天神尊遠，須貴誠質。今泛祭五帝，理不容文。’改服大裘，自此始也。又降敕問：‘凡求陰陽，應各從其類，今雩祭燔柴，以火祈水，意以爲疑。’懋答曰：‘雩祭燔柴，經無其文，良由先儒

不思故也。按周宣《雲漢》之詩曰："上下奠瘞，靡神不宗。"毛注云："上祭天，下祭地，奠其幣，瘞其物。"以此而言，爲旱而祭天地，並有瘞埋之文，不見有燔柴之説。若以祭五帝必應燔柴者，今明堂之禮，又無其事。且《禮》又云"埋少牢以祭時"，時之功是五帝，此又是不用柴之證矣。昔雩壇在南方正陽位，有乖求神；而已移於東，實柴之禮猶未革。請停用柴，其牲牢等物，悉從坎瘞，以符周宣《雲漢》之説。'詔並從之。凡諸禮儀，多所刊正。"

[6]始平：郡名。治武當縣，在今湖北丹江口市西北。

[7]天門：郡名。治澧陽縣，在今湖南石門縣。

[8]《長春義記》：《隋書·經籍志一》著録："《長春義記》一百卷，梁簡文帝撰。"

亨字亨道，[1]少傳家業，孤介有節行。[2]博通群書，多識前代舊事，甚爲南陽劉之遴所重。梁太清初，[3]爲西中郎記室，[4]兼太常丞。[5]侯景之亂，避地郢州。[6]會梁邵陵王自東至，[7]引爲諮議參軍。王僧辯之襲郢州，[8]素聞其名，召爲儀同從事中郎。[9]遷太尉從事中郎，[10]與吴興沈炯對掌書記，府政朝務，[11]一以委之。晋安王承制，授給事黄門侍郎。

[1]亨：許亨。《陳書》卷三四有傳。

[2]孤介：耿直方正，不隨流俗。晋代陶潛《戊申歲六月中遇火》詩："總髮抱孤介，奄出四十年。"

[3]太清：南朝梁武帝蕭衍年號（547—549）。

[4]西中郎記室：按，《陳書·許亨傳》作"征西中記室"。征西，征西將軍的簡稱。與征東、征南、征北將軍合稱四征將軍，多授統兵出鎮在外、都督數州諸軍事者。南朝梁武帝天監七年（508）

定爲武職二十四班中的二十三班。中記室，官名。中記室參軍的省稱。王公府屬官。梁七班至三班。皆依府主地位而定。

[5]太常丞：官名。太常卿佐官，掌宗廟祭祀禮儀。梁五班。

[6]郢州：州名。治夏口城，在今湖北武漢市武昌區。

[7]邵陵王：蕭綸。字世調，小字六真。南蘭陵（今江蘇常州市武進區）人。梁宗室、宰相。梁武帝第六子。武帝天監十三年封邵陵郡王。本書卷五三、《梁書》卷二九有傳。

[8]王僧辯：字君才，太原祁（今山西祁縣）人。南朝梁名將。右衛將軍王神念次子。本書卷六三、《梁書》卷四五有傳。

[9]儀同從事中郎：官名。儀同三司府從事中郎。儀同，儀同三司的省稱。三國魏始置，爲大臣加號，意謂與三司即太尉、司徒、司空禮制、待遇相同，許開設府署，自辟僚屬。兩晋南北朝因之。梁制，諸將軍開府儀同三司、左右光禄開府儀同三司，爲十七班。從事中郎，王公府屬官，職參謀議。梁皇弟、皇子公府從事中郎九班，嗣王、庶姓公府從事中郎八班。

[10]太尉：官名。位三公之首，爲名譽宰相，多爲大臣加官，無實際職掌。梁十八班。

[11]府政朝務：《陳書·許亨傳》作“府朝政務”。《册府元龜》卷七一六同《陳書》。

陳武帝受禪，爲太中大夫，[1]領大著作，[2]知梁史事。初僧辯之誅也，所司收僧辯及其子頠屍，於方山同坎埋瘞，[3]至是無敢言者，亨以故吏抗表請葬之。[4]與故義徐陵、張種、孔奂等相率以家財營葬，[5]凡七柩，皆改窆焉。[6]

[1]太中大夫：官名。侍從皇帝左右，掌顧問應對，參謀議政，奉詔出使，多以寵臣貴戚充任。陳四品，秩千石。

[2]大著作：官名。即著作郎。著作省長官，隸秘書省，掌編纂國史。陳六品，秩六百石。

[3]方山：山名。今江蘇南京市江寧區東南方山。《太平寰宇記》卷九〇《江南道二・上元縣》云："方山，在縣東南五十里。周迴二十里，高一百一十六丈。其山四面等方孤絶。《輿地志》云：'湖熟西北有方山，頂方正，上有池水。齊武帝於此築苑。吴大帝爲仙者葛玄立觀焉。'山謙之《丹陽記》：'秦始皇鑿金陵，此山是其斷者。山形整聳，故名方山。'"

[4]抗表：向皇帝上奏章。《三國志》卷三五《蜀書・諸葛亮傳》"受任於敗軍之際，奉命於危難之閒"，南朝宋裴松之注："亮以建興五年抗表北伐，自傾覆至此整二十年。"

[5]徐陵：字孝穆，東海郯（今山東郯城縣）人。南朝梁、陳時文學名家。善詩賦駢文，作品綺艶輕靡，與庾信並爲當時宫廷文學的代表，時號"徐庾體"。南朝陳時歷任顯官要職。本書卷六二有附傳，《陳書》卷二六有傳。 張種：字士苗，吴郡吴（今江蘇蘇州市）人。南朝陳大臣。本書卷三一有附傳，《陳書》卷二一有傳。 孔奂：字休文，會稽山陰（今浙江紹興市）人。南朝陳大臣。官至金紫光禄大夫。本書卷二七有附傳，《陳書》卷二一有傳。

[6]改窆：改葬。窆，墓穴、壙塋。

光大中，[1]宣帝入輔，[2]以亨貞正有古人風，甚相欽重，常以師禮事之。及到仲舉之謀出宣帝，[3]宣帝問亨，亨勸勿奉詔。宣帝即位，拜衛尉卿。[4]卒於官。

[1]光大：南朝陳廢帝陳伯宗年號（567—568）。

[2]宣帝：南朝陳宣帝陳頊。陳頊，本名陳曇頊，字紹世，小字師利，吴興長城（今浙江長興縣）人。南朝陳第四位皇帝，始興昭烈王陳道譚次子，陳武帝陳霸先的侄子，陳文帝陳蒨的弟弟。本

書卷一〇、《陳書》卷五有紀。

[3]及到仲舉之謀出宣帝：按，《陳書》卷四〇《許亨傳》下有“毛喜知其詐”句，本書删削。

[4]衛尉卿：官名。掌宫門宿衛屯兵，糾察不法，管理武器庫藏，領武庫、公車司馬令。陳三品，秩中二千石。

亨初撰《齊書》并《志》五十卷，遇亂亡失。後撰《梁史》，成者五十八卷。[1]梁太清之後，所製文筆六卷。子善心，[2]位尚書度支侍郎。[3]

[1]後撰《梁史》，成者五十八卷：《隋書·經籍志二》云：“《梁史》五十三卷，陳領軍、大著作郎許亨撰。”祇是與此卷次不同。

[2]善心：許善心。字務本。初仕陳，後仕隋。《隋書》卷五八、《北史》卷八三有傳。

[3]尚書度支侍郎：官名。兩晋南北朝尚書度支郎之資深勤能者可轉侍郎。隋初置爲度支司長官，掌税收、租賦、統計等事。初隸度支尚書，文帝開皇三年（583）後隸民部尚書，從五品。煬帝大業三年（607）改名度支郎。

殷鈞字季和，[1]陳郡長平人，[2]晋荆州刺史仲堪五世孫也。[3]曾祖元素，[4]宋南康相，[5]坐元凶事誅。[6]元素娶尚書僕射琅邪王僧朗女，[7]生子寧早卒，寧遺腹生子叡，[8]亦當從戮，僧朗啓孝武救之得免。[9]叡有口辯，司徒褚彦回甚重之，[10]謂曰：“諸殷自荆州以來無出卿。”叡斂容答曰：“殷族衰悴，誠不如昔，若此旨爲虚，故不足降，此旨爲實，彌不可聞。”仕齊歷司徒從事中郎。[11]叡妻琅邪王奂女，[12]奂爲雍州刺史，啓叡爲府長史。奂誅，叡亦見害。

[1]殷鈞：《梁書》卷二七有傳。

[2]陳郡：郡名。治陳縣，在今河南周口市淮陽區。　長平：縣名。治所在今河南西華縣東北。

[3]仲堪：殷仲堪。字仲堪，陳郡長平（今河南西華縣）人。東晋末年重要將領、大臣。太常殷融之孫，晋陵太守殷師之子。門蔭入仕，起家著作佐郎，遷衛將軍長史，出任晋陵太守。孝武帝時，擔任太子中庶子、荆州刺史，鎮守江陵郡。先後支持王恭、桓玄及楊佺期桓玄起兵，反對會稽王司馬道子專政。晋安帝隆安三年（399），遭到南郡公桓玄襲擊，兵敗被殺。《晋書》卷八四有傳。

[4]元素：殷元素。陳郡長平（今河南西華縣）人。南朝宋南康太守。東晋名將殷仲堪之孫。臨澧忠侯劉襲墓誌即《宋故散騎常侍護軍將軍臨澧侯劉使君墓誌》記載“第一姊茂徽，陳郡長平殷臧憲郎。父元素，南康太守，祖曠，思泰，□軍功曹”。

[5]南康：郡名。治贛縣，在今江西贛州市東北。

[6]元凶：宋文帝太子劉劭於元嘉三十年（453），聯合始興王劉濬發動宫廷政變，闖宫弑父，自立爲帝，改元太初。受到武陵王劉駿的討伐，兵敗被殺，時年三十歲，在位僅僅三個月，史書稱爲“元凶”。本書卷一四、《宋書》卷九九有傳。

[7]王僧朗：南朝宋武帝時尚書右僕射。王彧父。宋文帝時爲侍中、湘州刺史。孝武帝時爲尚書左僕射，宋明帝時以皇后父，官至侍中、特進卒。追贈開府儀同三司，謚元公。本書卷二三、《宋書》卷八五有附傳。

[8]遺腹：遺孕，即遺腹子。指遭婚變的婦女留有原夫的身孕。

[9]孝武：宋孝武帝劉駿。字休龍，小字道民，彭城（今江蘇徐州市）綏輿里人。南朝宋第五位皇帝，文帝劉義隆第三子，宋明

帝劉彧異母兄，母爲路淑媛。本書卷二、《宋書》卷六有紀。

[10]褚彦回：褚淵。字彦回，本書爲了避唐高祖李淵的名諱直接稱其爲褚彦回。河南陽翟（今河南禹州市）人，太常褚秀之之孫，左僕射褚湛之之子。南朝宋、齊宰相，外戚、南齊開國元勳。宋明帝時，爲侍中。本書卷二八有附傳，《南齊書》卷二三有傳。

[11]仕：殿本同，汲古閣本作"事"。　司徒從事中郎：官名。司徒府屬官，佐司徒，掌官吏事。宋六品。齊官品不詳。

[12]王奂：字彦孫，琅邪臨沂（今山東臨沂市）人。南朝齊官吏。特進光禄大夫王僧朗之孫，黄門郎王粹之子。仕齊，官至鎮北將軍、雍州刺史。因擅殺長史而得罪，拒捕，反。兵敗被殺。本書卷二三有附傳，《南齊書》卷四九有傳。

鈞九歲以孝聞，及長，恬静簡交游，好學有思理，善隸書，爲當時楷法。南鄉范雲、樂安任昉並稱美之。梁武帝與叡少故舊，以女永興公主妻鈞，[1]拜駙馬都尉。[2]歷秘書丞，[3]在職啓校定秘閣四部書，[4]更爲目録。[5]又受詔料檢西省法書古迹，[6]列爲品目。累遷侍中，東宫學士。

[1]永興公主：蕭玉姚。梁武帝蕭衍郗皇后所生。事見《梁書》卷七《高祖郗皇后傳》。

[2]駙馬都尉：官名。多由尚公主者擔任。參加朝會，朝見皇帝，無職事。《太平御覽》卷一五四引《齊職儀》曰："凡尚公主，必拜駙馬都尉，魏晋已來，因爲瞻准。蓋以王姬之重，庶姓之輕，若不如其等級，寧可合巹而酳？所以假駙馬之位，乃配於皇女也。"

[3]秘書丞：官名。秘書監副佐，掌國之典籍圖書。爲清顯之職，多以僑姓士族擔任。員一人。梁八班。

[4]秘閣：宫中藏書之所。　四部書：此處當指甲、乙、丙、

丁四部圖書。西晉初，秘書監荀勖與中書令張華整理典籍，編成《中經新簿》，分甲、乙、丙、丁四部，創立四部書目分類體系。甲部記六藝及小學，乙部有古諸子家、近世子家、兵書、兵家、術數，丙部有史記、皇覽簿、雜事，丁部有詩賦圖贊汲冢書。荀勖所創四部法適應了《七略》後三百年間的學術變遷、各類圖書數量的增減和圖書庋藏的方便。東晉李充《晋元帝四部書目》依荀勖的四部書目分類體系，並改史書爲乙部，諸子爲丙部，從而正式確立了四部排列順序。此後各代宫廷藏書目録均以此類分圖書，被史學家稱爲“秘閣之永制”。至唐太宗貞觀年間，魏徵等編撰《隋書·經籍志》，始將甲、乙、丙、丁四部名稱换成經、史、子、集。《隋書·經籍志》吸收王儉、阮孝緒七分法的優點，使四部分類法成爲更爲完善、更加切合實際的書目分類體系。

[5]更爲目録：《隋書·經籍志序》：“梁有秘書監任昉、殷鈞《四部目録》，又有《文德殿目録》。”

[6]西省：中書省的别稱。　法書：古代名家書法作品。

自宋、齊以來，公主多驕淫無行，[1]永興主加以險虐。[2]鈞形貌短小，爲主所憎，每被召入，先滿壁爲殷叡字，鈞輒流涕以出，主命婢束而反之。鈞不勝怒而言於帝，[3]帝以犀如意擊主碎於背，然猶恨鈞。

[1]驕淫：驕縱放蕩。

[2]險虐：險惡暴虐。

[3]不勝：經不起，不能承受，不能忍受。

自侍中出爲王府諮議，後爲明威將軍、臨川内史。[1]鈞體羸多疾，閉閤卧理，而百姓化其德，劫盗皆奔出境。嘗禽劫帥,[2]不加考掠，所言誚責。[3]劫帥稽顙乞改過,[4]鈞便命遣之，後遂爲善人。郡舊多山瘧,[5]更暑必動，自鈞在任，郡境無復瘧疾。

[1]明威將軍：官名。將軍名號。梁置，與寧遠、振遠等將軍代舊寧朔將軍。爲一百二十五號將軍之一，十三班。　内史：官名。王國官，掌治民，職同太守。

[2]禽：通“擒”。　劫帥：搶劫團夥的頭目。

[3]誚責：責備。

[4]稽顙：古代一種跪拜禮，屈膝下拜，以額觸地，表示極度的虔誠。

[5]瘧：病名。瘧疾。

母憂去職，居喪過禮，昭明太子憂之，手書誡喻。[1]服闋，爲散騎常侍，領步兵校尉，侍東宫。改領中庶子，後爲國子祭酒。卒，謚貞。二子構、渥。鈞宗人芸。

[1]喻：殿本同，汲古閣本作“諭”。

芸字灌蔬，倜儻不拘細行,[1]然不妄交游，門無雜客。勵精勤學,[2]博洽群書。[3]幼而廬江何憲見之,[4]深相歎賞。天監中，位秘書監、司徒左長史。[5]後直東宫學士省，卒。

[1]倜儻：灑脱，不拘束。　不拘細行：不拘小節。

[2]勵精：振奮精神，致力於某種事業或工作。

[3]博洽：(學識）淵博。

[4]何憲：字子思，廬江灊（今安徽霍山縣）人。以强學知名。仕齊，爲本州别駕。本書卷四九有附傳，《南齊書》卷三四有傳。

[5]司徒左長史：官名。司徒府屬官，佐司徒掌官吏事。梁十二班。

論曰：范懋賓之德美，傅茂遠之清令，[1]孔休源之政事，江休映之彊直，[2]並加之以學植，[3]飾之以文采，其所以取高時主，[4]豈徒然哉。徐勉少而勵志，發憤忘食，脩身慎行，運屬興王，依光日月，致位公輔，提衡端執，[5]時無異議，爲梁氏宗臣，信爲美矣。許懋業藝，以經笥見推，亨懷道好古，以博覽歸譽，[6]其所以折議封禪，求葬僧辯，正直存焉，豈唯文義而已。古人云"仁者有勇"，[7]斯言近之。殷鈞德業自居，又加之以政績，文質斌斌，[8]亦足稱也。

[1]清令：高潔美好，清新美好。南朝宋劉義慶《世説新語·賞譽》："有人目杜弘治標鮮清令，盛德之風，可樂詠也。"

[2]彊直：剛强正直。

[3]學植：同"學殖"。《晋書》卷七六《王舒傳》："以天下多故，不營當時名，恒處私門，潛心學植。"

[4]時主：當代的君主。

[5]提衡：持物平衡。　端執：執法公正。

[6]歸譽：獲得聲譽。

[7]古人云"仁者有勇"：《論語·憲問》："仁者必有勇，勇者不必有仁。"

[8]文質斌斌：形容人既文雅又樸實，後形容人文雅有禮貌。出自《論語·雍也》:“質勝文則野，文勝質則史，文質彬彬，然後君子。”

南史　卷六一

列傳第五十一

陳伯之　陳慶之 子昕 暄　蘭欽

陳伯之，[1]濟陰睢陵人也。[2]年十三四，好著獺皮冠，[3]帶刺刀，候鄰里稻熟，輒偷刈之。[4]嘗爲田主所見，呵之曰："楚子莫動！"[5]伯之曰："君稻幸多，取一擔何苦。"田主將執之。因拔刀而進，[6]曰："楚子定何如！"田主皆反走，徐擔稻而歸。[7]及年長，在鍾離數爲劫盜，[8]嘗援面覘人船，[9]船人斫之，[10]獲其左耳。後隨鄉人車騎將軍王廣之，[11]廣之愛其勇，每夜卧下榻，征伐常將自隨。頻以戰功，累遷驃騎司馬，[12]封魚復縣伯。[13]

[1]陳伯之：《梁書》卷二〇有傳。

[2]濟陰：郡名。治定陶縣，在今山東菏澤市定陶區。　睢陵：縣名。治所在今江蘇睢寧縣。

[3]獺皮冠：用獺皮製成的帽子。《後漢書》卷八六《南蠻西

南夷傳序》:“有邑君長，皆賜印綬，冠用獺皮。”

［4］刈：割。

［5］楚子：對人的貶稱。另有史例見於《宋書》卷八三《黄回傳》:“回拳捷果勁，勇力兼人，在江西與諸楚子相結，屢爲劫盜。”余嘉錫《釋傖楚》:“蓋南朝以三吴爲京畿，故自春秋時故吴地以外，皆謂之楚。及其用以稱人，則又有貴賤之分。凡士大夫之有田舍氣者，但笑其語音之‘楚’而已。至於閭里小人，田夫牧豎，少年輕剽勇悍者，皆謂之‘楚子’，乃甚賤之之詞。”（載《余嘉錫文史論集》，岳麓書社 1997 年版，第 216 頁）陳寅恪亦指出南朝史乘稱淮南或江西爲楚，陳伯之乃濟陰睢陵人，“正當淮南之地”，故被田主呵之爲“楚子”（參見陳寅恪著，萬繩楠整理《魏晋南北朝史講演録·楚子集團與江左政權的轉移》，天津人民出版社 2018 年版，第 151 頁）。

［6］拔：按，《梁書·陳伯之傳》作“杖”。《太平御覽》卷八三九引《梁書》作“援”。

［7］徐：不緊不慢。

［8］鍾離：郡名。治燕縣，在今安徽鳳陽縣臨淮關鎮。

［9］援：中華本改作“授”，其校勘記云：“‘授’各本作‘援’，據《梁書》改。”

［10］斫：砍。

［11］車騎將軍：官名。爲重號將軍，多加授大臣、重要地方長官。宋二品。齊官品不詳。　王廣之：字士林，一字林之，沛郡相（今安徽濉溪縣）人。南朝宋、齊將領。仕齊，官侍中，鎮軍將軍。卒贈散騎常侍、車騎將軍。本書卷四六、《南齊書》卷二九有傳。

［12］驃騎：官名。驃騎將軍之省稱。六朝時重號將軍，多加授大臣、重要地方長官。

［13］魚復：縣名。治所在今重慶奉節縣東白帝城。

梁武起兵，[1]東昏假伯之節，[2]督前驅諸軍事、豫州刺史，[3]轉江州，[4]據尋陽以拒梁武。[5]郢城平，[6]武帝使説伯之，即以爲江州刺史。子武牙爲徐州刺史。[7]伯之雖受命，猶懷兩端。[8]帝及其猶豫逼之，伯之退保南湖，[9]然後歸附，[10]與衆軍俱下。建康城未平，[11]每降人出，伯之輒唤與耳語。帝疑其復懷翻覆，[12]會東昏將鄭伯倫降，帝使過伯之，謂曰："城中甚忿卿，欲遣信誘卿，須卿降，[13]當生割卿手脚。卿若不降，復欲遣刺客殺卿。"伯之大懼，自是無異志矣。城平，封豐城縣公，[14]遣之鎮。

[1]梁武：梁武帝蕭衍。南朝梁開國皇帝。本書卷六、卷七，《梁書》卷一至卷三有紀。

[2]東昏：東昏侯蕭寶卷（亦作齊廢帝）。南朝齊的第六任皇帝。字智藏，本名明賢，南蘭陵蘭陵（今江蘇常州市武進區）人。齊明帝蕭鸞的次子。本書卷五、《南齊書》卷七有紀。　節：即所謂"持節"之"節"。漢代使臣奉皇帝之命出行，持節杖以爲憑證並示威重，謂之持節。魏晋以後演化爲假節、持節、使持節三個權力大小不同的官名，多授予都督諸州軍事及刺史總軍戎者。持節得專殺無官位之人，在軍事行動中有誅殺二千石以下官吏的權力。

[3]豫州：州名。治壽春縣，在今安徽壽縣。

[4]江州：州名。治柴桑縣，在今江西九江市西南。

[5]尋陽：郡名。治柴桑縣，在今江西九江市西南。

[6]郢城：郢州城，在今湖北武漢市武昌區。

[7]武牙：汲古閣本同，殿本作"虎牙"。"武"當是避唐李虎諱。本卷下同，不再出注。

[8]懷兩端：意同"首鼠兩端"。躊躇不决或動摇不定。《史

記》卷一〇七《魏其武安侯列傳》:“武安已罷朝，出止車門，召韓御史大夫載。怒曰:‘與長孺共一老秃翁，何爲首鼠兩端!’”兩端，兩頭。

[9]南湖：地名。在今江西九江市東。

[10]然後歸附：按，《梁書》卷二〇《陳伯之傳》記載同。《文選》卷四三丘希範《與陳伯之書》李善注引劉璠《梁典》曰：“高祖得陳虎牙幢主蘇隆，厚加禮賜，使致命江州刺史陳伯之。伯之，虎牙父也。蘇隆還，稱伯之許降。乃遣鄧元起前驅逼之。伯之聞師近，以應義師。”可補本傳與《梁書》之略。

[11]建康：今江蘇南京市。三國吴，東晋，南朝宋、齊、梁、陳六代京師之地。西晋愍帝建興元年（313），因避愍帝司馬鄴諱，改建鄴爲建康。

[12]翻覆：反復。

[13]須：等待。

[14]豐城：縣名。治所在今江西豐城市南。

伯之不識書，及還江州，得文牒辭訟，[1]唯作大諾而已。[2]有事，典籤傳口語，[3]與奪决於主者。[4]

[1]文：一般來往公文。　牒：書扎。　辭：口供。　訟：訴訟之辭。

[2]大諾：公文的核批畫行。諾，本爲應答之辭，用於公文，表示同意。

[3]典籤：官名。或稱典籤帥、籤帥、主帥。南朝宋、齊置。王府、軍府、州郡屬官，後爲南朝地方長官之下典掌機要的官。朝廷爲監視出任方鎮的諸王而設，多以天子近侍充任。因其權勢特大，故有籤帥之稱。

[4]與奪：賜予和剥奪，獎勵和懲罰。此處指對事情的决斷。

伯之與豫章人鄧繕、永興人戴承忠並有舊，[1]繕經藏伯之息免禍，[2]伯之尤德之。[3]及在州，用繕爲別駕，[4]承忠爲記室參軍。[5]河南褚緭，[6]都下之薄行者，[7]武帝即位，頻造尚書范雲。[8]雲不好緭，堅拒之。緭益怒，私語所知曰："建武以後，[9]草澤底下悉成貴人，[10]吾何罪而見棄。今天下草創，[11]喪亂未可知。陳伯之擁强兵在江州，非代來臣，[12]有自疑之意。且復熒惑守南斗，[13]詎非爲我出？今者一行，事若無成，入魏，何減作河南郡。"於是投伯之書佐王思穆事之，[14]大見親狎。[15]及伯之鄉人朱龍符爲長流參軍，[16]並乘伯之愚闇，[17]恣行姦險。

[1]豫章：郡名。治南昌縣，在今江西南昌市。　永興：縣名。治所在今浙江杭州市蕭山區。　戴承忠：《梁書》卷二〇《陳伯之傳》作"戴永忠"。

[2]經：曾經。　息：子。

[3]德：感恩戴德。

[4]別駕：官名。別駕從事史之省稱。州府屬官，掌吏員選署。官品不詳。

[5]記室參軍：官名。諸公軍府屬官，掌文書。宋七品。齊及梁初不詳。

[6]河南：郡名。治洛陽縣，在今河南洛陽市東北。　褚緭：《魏書》卷五九《蕭寶夤傳》作"褚胄"。

[7]都下：首都、京城，此處代指建康。　薄行：品行不端，輕薄無行。《後漢書》卷四二《東海恭王彊傳》："政淫欲薄行。後中山簡王薨，政詣中山會葬，私取簡王姬徐妃，又盗迎掖庭出女。"南朝宋劉義慶《世説新語·文學》："郭象者，爲人薄行，有儁才。"

［8］尚書：官名。吏部尚書。范雲於梁武帝天監元年（502）爲吏部尚書。尚書省吏部長官，掌官吏銓選、任免，職任顯要。多僑姓高門、世胄顯貴擔任。梁十四班。　范雲：字彦龍，南鄉舞陰（今河南泌陽縣）人，范縝從弟。“竟陵八友”之一。本書卷五七、《梁書》卷一三有傳。

［9］建武：南朝齊明帝蕭鸞年號（494—498）。

［10］草澤：指荒野，長滿野草的大片積水窪地，此處借指民間之人。　底下：低下。指出身寒門或才能低下。

［11］草創：開始創辦或創立。

［12］代來臣：指親近舊臣。漢孝文帝初爲代王，吕后崩，陳平、周勃等誅諸吕，迎立代王爲皇帝。代王即位，重用“從代來功臣”，六人皆至九卿。參見《史記》卷一〇《孝文本紀》。

［13］熒惑守南斗：星象之一。指火星居於南斗。占星家認爲是將有灾亂之兆。《漢書·天文志》：“元鼎中，熒惑守南斗。占曰：‘熒惑所守，爲亂賊喪兵；守之久，其國絶祀。”熒惑，火星之别名。南斗，星宿名。參見《史記·天官書》及《晋書·天文志》。

［14］書佐：官名。州郡佐吏，掌文書。宋九品。齊及梁初不詳。

［15］親狎：親近而不莊重。

［16］長流參軍：官名。諸公軍府屬官，掌禁防刑獄。宋七品。齊及梁初不詳。

［17］愚闇：愚鈍而不明事理。

伯之子武牙時爲直閤將軍，[1]武帝手疏龍符罪親付武牙，[2]武牙封示伯之。帝又遣代江州别駕鄧繕，伯之並不受命，曰：“龍符健兒，鄧繕在事有績。臺所遣别駕，[3]請以爲中從事。”繕於是日夜説伯之云：“臺家府庫空竭，[4]無復器仗，三倉無米。[5]此萬世一時，機不可失。”緝、承忠等每贊成之。伯之謂繕:“今段啓卿，若復不得，便與卿共下。”使反，武帝敕部内一郡處繕。伯之於是集府州佐史，謂曰:“奉齊建安王教，[6]率江北義勇十萬已次六合，[7]見使以江州見力運糧速下。[8]我荷明帝厚恩，[9]誓以死報。”使緝詐爲蕭寶寅書以示僚佐，於聽事前爲壇，殺牲以盟。伯之先歃，[10]長史以下次第歃。[11]緝説伯之:“今舉大事，宜引人望。程元沖不與人同心；臨川内史王觀，僧虔之孫，[12]人身不惡，[13]可召爲長史，以代元沖。”伯之從之，仍以緝爲尋陽太守，承忠輔義將軍，龍符豫州刺史。

[1]直閤將軍：官名。禁衛武官名。領禁衛兵，掌朝廷正殿便殿閣及諸門上下之安全保衛，或領兵出征，地處顯要。其官品史無明載，約爲四五品。

[2]疏：分條敘述。

[3]臺：謂尚書臺。

[4]臺家：猶言政府（參見周一良《魏晉南北朝史札記》，中華書局1985年版，第14—16頁)。

[5]三倉：指太倉、石頭倉及常平倉。參見《資治通鑑》卷一四五《梁紀一》梁武帝天監元年五月下胡三省注。

[6]齊建安王：指蕭寶夤。字智亮，齊明帝第六子。齊官民擁其奪兄蕭寶卷位，事敗後被赦。蕭衍入建康，封鄱陽王。魏宣武帝景明三年（502)，逃至壽春。統軍攻梁，屢有戰功。孝明帝正光初，爲尚書左僕射。處事有條理，聲譽日高。蕭寶夤懼朝議猜疑，遂於孝明帝孝昌三年（527）稱帝，建年號隆緒。孝莊帝永安三年(530）被魏軍俘獲，送到洛陽，賜死。《魏書》卷五九、《北史》卷二九有傳。建安，郡名。治建安縣，在今福建建甌市。 教：文

體之一種。諸侯王或上級長官發布的下行文書。

[7]六合：六合山。在今江蘇南京市浦口區西北。

[8]見力：現有兵力。見，同“現”。

[9]荷：蒙受，承蒙。

[10]歃：《梁書》卷二〇《陳伯之傳》作“飲”。

[11]長史以下次第歃：按，《梁書·陳伯之傳》作“長史以下次第歃血”。歃血，古代盟誓的一種方式。雙方口含牲畜之血或以血塗口旁，表示信誓。

[12]僧虔：王僧虔。琅邪臨沂（今山東臨沂市）人，王曇首之子。歷仕宋、齊。本書卷二二有附傳，《南齊書》卷三三有傳。

[13]人身：等於説人才。《世説新語·賢媛》:“王郎，逸少之子，人身亦不惡。”

豫章太守鄭伯倫起郡兵拒守。程元沖既失職，於家合率數百人，使伯之典籤吕孝通、戴元則爲内應。伯之每旦常作伎，[1]日晡輒卧，[2]左右仗身皆休息。[3]元沖因其解弛，[4]從北門入，徑至聽事前。[5]伯之聞叫，自率出盪。[6]元沖力不能敵，走逃廬山。[7]

[1]作伎：亦作“作妓”。謂表演歌舞或演奏音樂。

[2]日晡：傍晚。舊以下午三時至五時爲晡。

[3]仗身：執兵器的隨從衛士。

[4]解：通“懈”。鬆懈。

[5]聽事：大廳（多指官署中的）。

[6]盪：格鬬。

[7]廬山：即今江西九江市南廬山。

伯之遣使還報武牙兄弟，武牙等走盱台，[1]盱台人徐文安、莊興紹、張顯明邀擊之，[2]不能禁，反見殺。武帝遣王茂討伯之，[3]敗走，間道亡命出江北，[4]與子武牙及褚緭俱入魏。魏以伯之爲使持節、散騎常侍、都督淮南諸軍事、平南將軍、光禄大夫、曲江縣侯。[5]

[1]盱台：汲古閣本同，殿本作“盱眙”，《梁書》卷二〇《陳伯之傳》亦作“盱眙”。本卷下同，不再出注。

[2]徐文安：《梁書·陳伯之傳》作“徐安”。

[3]王茂：字休遠，一字休連、茂先。太原祁（今山西祁縣）人。本書卷五五、《梁書》卷九有傳。

[4]間道：抄近的小路。

[5]使持節：漢朝官員奉使外出時，皇帝授予符節，以提高其威權。魏晉以後，較重要的軍事長官出征或出鎮，加使持節，可誅殺二千石以下官員。　散騎常侍：官名。北魏散騎省長官，掌侍從顧問，拾遺應對。兼領修史，地位高於南朝。從第三品。　平南將軍：官名。將軍名號。北魏四平將軍之一。三品。　光禄大夫：官名。北魏屬光禄勳，備顧問。三品。　曲江：縣名。治所在今廣東韶關市南武水西岸。

天監四年，[1]詔太尉臨川王宏北侵，[2]宏命記室丘遲私與之書曰：[3]

[1]天監：南朝梁武帝蕭衍年號（502—519）。

[2]臨川王宏：蕭宏。字宣達，南蘭陵（今江蘇常州市武進區）人，梁武帝六弟。武帝天監元年，封爲臨川王，遷揚州刺史。《梁書》卷二二有傳。臨川，郡名。治南城縣，在今江西南城縣

東南。

［3］記室：官名。記室參軍之省稱。王公軍府屬官，掌文書。梁初六品。　丘遲：字希範，吴興烏程（今浙江湖州市）人。父丘靈鞠，齊太中大夫，亦爲當時知名文人。丘遲八歲能文，初仕南齊，官至殿中郎、車騎録事參軍。後投入蕭衍幕中，爲其所重，其後蕭衍代齊爲帝建立南梁的一應勸進文書均爲丘遲所作。梁武帝天監四年隨蕭宏北伐，爲其記室，以一封《與陳伯之書》成功招降投奔北魏的原南齊將領陳伯之來降，後歷任永嘉太守、拜中書郎，再升任司徒從事中郎。本書卷七二有附傳，《梁書》卷四九《文學傳》有傳。《文選》卷四三丘希範《與陳伯之書》李善注引劉璠《梁典》曰："帝使吕僧珍寓書於陳伯之，丘遲之辭也。"與本書所載蕭宏命丘遲作不同。

陳將軍足下，[1]無恙，幸甚，幸甚。將軍勇冠三軍，才爲世出。棄燕雀之毛羽，慕鴻鵠以高翔。[2]昔因機變化，遭遇時主，[3]立功立事，開國稱孤，[4]朱輪華轂，[5]擁旄萬里，[6]何其壯也！如何一旦爲奔亡之虜，聞鳴鏑而股戰，[7]對穹廬以屈膝，[8]又何劣邪？尋君去就之際，[9]非有他故，直以不能内審諸己，[10]外受流言，沈迷猖蹶以至於此。[11]

［1］足下：敬辭。對對方的尊稱。

［2］棄燕雀之毛羽，慕鴻鵠以高翔：燕雀，比喻庸俗小人。鴻鵠，即天鵝，比喻才志傑出之士。《史記》卷四八《陳涉世家》："陳涉太息曰：'嗟呼！燕雀安知鴻鵠之志哉！'"

［3］遭遇時主：按，《梁書》卷二〇《陳伯之傳》作"遭逢明主"，《文選》卷四三作"遭遇明主"。

[4]開國：開邦建國。自晋至北宋，郡公至縣男諸封爵皆冠以開國之號。陳伯之入梁，受封豐城縣公。　稱孤：《文選》卷四三同。《梁書·陳伯之傳》作“承家”。

[5]朱輪華轂：朱、華，形容裝飾華麗；轂，車輪中心的圓木。指王侯貴族乘坐的裝飾華麗的車子。比喻顯貴。《史記》卷八九《張耳陳餘列傳》：“令范陽令乘朱輪華轂，使驅馳燕、趙郊。”

[6]擁旄：持旄節。借指統率軍隊。《文選》卷四三：“朱輪華轂，擁旄萬里，何其壯也。”李善注：“班固《涿邪山祝文》：‘杖節擁旄，征人伐鼓。’”　萬里：《文選》卷四三李善注引荀悦《漢紀》曰：“今之州牧，號爲萬里。”此處指陳伯之爲江州刺史。

[7]鳴鏑：軍中用以發號施令的響箭。　股：大腿。

[8]穹廬：用氈子做的圓頂帳篷，多爲游牧民族所用。此處代指拓跋鮮卑建立的北魏。

[9]去就：去留不定。

[10]直：祇，僅。　内審諸己：對内審查自己的内心。

[11]猖蹷：凶猛而放肆。

聖朝赦罪責功，[1]棄瑕録用，[2]推赤心於天下，[3]安反側於萬物，[4]此將軍之所知，非假僕一二談也。[5]昔朱鮪涉血於友于，[6]張繡傳刃於愛子，[7]漢主不以爲疑，[8]魏君待之若舊。[9]况將軍無昔人之罪，[10]而勳重於當代。夫迷塗知反，往哲是與，[11]不遠而復，先典攸高。[12]主上屈法申恩，吞舟是漏。[13]將軍松柏不翦，[14]親戚安居；[15]高堂未傾，[16]愛妾尚在。悠悠爾心，亦何可言。[17]當今功臣名將，鴈行有序，[18]佩紫懷黄，[19]讚帷幄之謀；[20]乘軺建節，[21]奉疆埸之任。並刑馬作誓，[22]

傳之子孫。將軍獨靦顔借命，[23]驅馳氈裘之長，[24]寧不哀哉！

[1]責功：《文選》卷四三同，《梁書》卷二〇《陳伯之傳》作“論功”。

[2]棄瑕：不追究缺點過失。

[3]推赤心於天下：推，《文選》卷四三、《梁書・陳伯之傳》皆作“收”。典出《後漢書》卷一上《光武帝紀上》，劉秀破銅馬軍，爲消除降者疑慮，親自馳入降軍營中進行撫慰。“降者更相語曰：‘蕭王推赤心置人腹中，安得不投死乎’”。故似當以“推”字爲是。

[4]安反側於萬物：反側，指心有懷疑，動摇不定。萬物，指天下人。典出《後漢書・光武帝紀上》：光武帝破邯鄲，誅王郎，收文書，得吏人與王郎交關謗毁的書信數千章。於是會諸將，盡燒之，曰：“令反側子自安。”

[5]非假：不須，不用。

[6]朱鮪涉血於友于：涉血，血流滿地而污足。友于，指兄弟。《尚書・君陳》：“惟孝友于兄弟。”《文選》卷四三李善注引謝承《後漢書》：西漢末，緑林軍將領朱鮪曾經參與謀殺光武帝之兄。後來，光武攻洛陽，不加疑忌，誠心招降了朱鮪。

[7]張繡傳刃於愛子：漢獻帝建安二年（197）曹操攻苑城張繡，繡降，既而復反，殺操長子昂、弟子安民。後二年，張繡率衆再降，曹操厚待之，封爲列侯。參見《三國志》卷一《魏書・武帝紀》。傳，以刃插入。

[8]漢主不以爲疑：漢光武帝劉秀不以爲疑。

[9]魏君待之若舊：魏武帝曹操待之若故人。

[10]昔人：指朱鮪、張繡。

[11]往哲：漢末陳珪。《三國志》卷六《魏書・袁紹傳》：下

邳陳珪答書袁術，勸其與曹操共匡翼漢室："若迷而知反，尚可以免。"

[12]先典：《易》。《易·復》："不遠復，無祇悔，元吉。"孔穎達正義："'不遠復'者，是迷而不遠即能復也。'無祇悔，元吉'者，祇，大也，既能速復，是無大悔，所以大吉。"

[13]吞舟是漏：吞舟，能吞下舟船的大魚，比喻罪大惡極的人。典出桓寬《鹽鐵論·刑德》："明王茂其德教而緩其刑罰也，網漏吞舟之魚。"

[14]松柏不翦：指祖墳完好。古人常在墳墓旁種植松柏，以爲辨識墳墓的標記。後漢仲長統《昌言》："古之葬，松柏梧桐以識其墳。"

[15]親戚：指父母兄弟。

[16]高堂：指住宅。堂，《梁書·陳伯之傳》作"臺"。

[17]言：《文選》卷四三同，《梁書·陳伯之傳》作"述"。

[18]鴈行：大雁飛時的行列。指朝廷上的排班。

[19]佩紫懷黄：按，《梁書·陳伯之傳》作"懷黄佩紫"。黄，指金印；紫，指紫綬。腰間佩挂紫色印綬，懷里揣着黄金官印；漢代丞相、太尉等皆金印紫綬，指身居高官。《史記》卷七九《范雎蔡澤列傳》，蔡澤曰："懷黄金之印，結紫綬於要。"

[20]帷幄：軍帳。《史記》卷五五《留侯世家》："運籌策帷帳中，决勝千里外，子房功也。"

[21]乘軺建節：軺，本義是指迎賓車、先導車、開道車。後來指被國君召唤者所乘坐的宫廷專車。乘軺，坐着古代的輕便馬車。節，符節，使者所持信物。

[22]刑馬作誓：刑，殺。古代結盟，殺馬飲血，立誓爲信。比喻莊重的誓言。《戰國策·齊策三》："且臣聞齊、衛先君，刑馬壓羊，盟曰：'齊、衛後世無相攻伐，有相攻伐者，令其命如此。'"

[23]靦：羞慚的樣子。　借命：苟且偷生。

[24]驅馳氈裘之長：《梁書·陳伯之傳》作"驅馳異域"。

夫以慕容超之强,[1]身送東市,[2]姚泓之盛,[3]面縛西都。[4]故知霜露所均,[5]不育異類,姬漢舊邦,[6]無取雜種。北虜僭號中原,[7]多歷年所,[8]惡積禍盈,理至焦爛。[9]況僞孽昏狡,[10]自相夷戮,[11]部落攜離,[12]酋豪猜貳。[13]方當係頸蠻邸,[14]縣首藁街。[15]而將軍魚游於沸鼎之中,燕巢於飛幕之上,[16]不亦惑乎!

[1]慕容超:字祖明,昌黎棘城(今遼寧義縣)人,鮮卑族。十六國時南燕君主。劉裕北伐,生擒之,解赴建康斬首。參見《晋書》卷一二八《慕容超載記》。

[2]東市:漢代在長安東市處决判死刑的犯人。後以"東市"泛指刑場。《晋書》卷一《宣帝紀》:"公居伊周之任,挾天子,杖天威,孰敢不從?舍此而欲就東市,豈不痛哉!"

[3]姚泓:字元子,京兆長安(今陝西西安市)人。十六國時期後秦末代皇帝。晋安帝義熙十三年(後秦永和二年,417年),劉裕率軍北伐後秦,姚泓出城投降,後秦自此滅亡。後被劉裕押解到東晋都城建康,在建康鬧市中斬首,年僅三十歲。參見《晋書》卷一一九《姚泓載記》。

[4]面縛:反背而縛。

[5]霜露所均:霜露均布的地方,指中原地區(參見熊清元《〈與陳伯之書〉"霜露所均"新説》,《黄岡師專學報》1995年第1期)。

[6]姬漢舊邦:即漢族。姬,周天子的姓。舊邦,指中原周漢的故土。

[7]僭號:《梁書》卷二〇《陳伯之傳》作"僭盗"。

[8]多歷年所:《文選》卷四一朱叔元《爲幽州牧與彭寵書》:"故能據國相持,多歷年所。"六臣劉良注:"所,數也。"

[9]理至焦爛：照理應該自取滅亡了。

[10]僞孽：指當時北魏宣武帝元恪。　昏狡：昏庸狡猾。

[11]自相夷戮：北魏宣武帝景明二年（501），帝叔父咸陽王元禧圖謀作亂，被賜死。宣武帝正始元年（504），北海王元詳亦以謀反罪被囚禁而死。參見《魏書》卷二一《獻文六王傳》。

[12]攜離：分裂。

[13]猜貳：猜疑。

[14]蠻邸：外族首領來京師所居館舍。

[15]藁街：漢代京師長安街名，蠻邸所在。

[16]魚游於沸鼎之中，燕巢於飛幕之上：比喻陳伯之處境極危險。《後漢書》卷五六《張綱傳》："遂復相聚偷生，若魚遊釜中，喘息須臾間耳。"《左傳》襄公二十九年："（季札）曰：'夫子之在此也，猶燕之巢於幕上。'"

暮春三月，江南草長，雜花生樹，群鶯亂飛。見故國之旗鼓，感生平於疇日，[1]撫絃登陴，[2]豈不愴悢。[3]所以廉公之思趙將，[4]吴子之泣西河，[5]人之情也，將軍獨無情哉？想早勵良規，[6]自求多福。[7]

[1]疇日：昔日。

[2]陴：城上女墻。

[3]愴悢：悲傷，遺憾。

[4]廉公之思趙將：典出《史記》卷八一《廉頗藺相如列傳》：廉頗想再爲趙將。廉頗本趙之良將，有功於趙，後因不得志而奔魏。在魏而思復用於趙，趙王以其老而不召。楚迎之爲將，無功，曰："我思用趙人！"終死於楚。

[5]吴子之泣西河：典出《吕氏春秋·觀表》：吴起仕魏，治

西河，有美績。後被譖，將離開西河，望西河而泣下。其僕問之，起曰："今君聽讒人之議而不知我，西河之爲秦地，不久矣。"

[6]規：《文選》卷四三同，《梁書》卷二〇《陳伯之傳》作"圖"。

[7]自求多福：語出《詩·大雅·文王》："無念爾祖，聿修厥德。永言配命，自求多福。"

當今皇帝盛明，天下安樂，白環西獻，[1]楛矢東來，[2]夜郎、滇池解辮請職，[3]朝鮮、昌海蹶角受化；[4]唯北狄野心，崛强沙塞之間，[5]欲延歲月之命耳。中軍臨川殿下，[6]明德茂親，[7]總兹戎重，[8]方弔人洛汭，[9]伐罪秦中，[10]若遂不改，[11]方思僕言。聊布往懷，[12]君其詳之。

[1]白環西獻：白環，白色的玉環。西方的部落來獻白環。相傳虞舜時西王母來獻白環。

[2]楛矢東來：楛矢，用楛木做杆的箭。東方的部落來獻矢。相傳周武王時，東北方的肅慎氏部落來獻矢石。

[3]夜郎：今貴州桐梓縣一帶。　滇池：今雲南昆明市附近。　解辮請職：解開盤結的髮辮，請求封職。即表示願意歸順。

[4]昌海：蒲昌海，爲西域國名。即今新疆羅布泊。　蹶角：以額角叩地。　受化：接受教化。

[5]唯北狄野心，崛强沙塞之間：《漢書》卷四五《伍被傳》記伍被説淮南王曰："東保會稽，南通勁越，屈强江、淮間，可以延歲月之壽耳。"崛强，倔强。殿本同，汲古閣本、百衲本作"掘"。

[6]中軍臨川殿下：指蕭宏。時臨川王蕭宏任中軍將軍。殿下，對王侯的尊稱。

[7]茂親：至親。指蕭宏爲武帝之弟。

[8]戎重：軍事重任。

[9]弔人：汲古閣本同，殿本作“弔民”。弔民，慰問老百姓。　洛汭：洛水匯入黄河的今河南洛陽市、鞏義市一帶。汭，水流隈曲處。

[10]秦中：指北魏。今陝西中部地區。

[11]遂：仍舊。

[12]聊布：聊且陳述。　往懷：往日的友情。

伯之得書，乃於壽陽擁衆八千歸降。[1]武牙爲魏人所殺。

[1]乃於壽陽擁衆八千歸降：《文選》卷四三丘希範《與陳伯之書》李善注引何之元《梁典》曰:“天監五年，前平南將軍陳伯之以其衆自壽陽歸降。”

伯之既至，以爲平北將軍、西豫州刺史、永新縣侯。[1]未之任。復爲驍騎將軍，[2]又爲太中大夫。[3]久之，卒於家。其子猶有在魏者。

[1]平北將軍：官名。將軍名號。與平西、平東、平南將軍合稱四平將軍。多兼鎮守地區的刺史，統掌軍、政事務，地位較高。梁初品秩不詳。　西豫州：州名。治廣陵城，在今河南息縣。　永新：縣名。治所在今江西永新縣。

[2]驍騎將軍：官名。將軍名號。禁衛軍六軍之一。領營兵，兼統宿衛。梁初品秩不詳。

[3]太中大夫：官名。屬光禄勳。無職事。多用以安置年老大臣。梁武帝天監七年（508）革選，定流内官職爲十八班，以班多

者爲貴，太中大夫爲十一班。

褚緭在魏，魏人欲用之。魏元會，[1]緭戲爲詩曰："帽上著籠冠，[2]袴上著朱衣，[3]不知是今是，不知非昔非。"魏人怒，出爲始平太守。[4]日日行獵，墮馬而死。

[1]元會：古代皇帝每年元旦朝見群臣叫做正會，又稱元會。

[2]籠冠：古代中國冠飾之一。產生於漢，盛行於魏晋南北朝，男女皆可服用。漢代的武弁大冠，是古代形如覆杯、前高後鋭，以白鹿皮所做的弁和幘的複合體。但漢代武弁大冠不用鹿皮製作，而用很細的繐（細紗）製作，作好後再塗以漆，内襯赤幘。

[3]袴：同"絝"。絝字從糸從夸，夸亦聲，"糸"指絲帛，"夸"爲"跨"省。"糸"與"夸"聯合起來表示"以絲帛纏裹雙腿，以便跨馬騎背"。本義爲綁腿布。絝在漢代以前就已出現，是漢族傳統服飾之一，屬於漢服系統。《説文解字》解釋爲："絝，脛衣也。"《釋名·釋衣服》説："袴，跨也，兩股各跨别也。"後來開始寫作"袴"。《史記》卷四三《趙世家》："夫人置兒絝中。"

[4]始平：郡名。治武當縣，在今湖北丹江口市西北。

陳慶之字子雲，[1]義興國山人也。[2]幼隨從梁武帝。帝性好碁，每從夜至旦不輟，[3]等輩皆寐，唯慶之不寢，聞呼即至，甚見親賞。從平建鄴，[4]稍爲主書，[5]散財聚士，恒思立效。除奉朝請。[6]

[1]陳慶之：《梁書》卷三二有傳。

[2]義興：郡名。治陽羡縣，在今江蘇宜興市。　國山：縣名。治所在今江蘇宜興市西南。

[3]不輟：不止，不絶。

[4]建鄴：即建康。今江蘇南京市。

[5]主書：官名。主書令史之省稱。六朝時，尚書、中書、秘書省皆置。掌文書。

[6]奉朝請：官名。本指大臣定期參加朝會，朝見皇帝，晋以下以爲官名。用以安置閑散官員。宋齊無職事。梁屬集書省，備顧問。梁武帝天監七年（508）革選，定流内職官爲十八班，以班多者爲貴，奉朝請爲二班。

普通中，[1]魏徐州刺史元法僧於彭城求入内附，[2]以慶之爲武威將軍，[3]與胡龍牙、成景儁率諸軍應接。還除宣猛將軍、文德主帥，[4]仍率軍送豫章王綜入鎮徐州。[5]魏遣安豐王元延明、臨淮王元彧率衆十萬來拒。[6]延明先遣其别將丘大千觀兵近境，慶之擊破之。後豫章王棄軍奔魏，慶之乃斬關夜退，軍士獲全。

[1]普通：南朝梁武帝蕭衍年號（520—527）。

[2]徐州：州名。北魏治濟陽縣，在今河南蘭考縣東北。　元法僧：字法僧，河南洛陽（今河南洛陽市）人，鮮卑族。北魏宗室、叛臣。道武帝拓跋珪玄孫，江陽郡王拓跋鐘葵之子。梁武帝普通五年，趁魏室大亂，稱帝，爲安樂王元鑒所敗。歸順梁武帝，授侍中、司空，封始安郡公。《梁書》卷三九有傳，《北史》卷一六有附傳。

[3]武威將軍：官名。將軍名號。梁武帝天監七年（508）革選，釐定將軍名號及班品，有一百二十五號十品二十四班，以班多者爲貴，武威將軍爲十二班。

[4]宣猛將軍：官名。將軍名號。梁置，爲一百二十五號將軍之一，六班。　文德主帥：官名。掌文德殿守衛。文德，殿名。京

師建康宫前殿。

［5］豫章王綜：蕭綜。字世謙，梁武帝第二子。本書卷五三、《梁書》卷五五有傳。《魏書》卷五九有附傳，作“蕭贊”。

［6］安豐王元延明：北魏文成帝之孫元延明封爵號安豐王。字延明，河南洛陽（今河南洛陽市）人，鮮卑族。文成帝拓跋濬的孫子，安豐匡王拓跋猛嫡長子。北魏宗室大臣、藏書家、數學家。《魏書》卷二〇有附傳。安豐，縣名。治所在今安徽霍邱縣西南。臨淮王元彧：北魏宗室元彧封爵號臨淮王。本名元亮，字文若，河南洛陽（今河南洛陽市）人，鮮卑族。太武帝拓跋燾玄孫，臨淮懿王拓跋提之孫、濟南康王元昌之子。《魏書》卷一八有附傳。臨淮，郡名。治已吾縣，在今安徽固鎮縣東南。　十萬：《梁書》卷三二《陳慶之傳》作“二萬”。

普通七年，安西將軍元樹出征壽春，[1]除慶之假節、總知軍事。魏豫州刺史李憲遣其子長鈞别築兩城相拒，[2]慶之攻拔之，[3]憲力屈遂降，慶之入據其城。轉東宫直閤。[4]

［1］安西將軍：官名。將軍名號。與安東、安南、安北將軍合稱四安將軍，爲出鎮方面的軍事長官，或作爲刺史兼理軍務的加官，權任頗重。爲一百二十五號將軍之一，二十一班。　元樹：字君立，河南洛陽（今河南洛陽市）人，鮮卑族。南朝梁大臣。北魏獻文帝拓跋弘的孫子，咸陽王元禧的兒子。本北魏近屬，後附梁。《梁書》卷三九有傳。　壽春：縣名。治所在今安徽壽縣。時屬北魏。

［2］豫州：按，南朝齊裴叔業以豫州降魏，魏改豫州爲揚州。此後李憲又以州降梁，梁始復名豫州。《梁書》卷三《武帝紀下》及《魏書》卷三六《李憲傳》並作“揚州”，當以“揚州”爲是。

李憲：字仲軌，趙郡平棘（今河北趙縣）人。北魏大臣。西兖州刺史李式之子。出身趙郡李氏東祖，清高純正，頗有風度，好學有器量。北魏孝文帝太和初年，襲封濮陽縣伯，任秘書中散。孝明帝孝昌三年（527），女婿安樂王元鑒反叛後，被靈太后賜死。孝武帝永熙年間，追贈驃騎大將軍、尚書令、儀同三司、定州刺史，謚號文靖。《魏書》卷三六有附傳。

[3]拔：汲古閣本、殿本作“拒”。

[4]東宮直閤：官名。掌侍衛皇太子。

大通元年，[1]隸領軍曹仲宗伐渦陽，[2]魏遣常山王元昭等東援，[3]前軍至駞澗，[4]去渦陽四十里。韋放曰：[5]“賊鋒必是輕鋭，戰捷不足爲功；如不利，沮我軍勢，[6]不如勿擊。”慶之曰：“魏人遠來，皆已疲倦，須挫其氣，必無不敗之理。”於是與麾下五百騎奔擊，破其前軍，魏人震恐。慶之還共諸將連營西進，據濡陽城，[7]與魏相持，自春至冬，各數十百戰。師老氣衰，[8]魏之援兵復欲築壘於軍後。仲宗等恐腹背受敵，謀退。慶之杖節軍門，曰：“須虜圍合，然後與戰；若欲班師，[9]慶之别有密敕。”[10]仲宗壯其計，[11]乃從之。魏人犄角作十三城，[12]慶之陷其四壘。九城兵甲猶盛，乃陳其俘馘，[13]鼓譟攻之，[14]遂奔潰，斬獲略盡，渦水咽流。詔以渦陽之地置西徐州。衆軍乘勝前頓城父。[15]武帝嘉焉，手詔慰勉之。

[1]大通：南朝梁武帝蕭衍年號（527—529）。

[2]領軍：官名。領軍將軍之省稱。禁衛軍最高統帥，管全國兵要。梁十五班。　渦陽：縣名。治所在今安徽蒙城縣。

[3]常山王元昭：字幼明，小字阿俔，河南洛陽（今河南洛陽市）人。北魏宗室大臣。昭成帝拓跋什翼犍玄孫，常山簡王拓跋陪斤第三子。《魏書》卷一五有附傳。亦見《元昭墓誌》（參見劉軍《北魏元昭墓誌考釋》，《咸陽師範學院學報》2015 年第 3 期）。常山，郡名。治真定縣，在今河北正定縣南。　東：《梁書》卷三二《陳慶之傳》作“來”，中華本校勘記據《梁書》《通志》改，可從。

[4]馳澗：地名。即駝澗灘，在今安徽蒙城縣北。

[5]韋放：字元直，京兆杜陵（今陝西西安市長安區）人。南北朝南齊至南梁時期將領。南梁車騎將軍韋睿長子。本書卷五八有附傳，《梁書》卷二八有傳。

[6]沮：使沮喪。

[7]濡：汲古閣本同，殿本作“渦”。

[8]師老氣衰：軍隊長期作戰，士氣低落。

[9]班師：原指調回出征的軍隊，後也指出征的軍隊勝利歸來。

[10]密敕：皇帝的秘密詔令。

[11]壯：贊同。

[12]掎：殿本同，汲古閣本作“犄”。

[13]俘馘：指被俘虜者。《左傳》成公三年：“臣不才，不勝其任，以爲俘馘。”楊伯峻注：“知罃實被‘俘’，而未被‘馘’，此‘馘’字是連類而及之詞。”《説文解字・耳部》引作“以爲俘聝”。

[14]鼓譟：出戰時擂鼓吶喊，以壯聲勢。

[15]城父：縣名。治所在今安徽亳州市東南城父。

大通初，[1]魏北海王元顥來降，[2]武帝以慶之爲假節、飈勇將軍，[3]送顥還北。顥於涣水即魏帝號，[4]授慶之前軍大都督。[5]自銍縣進，[6]遂至睢陽。[7]魏將丘大千有衆七萬，分築九壘以拒。慶之自旦至中，攻陷其三，大千乃退。[8]

[1]大通：南朝梁武帝蕭衍年號（527—529）。

[2]北海王元顥：字子明，河南洛陽（今河南洛陽市）人，鮮卑族。北魏獻文帝孫元顥。北魏宗室，獻文帝拓跋弘的孫子，北海平王元詳世子。《魏書》卷二一上有附傳。

[3]飆勇將軍：官名。將軍名號。梁武帝大通三年（529）刊正將軍名號及班品，定二百四十二號三十四班。飆勇將軍爲二百四十二號將軍之一，班品不詳。

[4]涣水：古水名。自今河南開封市祥符區東分狼蕩渠水東南流經杞縣、睢縣南、柘城縣北入安徽境，此下即今澮河。

[5]授慶之前軍大都督：按，《梁書》卷三二《陳慶之傳》所載官爵較此爲詳："授慶之使持節、鎮北將軍、護軍、前軍大都督。"前軍大都督，官名。將軍名號。北魏從第二品上。

[6]銍縣：縣名。治所在今安徽宿州市西南。

[7]睢陽：縣名。治所在今河南商丘市南。

[8]慶之自旦至中，攻陷其三，大千乃退：按，中華本校勘記據《梁書·陳慶之傳》及《資治通鑑》改"中""退"爲"申""降"，張森楷《南史校勘記》："按《魏書·孝莊紀》，大千被執，則'降'字是。"

時魏濟陰王元徽業率羽林庶子二萬人來救梁、宋，[1]進屯考城。[2]慶之攻陷其城，禽徽業，[3]仍趣大梁。顥進慶之徐州刺史、武都郡王，[4]仍率衆而西。

[1]濟陰王元徽業：中華本"徽"改作"暉業"。元暉業，字紹遠，河南洛陽（今河南洛陽市）人，鮮卑族。北魏宗室元暉業封爵號濟陰王。北魏宗室大臣，景穆帝拓跋晃玄孫，濟陰文獻王元弼

之子。《魏書》卷一九上有附傳。濟陰，郡名。治左城，在今山東曹縣西北。

［2］考城：縣名。治所在今河南民權縣東北。

［3］禽：通“擒”，擒拿，捉拿。

［4］武都郡王：《梁書》卷三二《陳慶之傳》作“武都公”。武都，郡名。治石門縣，在今甘肅隴南市武都區東南。

魏左僕射楊昱等率御仗羽林宗子庶子衆七萬據滎陽拒顥，[1]兵强城固，魏將元天穆大軍復將至，[2]先遣其驃騎將軍爾朱兆、騎將魯安等援楊昱，[3]又遣右僕射爾朱世隆、西荆州刺史王羆據虎牢。[4]時滎陽未拔，士衆皆恐。慶之乃解鞍秣馬，[5]宣喻衆曰：“我等纔有七千，賊衆四十餘萬。今日之事，義不圖存，須平其城壘。”一鼓悉使登城，壯士東陽宋景休、義興魚天愍踰堞而入，[6]遂剋之。俄而魏陣外合，慶之率精兵三千大破之。魯安於陣乞降，天穆、兆單騎獲免。進赴虎牢，[7]爾朱世隆棄城走。魏孝莊出居河北。[8]其臨淮王彧、安豐王延明率百僚備法駕迎顥入洛陽宫，御前殿，改元大赦。[9]顥以慶之爲車騎大將軍。[10]

［1］楊昱：字元晷，弘農華陰（今陝西華陰市）人。北魏大臣。洛州刺史楊懿之孫，太師楊椿之子。《魏書》卷五八有附傳。

［2］元天穆：字天穆，河南洛陽（今河南洛陽市）人，鮮卑人。北魏宗室、大臣。平文帝拓跋鬱律之後，高凉神武王拓跋孤玄孫，游擊將軍贈司空元長生之子。《魏書》卷一四有附傳。

［3］驃騎將軍：官名。將軍名號。爲重號將軍，加授大臣、重要地方長官。魏一品下。　爾朱兆：按，《梁書》卷三二《陳慶之

傳》作“尒朱吐没兒”，此爲爾朱兆小名。字萬仁，小名吐末，北秀容（今山西朔州市）人，契胡族。北魏時期權臣。《魏書》卷七五有傳。

[4]爾朱世隆：字榮宗，北秀容（今山西朔州市）人，契胡族。北魏後期將領。爾朱買珍子，太原王爾朱榮族弟，彭城王爾朱仲遠弟。《魏書》卷七五有附傳。按，《梁書·陳慶之傳》舊本作“尒朱隆”，乃姚思廉避唐諱删“世”字。　西荆州：州名。治所在今河南魯山縣東。

[5]秣馬：飼馬。《左傳》襄公二十六年：“簡兵蒐乘，秣馬蓐食。”《國語·吴語》：“吴王昏乃戒，令秣馬食士。”

[6]東陽：郡名。治長山縣，在今浙江金華市。　堞：墻上齒狀的短墻。

[7]虎牢：城名。在今河南滎陽市汜水鎮。

[8]魏孝莊：北魏孝莊帝元子攸。字彦達，河南洛陽（今河南洛陽市）人，鮮卑族。《魏書》卷一〇、《北史》卷五有紀。

[9]“其臨淮王彧”至“改元大赦”：陳慶之陷洛陽，梁群臣稱慶，《藝文類聚》卷五九載太子蕭綱《賀洛陽平啓》。

[10]車騎大將軍：官名。將軍名號。地位尊崇，多加元老重臣。

魏上黨王元天穆又攻拔大梁，分遣王老生、費穆據虎牢，刁宣、刁雙入梁、宋，慶之隨方掩襲，[1]並降，天穆與十餘騎北度河。[2]慶之麾下悉著白袍，所向披靡。先是洛中謡曰：“名軍大將莫自牢，千兵萬馬避白袍。”自發銍縣至洛陽，十四旬平三十二城，四十七戰，所向無前。

[1]掩襲：突然襲擊。

［2］度：通“渡”。

初，魏莊帝單騎度河，宫衛嬪侍無改於常。顥既得志，荒于酒色，不復視事，[1]與安豐、臨淮計將背梁，[2]以時事未安，且資慶之力用。慶之心知之，乃説顥曰：“今遠來至此，未伏尚多，[3]宜啓天子，更請精兵；并勒諸州有南人没此者，悉須部送。”顥欲從之，元延明説顥曰：“慶之兵不出數千，已自難制，今更增其衆，寧肯爲用？魏之宗社，[4]於斯而滅。”顥由是疑慶之，乃密啓武帝停軍。[5]洛下南人不出一萬，魏人十倍。軍副馬佛念言於慶之曰：“勳高不賞，震主身危，二事既有，將軍豈得無慮？今將軍威震中原，聲動河塞，屠顥據洛，則千載一時。”慶之不從。顥前以慶之爲徐州刺史，因求之鎮，顥心憚之，遂不遣。

［1］視事：舊時指官吏到職辦公。多指政事言。

［2］安豐、臨淮：指安豐王元延明、臨淮王元彧。　背：殿本同，汲古閣本作“肯”。

［3］伏：使人服從。

［4］宗社：宗廟社稷。

［5］顥由是疑慶之，乃密啓武帝停軍：此處本書所載頗有删削，《梁書》卷三二《陳慶之傳》所載較此爲詳：“顥由是致疑，稍成疏貳。慮慶之密啓，乃表高祖曰：‘河北、河南一時已定，唯尒朱榮尚敢跋扈，臣與慶之自能擒討。今州郡新服，正須綏撫，不宜更復加兵，摇動百姓。’高祖遂詔衆軍皆停界首。”

魏將爾朱榮、爾朱世隆、元天穆、爾朱兆等衆號百萬，挾魏帝來攻顥。顥據洛陽六十五日，凡所得城一時歸魏，慶之度河守北中郎城。[1]三日十一戰，傷殺甚衆。榮將退還，時有善天文人劉靈助謂榮曰："不出十日，河南大定。"榮乃爲栰濟自硤石，[2]與顥戰於河橋。[3]顥大敗，走至臨潁被禽，[4]洛陽復入魏。慶之馬步數千結陣東反，[5]榮親自來追，軍人死散。慶之乃落鬚髮爲沙門，[6]間行至豫州，州人程道雍等潛送出汝陰。[7]至都，仍以功除右衛將軍，[8]封永興侯。

[1]北中郎城：城名。在今河南洛陽市東北黄河岸邊。

[2]硤石：地名。在今河南孟津縣西，爲黄河渡濟處，因石路阻隘故稱。

[3]河橋：橋名。在今河南孟州市西南，孟津縣東北黄河上。

[4]臨潁：縣名。治所在今河南臨潁縣西北。

[5]反：通"返"。

[6]沙門：《魏書·釋老志》："謂之沙門，或曰桑門，亦聲相近，總謂之僧，皆胡言也。"

[7]汝陰：郡名。治汝陰縣，在今安徽阜陽市。

[8]右衛將軍：官名。禁衛軍六軍之一，與左衛將軍合稱二衛將軍，掌宿衛營兵。員一人。梁十二班。

出爲北兗州刺史、都督緣淮諸軍事。[1]會有祆賊沙門僧强自稱爲帝，[2]土豪蔡伯寵起兵應之，[3]攻陷北徐州。詔慶之討焉。慶之斬伯寵、僧强，傳其首。

[1]北兗州：州名。治淮陰縣，在今江蘇淮安市淮陰區西南甘羅城。　淮：淮河。

［2］祅：同“妖”。

［3］蔡伯寵：《梁書》卷三二《陳慶之傳》作“蔡伯龍”。

中大通二年，[1]除南北司二州刺史，[2]加都督。慶之至鎮，遂圍縣瓠，[3]破魏潁州刺史婁起、揚州刺史是玄寶於溱水。[4]又破行臺孫騰、豫州刺史堯雄、梁州刺史司馬恭於楚城。[5]罷義陽鎮兵，[6]停水轉運，江湘諸州並得休息。[7]開田六千頃，二年之後，倉廩充實。又表省南司州，復安陸郡，置上明郡。[8]

［1］中大通：南朝梁武帝蕭衍年號（529—534）。

［2］南北司：皆州名。南司州，治安陵縣，在今湖北安陸市；北司州，治平陽縣，在今河南信陽市。

［3］懸瓠：城名。故址在今河南汝南縣。

［4］潁州：州名。北魏孝明帝孝昌四年（528）置。治汝陰縣，在今安徽阜陽市。　揚州：州名。北魏以豫州爲揚州。治壽春縣，在今安徽壽縣。　是玄寶：按，中華本據《梁書》卷三二《陳慶之傳》、《魏書》改作“是云寶”，可從。姓是云，名寶。《魏書·官氏志》：内入諸姓有“是云氏，後改爲是氏”。　溱水：水名。源出今河南桐柏山，東南入汝水。

［5］行臺：官署名。代行尚書臺職權的地方行政機構。此處代指行臺長官。　豫州：州名。魏治懸瓠城，在今河南汝南縣。　梁州：魏州名。治仇池郡洛谷城，在今甘肅西和縣洛峪鎮。　楚城：城名。治所在今河南信陽市北長臺關西。《資治通鑑》卷一五四《梁紀十》梁武帝中大通二年下胡三省注：“按孫騰此時猶從高歡在并、冀、殷、相之間，慶之破騰必非此年事，史究言之耳。”

［6］義陽：郡名。治平陽縣，在今河南信陽市。

［7］江湖諸州：近長江及洞庭湖、鄱陽湖間諸州。

[8]上明：郡名。治平林縣，在今湖北松滋縣西北長江南岸。

大同二年，[1]魏遣將侯景攻下楚州，[2]執刺史桓和。[3]景仍進軍淮上，慶之破之。時大寒雪，景棄輜重走。是歲豫州飢，慶之開倉振給，[4]多所全濟。州人李昇等八百人表求樹碑頌德，詔許焉。五年卒，謚曰武。

[1]大同：南朝梁武帝蕭衍年號（535—546）。

[2]侯景：本姓侯骨，字萬景，懷朔鎮（今内蒙古固陽縣）人。本魏將，梁武帝太清元年（547）附梁，二年反，發動侯景之亂，率軍進攻京師建康，屠戮門閥世家，囚殺梁武帝父子。簡文帝大寶二年（551）篡位自稱皇帝，國號爲漢。本書卷八〇、《梁書》卷五六有傳。　楚州：州名。治楚城，在今河南信陽市平橋區長臺關西。

[3]桓和：《梁書》卷三九《羊鴉仁傳》作“桓和之”。六朝人名末之“之”字例可省去。

[4]振：通“賑”。

慶之性祗慎，[1]每奉詔敕，必洗沐拜受。儉素不衣紈綺，[2]不好絲竹。[3]射不穿札，[4]馬非所便，而善撫軍士，能得其死力。長子昭嗣。

[1]祗慎：恭謙謹慎。

[2]紈綺：精美的絲織品。晉代潘岳《秋興賦》：“珥蟬冕而襲紈綺之士，此焉游處。”

[3]絲竹：琴、瑟、簫、笛等樂器的總稱，“絲”指弦樂器，“竹”指管樂器。

[4]射不穿札：形容力氣小。札，古代寫字用的小而薄的木片。

梁世寒門達者唯慶之與俞藥，藥初爲武帝左右，帝謂曰："俞氏無先賢，世人云'俞錢'，非君子所宜，改姓喻。"藥曰："當令姓自於臣。"歷位雲旗將軍，[1]安州刺史。[2]

[1]雲旗將軍：官名。將軍名號。據《隋書·百官志上》，梁武帝大通三年（529）刊正將軍名號，有雲旗將軍，與一百二十五號將軍之十一班同班。

[2]安州：州名。南朝梁置。治定遠縣，在今安徽定遠縣東南。

慶之第五子昕字君章，七歲能騎射。十二隨父入洛，遇疾還都，詣鴻臚卿朱异。[1]异訪北間事，昕聚土畫城，指麾分别，[2]异甚奇之。

[1]鴻臚卿：官名。南朝梁十二卿之一，掌朝會禮儀，導護贊拜。官九班。　朱异：字彦和，吴郡錢唐（今浙江杭州市）人。梁大臣、詩人。梁武帝蕭衍的寵臣。本書卷六二、《梁書》卷三八有傳。

[2]指麾：指揮。麾乃古時軍隊指揮用的旗子。

慶之在縣瓠，魏驍將堯雄子寶樂特爲敢勇，[1]求單騎校戰，昕躍馬直趣寶樂，[2]雄即潰散。後爲臨川太守。

[1]魏驍將堯雄子寶樂特爲敢勇：按，"子"，《梁書》卷三二《陳昕傳》作"兄子"。堯雄，字休武，上黨長子（今山西長治市）

人。北魏、東魏名將。《北齊書》卷二〇有傳，《北史》卷二七有附傳。

［2］趣：通“趨”。

太清二年，[1]侯景圍歷陽，[2]敕召昕還。[3]昕啓云：“採石急須重鎮，[4]王質水軍輕弱，[5]恐虜必濟。”乃拔昕爲雲騎將軍代質，[6]未及下渚，景已度江，爲景所禽。令收集部曲將用之，昕誓而不許。景使其儀同范桃棒嚴禁之，[7]昕因説桃棒令率所領歸降，襲殺王偉、宋子仙。[8]桃棒許之。遂立盟射城中，遣昕夜縋而入。[9]武帝大喜，敕即受降。簡文遲疑，[10]累日不决。[11]外事泄，昕弗之知，猶依期而下。景邀得之，[12]逼昕令更射書城中，云“桃棒且輕將數十人先入”。景欲裹甲隨之。昕不從，遂見害。

［1］太清：南朝梁武帝蕭衍年號（547—549）。

［2］歷陽：郡名。治歷陽縣，在今安徽和縣。

［3］還：殿本同，汲古閣本作“遠”。

［4］採石：地名。在今安徽當塗縣西北。歷代爲南北兵家必争之地。

［5］王質：南朝陳官員。祖籍琅邪臨沂，梁武帝外甥。本書卷二三有附傳，《陳書》卷一八有傳。

［6］拔：汲古閣本同，殿本作“板”。當以殿本爲是。板，以板授官。六朝王公大臣及地方長官自委任屬官，書授官之詞於板，稱爲板官。凡板官不給印綬，但可食禄。　雲騎將軍：官名。禁衛軍六軍之一。梁十班。

［7］儀同：官名。儀同三司之省稱。始於東漢。本意指非三公

（太尉、司徒、司空）而給予與三公同等的待遇。魏晋以後，將軍開府置官屬者稱開府儀同三司。梁諸將軍開府儀同三司爲十七班。非三公而儀制禮遇同於三公。

［8］王偉、宋子仙：並侯景部將。

［9］縋：用繩索拴住人或物從上往下放。

［10］簡文：梁簡文帝蕭綱。謚號簡文。字世贊，小字六通，生於建康宫顯陽殿（今江蘇南京市）。梁武帝蕭衍第三子，昭明太子蕭統同母弟，母爲貴嬪丁令光。作爲南朝文學家，其創作風格，形成“宫體詩”的流派。本書卷八、《梁書》卷四有紀。

［11］累日：多日。

［12］邀：中途阻截。

少弟暄，[1]學不師受，文才俊逸。尤嗜酒，無節操，徧歷王公門，沈湎諠譊，[2]過差非度。[3]其兄子秀常憂之，致書於暄友人何胥，冀以諷諫。[4]暄聞之，與秀書曰：

［1］少：殿本同，汲古閣本作“幼”。

［2］沈湎：沉湎。　諠譊：吵嚷，喧鬧。

［3］過差非度：過分，失度。《尚書·胤征》“羲和湎淫，廢時亂日”，孔安國傳：“沉湎於酒，過差非度。”

［4］冀：希望。　諷諫：用含蓄委婉的話進行規勸。

旦見汝書與孝典，陳吾飲酒過差。吾有此好五十餘年，昔吴國張長公亦稱耽嗜，吾見張時，伊已六十，[1]自言引滿大勝少年時。[2]吾今所進亦多於往日。老而彌篤，[3]唯吾與張季舒耳。吾方與此子交歡於地下，汝欲夭吾所志邪？[4]昔阮咸、阮籍同遊竹林，[5]宣子不聞斯言。王湛能玄言巧騎，[6]武子呼爲癡叔。[7]何陳留之風不嗣，[8]太原之氣巋然，[9]翻成可怪！

[1]伊：第三人稱的代稱。

[2]引滿：謂斟酒滿杯而飲。

[3]老而彌篤：年紀雖老，感情却更深更專一了。

[4]夭：夭折。

[5]阮咸：字仲容，陳留尉氏（今河南尉氏縣）人。與嵇康、阮籍、山濤、向秀、劉伶、王戎並稱“竹林七賢”。阮咸是阮籍之侄，建安七子之一的阮瑀之孫。與阮籍並稱爲“大小阮”。歷官散騎侍郎，補始平太守，生平放浪不羈。阮咸也是著名的音樂家，精通音律，有一種古代琵琶即以“阮咸”爲名。作有《三峽流泉》一曲。《晋書》卷四九有附傳。　阮籍：字嗣宗，陳留尉氏（今河南尉氏縣）人。竹林七賢之一。門蔭入仕，累遷步兵校尉，世稱阮步兵。崇奉老莊之學，政治上則采取謹慎避禍的態度。作爲“正始之音”的代表，著有《詠懷八十二首》《大人先生傳》等，其著作收録在《阮籍集》中。《晋書》卷四九有傳。

[6]王湛：字處沖，太原晋陽（今山西太原市）人。西晋汝南内史。曹魏司空王昶之子，王渾、王深、王淪之弟。曾歷任秦王文學、太子洗馬、尚書郎、太子中庶子、汝南内史。《晋書》卷七五有傳。

[7]武子呼爲癡叔：晋代王濟之叔王湛。王湛有才德，人皆不知而以爲癡。王濟嘗與其論《周易》，湛剖析精妙，且有奇趣。武帝亦以湛爲癡，每見濟，輒調侃問其癡叔死否。王濟答以王湛並不癡，並推崇其才在山濤下、魏舒上。王湛因而聞名。

[8]陳留：阮咸、阮籍祖籍。

[9]太原：王湛祖籍。　巋然：高大獨立的樣子。

吾既寂漠當世，[1]朽病殘年，產不異於顔原，[2]名未動於卿相，若不日飲醇酒，[3]復欲安歸？汝以飲酒爲非，吾以不飲酒爲過。昔周伯仁度江唯三日醒，[4]吾不以爲少；鄭康成一飲三百盃，[5]吾不以爲多。然洪醉之後，[6]有得有失。成厮養之志，[7]是其得也；使次公之狂，是其失也。吾常譬酒之猶水，亦可以濟舟，亦可以覆舟。故江諮議有言："酒猶兵也。[8]兵可千日而不用，不可一日而不備。酒可千日而不飲，不可一飲而不醉。"美哉江公，可與共論酒矣。汝驚吾壇馬侍中之門，陷池武陵之第，徧布朝野，自言焦悚。"丘也幸，苟有過，人必知之"。吾生平所願，身没之後，[9]題吾墓云"陳故酒徒陳君之神道"。若斯志意，豈避南征之不復，賈誼之慟哭者哉。[10]何水曹眼不識盃鐺，吾口不離瓢杓，[11]汝寧與何同日而醒，與吾同日而醉乎？政言其醒可及，其醉不可及也。速營糟丘，[12]吾將老焉。爾無多言，非爾所及。

[1]寂漠：冷落，凄涼。

[2]顔原：孔子弟子顔回和原憲的並稱。北齊顔之推《顔氏家訓·止足》："自喪亂已來，見因託風雲，儌倖富貴，旦執機權，夜填坑谷，朔歡卓、鄭，晦泣顔、原者，非十人五人也。"

[3]醇酒：味道醇厚的酒。

[4]周伯仁：周顗。字伯仁，汝南安成（今河南汝南縣）人。

晋朝大臣、名士。周顗少有聲譽，神采飛揚。弱冠之年擔任秘書郎，襲封成武縣侯，擔任鎮軍（司馬毗）長史、吏部郎中。永嘉之亂後，跟隨安東將軍司馬睿出鎮建業，擔任軍諮祭酒，遷寧遠將軍、護南蠻校尉、荆州刺史，歷任太子少傅、吏部尚書，累遷左僕射。身負雅望盛名，清正廉潔。時常酒醉，不理俗務，有“三日僕射”之稱。《晋書》卷六九有傳。

[5]鄭康成：鄭玄。字康成，北海高密（今山東高密市）人。東漢末年儒家學者、經學大師。鄭玄曾入太學攻《京氏易》《公羊春秋》及《三統曆》《九章算術》，又從張恭祖學《古文尚書》《周禮》和《左傳》等，最後從馬融學古文經。遊學歸里之後，復客耕東萊，聚徒授課，弟子達數千人，家貧好學，終爲大儒。黨錮之禍起，遭禁錮，杜門注疏，潛心著述。晚年守節不仕，却遭逼迫從軍，最終病逝於元城，享年七十四歲。《後漢書》卷三五有傳。

[6]洪：大。

[7]斯養：猶斯役。《戰國策・齊策五》:“士大夫之所匿，斯養士之所竊，十年之田而不償也。”鮑彪注:“斯，析薪養馬者。”

[8]酒猶兵也：後因謂酒爲“酒兵”。唐代張彦謙《無題》詩：“憶别悠悠歲月長，酒兵無計敵愁腸。”

[9]身没：没，通“歿”，死。漢代揚雄《太玄賦》:“張仁義以爲綱兮，懷忠貞以矯俗；指尊選爲以誘世兮，疾身歿而名滅。”

[10]賈誼：洛陽（今河南洛陽市）人。西漢初年著名政論家、文學家，世稱賈生。賈誼少有才名，十八歲時，以善文爲郡人所稱。文帝時任博士，遷太中大夫，受大臣周勃、灌嬰排擠，謫爲長沙王太傅，故後世亦稱賈長沙、賈太傅。三年後被召回長安，爲梁懷王太傅。梁懷王墜馬而死，賈誼深自歉疚，抑鬱而亡，時僅三十三歲。司馬遷對屈原、賈誼都寄予同情，爲二人寫了一篇合傳，後世因而往往把賈誼與屈原並稱爲“屈賈”。《史記》卷八四有傳。

[11]瓢杓：《太平御覽》卷八四六引作“瓟杓”。

[12]糟：酒糟。

暄以落魄不爲中正所品，[1]久不得調。陳太康中，[2]徐陵爲吏部尚書，[3]精簡人物，[4]縉紳之士皆嚮慕焉。[5]暄以玉帽簪插髻，紅絲布裹頭，袍拂踝，靴至膝，不陳爵里，[6]直上陵坐。陵不之識，命吏持下。暄徐步而出，舉止自若，竟無怍容。[7]作書謗陵，陵甚病之。[8]

[1]中正：官名。評定士族内部品第的官員，由各郡長官推選籍貫本郡、任職於中央的有聲望士人兼任，根據本郡士族的家世與才德寫出"品""狀"，劃分九個等級，呈送吏部作爲委任官職的依憑。

[2]陳太康中：中華本校勘記云："'天康'各本作'太康'，按天康陳文帝年號，今改正。"按，應作"天康"。

[3]徐陵：字孝穆，東海郯（今山東郯城縣）人。南朝梁、陳時文學名家。善詩賦駢文，作品綺艷輕靡，與庾信並爲當時宫廷文學的代表，時號"徐庾體"。南朝陳時歷任顯官要職。本書卷六二、《陳書》卷二六有傳。

[4]精簡：精心挑選。

[5]縉紳：原意是插笏（朝會時官宦所執的手板，有事就寫在上面，以備遺忘）於帶，舊時官宦的裝束，轉用爲官宦的代稱。

[6]爵里：官爵和鄉里。南朝梁元帝《〈懷舊志〉序》："故備書爵里，陳懷舊焉。"唐代劉知幾《史通·六家》："若乃帝王無紀，公卿缺傳，則年月失序，爵里難詳，斯並昔之所忽，而今之所要。"

[7]怍：慚愧，（臉色）改變。

[8]病：不滿。

後主之在東宫，[1]引爲學士。及即位，遷通直散騎常侍，與義陽王叔達、尚書孔範、度支尚書袁權、侍中王瑳、金紫光禄大夫陳褒、御史中丞沈瓘、散騎常侍王儀等恒入禁中陪侍游宴，[2]謂爲狎客。[3]暄素通脱，以俳優自居，[4]文章諧謬，[5]語言不節，後主甚親昵而輕侮之。嘗倒縣于梁，臨之以刃，命使作賦，仍限以晷刻。[6]暄援筆即成，不以爲病，而傲弄轉甚。後主稍不能容，後遂搏艾爲帽，加于其首，火以爇之，然及於髮，垂泣求哀，聲聞于外而弗之釋。會衛尉卿柳莊在坐，[7]遽起撥之，拜謝曰："陳暄無罪，臣恐陛下有翫人之失，[8]輒矯赦之。造次之愆，[9]伏待刑憲。"[10]後主素重莊，意稍解，敕引暄出，命莊就坐。經數日，暄發悸而死。[11]

[1]後主：陳後主陳叔寶。字元秀，小名黄奴，吴興長城（今浙江長興縣）人。南朝陳末代皇帝。本書卷一〇、《陳書》卷六有紀。

[2]義陽王叔達：陳叔達。字子聰，吴興長城（今浙江長興縣）人。陳宣帝陳頊第十七子，陳後主陳叔寶異母弟，母爲袁昭容。出身陳朝皇室。授侍中、丹陽尹、都官尚書，封義陽王。陳亡入隋，拜内史舍人、絳郡通守。晋陽起義後，歸降李淵，拜丞相主簿，封漢東郡公。唐朝建立後，歷任黄門侍郎、納言、侍中、禮部尚書，封江國公。玄武門之變時，建議唐高祖擁立秦王李世民爲太子，晚年以散職致仕。本書卷六五、《陳書》卷二八有傳。　孔範：字法言，會稽山陰（今浙江紹興市）人。陳朝都官尚書。少好學，博涉書史。陳太建中，位宣惠江夏王長史。陳後主即位，爲都官尚書。與江總等並爲狎客，容止都雅，文章贍麗。後主惡聞過失，範必曲爲文飾，稱揚贊美。時孔貴人絶愛幸，範與孔氏結爲兄妹，寵遇優渥，舉朝莫及。陳亡，隋文帝以其奸諂，流之遠裔。本書卷七

七有傳。　度支尚書：官名。尚書省列曹尚書之一，掌財賦統計、支調。陳三品，秩中二千石。　王瑳：南朝陳大臣，陳後主即位拜爲散騎常侍。本書卷七七有附傳。　金紫光禄大夫：官名。指光禄大夫加金印紫綬者。多爲加官。陳三品，秩中二千石。　御史中丞：官名。御史臺長官。掌監察百官，奏劾不法。南朝第一流高門多不居此職。陳三品，秩二千石。

[3]狎客：陪伴權貴游樂的人。

[4]俳優：演滑稽戲雜耍的藝人。見《韓非子·難三》："俳優侏儒，固人主之所與燕也。"

[5]諧謬：詼諧謬悠。

[6]晷刻：日晷與刻漏。古代的計時儀器。引申爲片刻，指時間極短。

[7]衛尉卿：官名。梁武帝天監七年（508）詔置十二卿，衛尉卿即其一，位視侍中，掌宫門屯兵。陳三品，秩中二千石。

[8]翫人：戲弄他人。成語有"玩人喪德"，意思是戲弄他人，以致失去做人的道德。出自《尚書·旅獒》："不役耳目，百度惟貞，玩人喪德，玩物喪志。"

[9]愆：罪過，過失。

[10]刑憲：刑法，刑罰。漢代王充《論衡·答佞》："聖王刑憲，佞在惡中；聖王賞勸，賢在善中。"

[11]發悸：因害怕而心跳動得厲害。

蘭欽字休明，[1]中昌魏人也。[2]幼而果决，趫捷過人。[3]宋末隨父子雲在洛陽，恒於市騙橐駞。後子雲還南，梁天監中以軍功至冀州刺史。欽兼文德主帥，[4]征南中五郡諸洞反者，[5]所至皆平。

[1]蘭欽：《梁書》卷三二有傳。

［2］中昌魏人也：按，錢大昕《廿二史考異》卷二六："按《南齊書·州郡志》，梁州有東昌魏郡，又新城郡有昌魏縣，初不見中昌魏之名。"周一良《南朝境内之各種人及政府對待之政策》自注："今案《晋志》中山國有魏昌縣，欽當爲魏昌人，傳脱山字，更倒成昌魏耳。"（載《魏晋南北朝史論集》，中華書局 1963 年版，第 30—93 頁）

［3］趫捷：矯捷。

［4］文德主帥：官名。掌文德殿守衛。文德，殿名。京師建康宫前殿。

［5］南中：南中在歷史上指今天的雲南、貴州和四川西南部。三國時期，南中成爲蜀漢的一部分。

欽有謀略，勇決善戰，步行日二百里，勇武過人。善撫馭，[1]得人死力。以軍功封安懷縣男。[2]累遷都督、梁南秦二州刺史，[3]進爵爲侯。

［1］撫馭：安輯控馭。

［2］安懷：《梁書》卷三二《蘭欽傳》同，《通志》作"懷安"。

［3］梁：州名。治南鄭縣，在今陝西漢中市東。　南秦：州名。治仇池縣，在今甘肅西和縣西南。

征梁、漢，[1]事平，進號智武將軍。[2]改授都督、衡州刺史。[3]未及述職，[4]會西魏攻圍南鄭，[5]梁州刺史杜懷珤來請救，[6]欽乃大破魏軍，追入斜谷，[7]斬獲略盡。魏相安定公遣致馬二千疋，[8]請結鄰好。欽百日之中再破魏軍，威振鄰國。詔加散騎常侍，仍令赴職。[9]

[1]梁、漢：梁，梁州；漢，漢中郡。指今陕西漢中一帶。

[2]智武將軍：官名。將軍名號。梁置，與仁武、勇武、信武、嚴武將軍代舊冠軍將軍。爲一百二十五號將軍之一，十五班。

[3]衡州：州名。治含洭縣，在今廣東英德市浛洸鎮。

[4]述職：到任履行職責。

[5]西魏：南北朝時期由北魏分裂出來的地方性王朝。元寶炬在以宇文泰爲首的諸臣支持下登基爲帝，國號"魏"。與高歡所掌控的東魏和南朝梁對立，建都長安（今陝西西安市）。至557年被北周取代，經歷兩代三帝，歷時二十二年。　南鄭：城名。州府所在。在今陝西漢中市東。

[6]杜懷珤：按，《梁書》卷三二《蘭欽傳》作"杜懷瑶"。珤，同"寶"。

[7]斜谷：山谷名。即今陝西終南山褒斜谷北口，在眉縣西南三十里。

[8]魏相安定公：按，《梁書·蘭欽傳》作"西魏相宇文黑泰"，即北周太祖文皇帝。錢大昕《廿二史考異》卷二六："本名黑獺，獺、泰聲相近。"

[9]赴：殿本同，汲古閣本作"述"。

經廣州，[1]因破俚帥陳文徹兄弟，[2]並禽之。至衡州，進號平南將軍，[3]改封曲江縣公。[4]在州有惠政，吏人詣闕請立碑頌德，詔許焉。

[1]廣州：州名。治番禺縣，在今廣東廣州市。

[2]俚：中國南方古代民族。東漢至隋唐屢見於史籍，常與僚並稱。主要分布在今廣西東南部、廣東西南部和北部，以及湖南零陵、武夷地區。《太平御覽》卷七八五引萬震《南州異物志》説："廣州有賊曰俚，此賊在廣州之南。蒼梧、郁林、合浦、高凉五郡

中央地方數千里，往往别村，各有長師，無郡縣，依山險，不用城。”

[3]平南將軍：官名。將軍名號。與平東、平西、平北將軍合稱四平將軍。多兼鎮守地區的刺史，統掌軍、政事務，職任頗重。爲一百二十五號將軍之一，梁二十二班。

[4]曲江：縣名。治所在今廣東韶關市南武水西岸。

後爲廣州刺史。前刺史新渝侯暎之薨，南安侯恬權行州事，[1]冀得即真。[2]及聞欽至嶺，厚貨厨人，[3]塗刀以毒，削瓜進之，欽及愛妾俱死。帝聞大怒，檻車收恬，削爵土。

[1]南安侯恬：蕭恬。南朝梁宗室。梁鄱陽王恢之子。南安，縣名。治所在今四川榮縣西。

[2]即真：由假職而真授。

[3]貨：賄賂。

欽子夏禮，侯景至歷陽，率其部曲邀景，兵敗死之。

論曰：陳伯之雖輕狡爲心，[1]而勇勁自立，其累至爵位，蓋有由焉。及喪亂既平，去就不已，卒得其死，亦爲幸哉。慶之初同鷰雀之游，終懷鴻鵠之志，及乎一見任委，[2]長驅伊、洛。前無强陣，攻靡堅城，雖南風不競，[3]晚致傾覆，其所剋捷，亦足稱之。蘭欽戰有先鳴，位非虚受，終逢鴆毒，[4]唯命也夫。

[1]輕狡：輕佻而狡詐。

［2］任委：信任重用。委，委用。

［3］南風不競：南風，南方的音樂；不競，指樂音微弱。原指楚軍戰不能勝。後比喻競賽的對手力量不强。《左傳》襄公十八年："不害，吾驟歌北風，又歌南風，南風不競，多死聲，楚必無功。"

［4］鴆毒：鴆是一種毒鳥，相傳以鴆毛或鴆糞置酒内有劇毒。泛指飲毒酒所致中毒者。此處當指毒害。

南史　卷六二

列傳第五十二

賀瑒 子革 弟子琛　司馬褧　朱异　顧協
徐摛 子陵 陵子儉 份 儀 陵弟孝克　鮑泉 鮑行卿 行卿弟客卿

賀瑒字德璉，會稽山陰人，[1]晉司空循之玄孫也。[2]世以儒術顯。伯祖道養工卜筮，[3]經遇工歌女人病死，[4]爲筮之，曰："此非死也，天帝召之歌耳。"乃以土塊加其心上，俄頃而蘇。祖道力善《三禮》，[5]有盛名，仕宋爲尚書三公郎、建康令。[6]父損亦傳家業。[7]

[1]會稽：郡名。治山陰縣，在今浙江紹興市。　山陰：縣名。治所在今浙江紹興市。按，會稽賀氏爲春秋時齊國慶氏之後。春秋時慶氏奔吴，於東漢末徙居山陰。爲避漢安帝之父劉慶諱，改爲賀氏。賀氏先祖慶普曾受業於漢代禮學大家后倉，傳《慶氏禮》。至賀循，會稽賀氏復以禮學名世。

[2]司空：官名。晉時與太尉、司徒並爲三司。爲尊崇之位，無實際職掌。一品。　循：賀循。字彦先，會稽山陰（今浙江紹興市）人。東晉元帝時歷任中書令、太常、太子太傅等職。精通禮

學，爲一時儒宗。卒贈司空。《晋書》卷六八有傳。

[3]道養：賀道養。南朝宋時曾爲征南參軍。《隋書·經籍志》經部春秋類著録其所注《春秋序》一卷。子部道家類小注載梁有宋太學博士賀道養撰《賀子述言》（《舊唐書·經籍志下》《新唐書·藝文志三》作《賀子》）十卷，亡。集部别集類小注載梁有宋《賀道養集》十卷，亡。《太平御覽》卷七二八引《齊書》作“導養”，事迹與本書同。　卜筮：用龜和蓍草占算吉凶。

[4]經：曾經。

[5]道力：《册府元龜》卷五九七作“道立”。

[6]尚書三公郎：官名。三國魏始置。尚書省三公曹長官，屬吏部尚書。掌考核、監督司法事務，並宣讀時令。宋六品。　建康令：官名。建康縣的行政長官。南朝京師有建康、秣陵二縣，建康縣爲都城所在。建康令職掌京師地區的治安、司法、財賦、民政，地位高於一般縣令。

[7]家業：家傳之學。

瑒少聰敏，齊時沛國劉瓛爲會稽府丞，[1]見瑒深器異之。[2]嘗與俱造吴郡張融，[3]指瑒謂曰：[4]“此生將來爲儒者宗矣。”[5]薦之爲國子生，[6]舉明經。[7]後爲太學博士。[8]

[1]沛國：治相縣，在今安徽濉溪縣西北。此爲劉氏祖籍。　劉瓛：字子珪，沛國相（今安徽濉溪縣）人。博通經學，被譽爲“當時馬鄭”。南朝齊高帝建元三年（481，一作“二年”），武陵王蕭曅出爲會稽太守，高帝除授劉瓛爲會稽郡丞，使其爲蕭曅講學，吸引衆多學徒。本書卷五〇、《南齊書》卷三九有傳。

[2]器異：器重。

[3]造：前去見某人（多指尊者）。　吴郡：郡名。治吴縣，

在今江蘇蘇州市。此是張氏祖籍。　張融：字思光，吴郡吴（今江蘇蘇州市）人。行事放誕，爲當時名士。本書卷三二有附傳，《南齊書》卷四一有傳。

[4]指瑒謂曰："謂"下，《梁書》卷四八《賀瑒傳》、《通志》卷一四二有"融"字。按，删"融"字易滋歧義。

[5]此生將來爲儒者宗矣："此生"下，《梁書·賀瑒傳》有"神明聰敏"四字。馬宗霍《南史校證》云："《南史》上文云'瑒少聰敏'，故依此删去。然依文勢，《梁書》似勝。"（湖南教育出版社2008年版，第967頁）

[6]國子生：國子學學生。國子學創始於西晋初，東晋、南朝時爲國家最高學府。據《建康實録》，東晋孝武帝太元十年（385）於太廟之南興建國子學，其址位於建康城東南二里一百步，南朝國子學的位置與東晋相同。國子生的選拔主要面向貴族與高門士族子弟，亦有年齡限制，如南朝齊曾要求學生年齡在"十五以上，二十以還"。按，南朝國子學因戰亂、國哀等原因時開時閉。宋文帝元嘉二十七年（450）因北伐而罷國子學，直至齊高帝建元四年正月下詔重辦國子學，然旋因當年三月齊高帝之喪而罷。至齊武帝永明三年（485）秋，國子學方重新開辦，置學生二百人（一説二百二十人）。賀瑒入學爲國子生，疑不早於此時。

[7]明經：取"明習經學"之意。或認爲"明經"是策試得第者的成績，低於"甲科""高第"；或認爲"明經"是經學生策試的科目。有學者推測，明經"一般是優異的國子生被推舉參加的考試科目。被推舉的學生，即使未能獲得高第的成績，也仍然是榮耀的，所以被史家記載下來"（楊恩玉《蕭梁政治制度考論稿》，中華書局2014年版，第331頁）。

[8]太學博士：官名。掌經典教授，參議禮制。隸國子祭酒。按，關於南朝是否有太學及其與國子學的關係，歷來争議頗多。或認爲，南朝衹有國子學而無太學；或認爲，南朝國子學是太學内部的一個教學單位。有學者考證後認爲，南朝國子學與太學實爲兩所

學校：國子學面向貴族與上層士族子弟，太學面向下層士族子弟；太學隸屬於國子學，歸國子祭酒管轄；南朝國子學時開時閉，而太學長期存在（參見楊恩玉《蕭梁政治制度考論稿》，第 268—300 頁）。又按，《梁書·賀瑒傳》載，賀瑒起家揚州祭酒。

梁天監初，[1]爲太常丞，[2]有司舉脩賓禮，[3]召見説《禮》義。武帝異之，[4]詔朝朔望，[5]預華林講。[6]四年，初開五館，[7]以瑒兼《五經》博士。[8]别詔爲皇太子定禮，[9]撰《五經義》。時武帝方創定禮樂，瑒所建議多見施行。七年，拜步兵校尉，[10]領《五經》博士。[11]卒于館。[12]所著《禮》《易》《老》《莊》講疏、《朝廷博士議》數百篇，[13]《賓禮儀注》一百四十五卷。[14]瑒於《禮》尤精，館中生徒常數百，[15]弟子明經對策至數十人。[16]二子革、季，弟子琛，並傳瑒業。

[1]天監：南朝梁武帝蕭衍年號（502—519）。

[2]太常丞：官名。爲太常（天監七年後改爲太常卿）副佐，員一人。掌宗廟祭祀禮儀的具體事務，總管太常府諸曹，參議禮制。梁五班。按，《梁書》卷二五《徐勉傳》載武帝普通六年（525）徐勉所上《修五禮表》，記賀瑒官銜爲“中軍田曹行參軍兼太常丞”。

[3]賓禮：五禮之一，接待賓客之禮。包含朝覲禮等。按，梁武帝天監元年，下詔修定五禮。於五禮各置學士一人掌其事，其中賀瑒掌賓禮。徐勉《修五禮表》云，賀瑒等所修《賓禮儀注》於天監六年五月二十日上尚書，共十七秩，一百三十三卷，五百四十五條。

[4]異：器重。

［5］朝朔望：於每月初一、十五朝見皇帝。這是皇帝對臣下的禮遇和優待。

［6］華林：即華林園。東晋在吴舊宫苑的基礎上修葺而成，以洛陽之華林園命名。南朝諸帝常在此宴飲游樂、臨政聽訟、侍講經書。陳亡後，被夷平。位於臺城内城後宫區以北，約在今江蘇南京市珠江路以南一帶。

［7］五館：梁武帝天監四年開設的官辦學校，主要面向寒門子弟。置《五經》博士五人，每人各主一館。每館有數百學生，由政府供給飲食，其射策通明經者，即除爲吏。

［8］《五經》博士：官名。梁武帝天監四年置，主持五館教學。共五人，每人各主一館。梁六班。

［9］皇太子：梁武帝長子蕭統。字德施，生於齊和帝中興元年（501）九月，梁武帝天監元年十一月立爲皇太子，中大通三年（531）四月薨。謚曰昭明。本書卷五三、《梁書》卷八有傳。按，梁武帝天監四年蕭統五歲，於次年出居東宫。《隋書·音樂志上》載，天監四年，賀瑒請議"皇太子元會出入所奏"及"東宫所奏舞"。梁武帝最終采納賀瑒的建議，改皇太子元會所用樂爲《元貞》，奏《大壯》《大觀》二舞。"爲皇太子定禮"當指此事。

［10］步兵校尉：官名。與屯騎、射聲、越騎、長水校尉合爲禁軍五校尉。掌侍衛。南朝隸領軍將軍，不領營兵。梁七班。

［11］領：官制術語。於本官之外以高官兼卑職。

［12］卒于館：據《梁書》卷四八《賀瑒傳》，賀瑒卒於梁武帝天監九年，時年五十九。《册府元龜》卷七八四云其時年九十，如此則賀瑒入國子學時已六十餘歲，斷不可能。

［13］朝廷博士議：《梁書·賀瑒傳》、《册府元龜》卷六〇六作"朝廷博議"。按，《隋書·經籍志》經部《禮》類著録梁步兵校尉、《五經》博士賀瑒撰《喪服義疏》二卷，又有《禮記新義疏》二十卷、《禮論要鈔》一百卷。《孝經》類小注載梁有賀瑒講、議《孝經義疏》一卷，亡。《論語》類末附五經總義類小注載梁有賀

瑒撰《五經異同評》（《册府元龜》作“五經異同論”）一卷，亡。

［14］一百四十五卷：徐勉所上《修五禮表》云《賓禮儀注》一百三十三卷，與此處不同。《册府元龜》卷五六四載“《賓禮儀注》一百四十五卷，一云九十卷”。

［15］數百：《梁書·賀瑒傳》、《通志》卷一四二作“百數”。

［16］對策：參加策試。策試在漢代最初是將問題寫在編簡上，稱爲“策”，應試者針對“策”上的問題作答，故稱“對策”。梁代經學生策試的時間在冬季。有學者認爲，當時策試的方式是逐個面試口答，並由人作筆録（參見楊恩玉《蕭梁政治制度考論稿》，第323—341頁）。按，梁代國子生、太學生、五館生均可參加策試，然史書中所見經學生以策試入仕者多是國子生，五館生無一人可考。張旭華認爲，這是因爲五館生受門第所累，即便以明經對策入仕，也官位不高，仕途不暢，功業不顯，故青史無名（參見張旭華《蕭梁經學生策試入仕制度考述》，《史學月刊》1994年第6期）。

革字文明，少以家貧，躬耕供養，年二十，始輟耒就文受業，[1]精力不怠。[2]有六尺方牀，思義未達，則横卧其上，不盡其義，終不肯食。通《三禮》。及長，徧脩《孝經》《論語》《毛詩》《左傳》，[3]爲兼太學博士。[4]長七尺八寸，[5]雍容都雅，[6]吐納藴藉。[7]敕於永福省爲邵陵、湘東、武陵三王講《禮》。[8]後爲國子博士，[9]於學講授，生徒常數百人。出爲西中郎湘東王諮議參軍，[10]帶江陵令。[11]王於州置學，以革領儒林祭酒，[12]講《三禮》，荆楚衣冠聽者甚衆。前後再監南平郡，[13]爲人吏所懷。[14]尋兼平西長史、南郡太守。[15]革至孝，常恨食禄代耕，[16]不及爲養。在荆州歷爲郡縣，所得俸秩，不及妻孥，[17]專擬還鄉造寺，[18]以申感思。[19]子徽，[20]美風儀，能談吐，[21]深爲革愛，先革卒。革哭之，因遘疾而卒。[22]

[1]輟耒：不再務農。耒，用於翻土的彎曲木棍，是一種極原始的基本農具，常作爲農具的代稱。　就文受業：南監本、北監本、汲古閣本、殿本同，《太平御覽》卷七〇六、卷八二三並作“就父受業”，《通志》卷一四二作“就父業”。受業，從師學習。業，紙發明前寫字用的木板。

[2]精力：專心致力。

[3]脩：汲古閣本作“修”，南監本、北監本、殿本、《梁書》卷四八《賀革傳》作“治”。

[4]爲兼太學博士：《梁書·賀革傳》云：賀革“起家晋安王國侍郎、兼太學博士，侍湘東王讀”。

[5]七尺八寸：南朝日常用尺，一尺約合今 24. 5 釐米。七尺八寸約合今 191 釐米。

[6]都雅：優雅。

[7]吐納：談吐。　藴藉：醇厚，寬和有涵養。

[8]永福省：又稱永福坊。皇太子出居東宫前在禁中的居所。　邵陵：邵陵王蕭綸。梁武帝第六子，丁充華所生。武帝天監十三年（514）七月，封爲邵陵郡王，邑二千户。本書卷五三、《梁書》卷二九有傳。邵陵，郡名。治邵陵縣，在今湖南邵陽市。　湘東：湘東王蕭繹。梁武帝第七子，阮脩容所生。武帝天監十三年七月，封湘東郡王，邑二千户。本書卷八、《梁書》卷五有紀。湘東，郡名。治臨烝縣，在今湖南衡陽市。　武陵：指武陵王蕭紀。梁武帝第八子，葛脩容所生。武帝天監十三年七月，封武陵郡王，邑二千户。本書卷五三、《梁書》卷五五有傳。武陵，郡名。治臨沅縣，在今湖南常德市。

［9］國子博士：官名。國子學教官。掌教授國子生。員二人。梁九班。

［10］西中郎：官名。即西中郎將。與東、南、北中郎將合爲四中郎將。梁武帝普通六年（525）增置四中郎將入鎮兵將軍班。爲宗王專用之將軍號。大通三年（529）改爲武職三十四班中的二十七班。按，蕭繹於武帝普通七年，出爲使持節、都督荊湘郢益寧南梁六州諸軍事、西中郎將、荊州刺史。　諮議參軍：官名。軍府僚佐，地位僅次於長史、司馬。常兼大郡太守，或越次行府州事。梁時皇弟皇子府諮議參軍爲九班。

［11］帶：官制術語。兼任。　江陵：縣名。治所在今湖北荊州市荊州區。時爲荊州治所。按，《梁書》卷五《元帝紀》載："初，賀革西上，意甚不悦，過别御史中丞江革，以情告之。革曰：'吾嘗夢主上遍見諸子，至湘東王，手脱帽授之。此人後必當璧，卿其行乎！'革從之。"

［12］儒林祭酒：官名。西晋懷帝永嘉年間華軼爲江州刺史時置。爲州學官之長，由地方長官自行辟除。東晋、南北朝亦有設此官者，如南朝宋豫章王劉子尚爲東揚州刺史、齊豫章王蕭嶷爲荊州刺史、梁湘東王蕭繹爲荊州刺史時俱設此官。按，本書卷八《梁元帝紀》記載蕭繹於荊州立州學的情况："起州學宣尼廟。嘗置儒林參軍一人，勸學從事二人，生三十人，加稟餼。""儒林參軍"或爲儒林祭酒的别稱。

［13］監：官制術語。以他官監理某地政事。凡監某郡，即行使郡守職權。　南平郡：郡名。屬荊州，治孱陵縣，在今湖北公安縣西。

［14］人吏：《梁書·賀革傳》作"民吏"。本書或係避唐太宗李世民諱改。

［15］平西：官名。平西將軍的省稱。與平東、平南、平北將軍合爲四平將軍。爲重號將軍，是外官專用之軍號。梁武帝天監七年定爲武職二十四班中的二十班，大通三年改爲武職三十四班中的三

十班。按，中大通四年（532），蕭繹進號平西將軍。　長史：官名。軍府僚佐之首。常貼領首郡太守。梁時皇弟皇子府長史爲十班。　南郡：郡名。荆州之首郡，治江陵縣，在今湖北荆州市荆州區。

[16]食：《梁書・賀革傳》作“貪”。

[17]妻孥（nú）：妻兒。

[18]專擬：北監本、汲古閣本、殿本、《梁書・賀革傳》、《册府元龜》卷七五三、《通志》卷一四二並同，南監本作“專以”。

[19]感思：哀傷。

[20]徽：賀徽。《顔氏家訓・雜藝》載其擅長投壺，不僅能做到一箭四十餘驍，而且還能隔障投壺而無所失。

[21]談吐：北監本、汲古閣本、殿本同，南監本作“吐談”。

[22]因遘疾而卒：據《梁書・賀革傳》，賀革卒於梁武帝大同六年（540），時年六十二。遘疾，得病。

季亦明《三禮》，位中書、黄門郎，[1]兼著作。[2]

[1]中書、黄門郎：官名。“中書侍郎”與“黄門侍郎”的並稱。中書侍郎，中書省屬官，掌起草詔令。南朝時中書通事舍人漸奪其事權，中書侍郎職閑官清。梁時員四人，以一功高者主持中書省事務。九班。黄門侍郎，給事黄門侍郎之省稱。門下省次官。與侍中俱掌門下衆事，侍從左右，顧問應對。有審署詔書和平省尚書奏事之權。梁時員四人，十班。

[2]著作：官名。即著作郎。隸秘書省，掌修撰國史和起居注。梁時員一人，六班。

琛字國寶，幼孤，伯父瑒授其經業，一聞便通義理。瑒異之，常曰：“此兒當以明經致貴。”瑒卒後，琛家貧，常往還諸暨販粟以養母。[1]雖自執舟檝，[2]閑則習業，尤精《三禮》。年二十餘，瑒之門徒稍從問道。[3]

[1]諸暨：縣名。治所在今浙江諸暨市。

[2]舟檝（jí）：船槳。

[3]稍：逐漸。

初，瑒於鄉里聚徒教授，四方受業者三千餘人。[1]瑒天監中亡，至是復集，琛乃築室郊郭之際，[2]茅茨數間，[3]年將三十，便事講授。既世習《禮》學，究其精微，古述先儒，[4]吐言辯絜，[5]坐之聽授，[6]終日不疲。

[1]受：南監本、北監本、殿本、《通志》卷一四二同，汲古閣本作“授”。　三千餘人：《通志》卷一四二作“數百餘人”。

[2]郊郭：城外的郭區和郊區。郭是城外圍的防禦工事，郭外爲郊，郊外爲野（或曰甸）。“郊郭”即城和野之間的區域。按，“琛乃築室郊郭之際”至“終日不疲”，《太平御覽》卷六一五云引自《梁書》，然不見於今本《梁書》。

[3]茅茨（cí）：茅屋。

[4]古述：《太平御覽》卷六一五作“占術”，《通志》卷一四二作“祖述”。中華本改爲“占述”，其校勘記云：“‘占述’各本作‘古述’。按‘占述’有口授義，故下云‘吐言辯絜’，‘古述’無義，《太平御覽》六一五誤引爲‘占術’，今改正。又《通志》作‘祖述’，亦可通。”馬宗霍《南史校證》云：“《爾雅·釋言》：‘隱，占也。’隱度先儒之義，口以授之，故曰‘占述先儒’，作‘古述’不可通，元刊本《南史》誤同。”（第969頁）

[5]辯絜：明白簡潔。

[6]聽授：《太平御覽》卷六一五作“聽受”。

湘東王幼年臨郡，[1]彭城到溉爲行事，[2]聞琛美名，命駕相造。[3]會琛正講，學侣滿筵，[4]既聞上佐忽來，[5]莫不傾動。[6]琛説經無輟，曾不降意。[7]溉下車，欣然就席，便申問難，往復從容，[8]義理該贍。[9]溉嘆曰：“通儒碩學，[10]復見賀生。今且還城，尋當相屈。”[11]琛了不酬答，[12]神用頽然。[13]溉言之王，請補郡功曹史。[14]琛辭以母老，終於固執。

[1]湘東王幼年臨郡：據吴光興考證，蕭繹爲輕車將軍、會稽太守在梁武帝天監十八年（519），時年十二歲（參見吴光興《蕭綱蕭繹年譜》，社會科學文獻出版社 2006 年版，第 82 頁）。

[2]彭城：郡名。治彭城縣，在今江蘇徐州市。　到溉：字茂灌，彭城武原（今江蘇邳州市）人。蕭繹爲會稽太守，以到溉爲輕車長史、行府郡事。後丁母憂去職，其時大約在梁武帝普通二年（521）或三年（參見曹道衡、沈玉成《中古文學史料叢考》，中華書局 2003 年版，第 613—614 頁）。本書卷二五有附傳，《梁書》卷四〇有傳。　行事：由低官攝高職。“行事”類型頗多，此處是府佐“行府郡事”，即由府佐攝行軍府事和郡事。到溉身爲輕車將軍府長史，因蕭繹出鎮會稽時年齒尚幼，故由其代理輕車將軍府和會稽郡的事務。

[3]命駕：命人把馬套在車上，動身的意思。

[4]學侣：學人，指賀琛的學生。　滿筵：滿席。“筵”是爲隔開地面而鋪的大席，一室一般衹鋪一領；而“席”是供墊坐的，加於“筵”上，可因人數而增減。

[5]上佐：《資治通鑑》卷一三三《宋紀十五》胡三省注云：

"上佐，謂長史、司馬也。"

[6]傾動：動心。

[7]降意：低聲下氣。

[8]往復：指賓主問答、辯談。　從容：交談。

[9]該贍：詳備豐富。

[10]碩學：《通志》卷一四二作"實學"。

[11]相屈：請你降低身份出來任職。此乃敬辭。

[12]了不：全不，毫不。

[13]神用：神情。　頹然：即隤然。安然。

[14]請：徵辟。　郡功曹史：官名。郡之佐吏。掌選舉黜罰。由郡守自行辟召，例用本地人士。

俄遭母憂，廬於墓所。服闋，[1]猶未還舍，生徒復從之。琛哀毀積年，[2]骨立而已，未堪講授。諸生營救，稍稍習業。[3]

[1]服闋：服喪期滿。根據喪服制度，父卒爲母服齊衰三年之喪。

[2]哀毀：因居喪悲哀而毀損其身。

[3]稍稍：逐漸。

普通中，[1]太尉臨川王宏臨州，[2]召補祭酒從事，[3]琛年已四十餘，始應辟命。武帝聞其有學術，召見文德殿，[4]與語悦之，謂僕射徐勉曰：[5]"琛殊有門業。"[6]仍補王國侍郎，[7]稍遷兼中書通事舍人，[8]參軍禮事。[9]累遷尚書左丞，[10]詔琛撰《新謚法》，[11]便即施用。[12]

[1]普通：南朝梁武帝蕭衍年號（520—527）。

[2]太尉：官名。與司徒、司空並爲三公。爲尊寵之位，無實際職掌。梁十八班。　臨川王宏：蕭宏。蕭順之第六子，梁武帝異母弟。梁武帝即位後，封爲臨川郡王，邑二千户。本書卷五一、《梁書》卷二二有傳。臨川，郡名。治南城縣，在今江西南城縣東南。　臨州："臨"本義爲從高處俯視，引申指統治。此"州"指揚州，治建康縣，在今江蘇南京市。武帝普通元年至七年，蕭宏任太尉、揚州刺史。

[3]祭酒從事：官名。州之佐吏。南朝宋掌兵、賊、倉、户、水、鎧諸曹事，無定員。宋揚州無祭酒從事，梁、陳有，位在西曹下，多以儒生爲之。梁時揚州祭酒從事爲一班。《梁書》卷三八《賀琛傳》作"祭酒從事史"，其實爲一。

[4]文德殿：建康宫内朝宫殿。梁武帝在此召見大臣、宴集、講學、藏書。又曾置文德省，召高才碩學者在此編書。

[5]僕射：官名。即尚書僕射。尚書令副佐，並與尚書分領諸曹。或單置，或分左、右。左僕射位在右僕射上，可代尚書令主持尚書省政務。右僕射與祠部尚書通職。若單置，則以尚書僕射掌左僕射事，以祠部尚書掌右僕射事。梁十五班。按，據《梁書》卷二《武帝紀中》徐勉於武帝天監十八年正月任尚書右僕射，普通四年十一月尚書左僕射王暕去世，徐勉以尚書右僕射主省事，於大通元年（527）正月任尚書僕射。知此時徐勉的官職是尚書右僕射。　徐勉：字脩仁，東海郯（今山東郯城縣）人。本書卷六〇、《梁書》卷二五有傳。

[6]門業：《梁書·賀琛傳》及《册府元龜》卷五九七、卷八二八作"世業"。

[7]仍：乃，表順承。　王國侍郎：官名。即臨川王國侍郎。王國屬官。梁時皇弟皇子國侍郎爲一班。

[8]稍：不久。　中書通事舍人：官名。中書省屬官。最初負責收納、轉呈文書章奏，後漸奪中書侍郎草擬詔誥之權。南朝梁、

陳去“通事”二字，徑稱“中書舍人”。出任者多爲寒族和低級士族。齊至陳，自成舍人省，名義上隸屬中書省，實際直接聽命於皇帝。梁時員四人，四班。

[9]軍禮：《梁書·賀琛傳》、《通志》卷一四二及《册府元龜》卷四六七、卷五七九作“禮儀”。從下文“參禮儀如先”看，當以“禮儀”爲是。

[10]尚書左丞：官名。尚書省佐官。與尚書右丞共佐令、僕射總理省内衆事。可糾彈尚書省諸官，亦可通過審閲文書，監察包括御史中丞在内的省外官員，其所糾彈偏重於官吏失職等觸犯行政法的情形（參見祝總斌《魏晋南北朝尚書左丞糾彈職掌考——兼論左丞與御史中丞的分工》，《文史》第三十二輯，中華書局1990年版，第57—66頁）。梁九班。

[11]《新謚法》：《隋書·經籍志》經部《論語》類附五經總義類著録梁太府賀瑒撰《謚法》五卷。按，此“賀瑒”當爲“賀琛”之誤，賀琛曾任太府卿，唐人删“卿”字。此書按君謚、臣謚、婦人謚分爲三類，每類又將謚字分爲美、平、惡三等。在謚法史上首次獨列婦謚，並爲謚字分等。宋之後亡佚，王謨《漢魏遺書鈔》有輯本。

[12]便即：就，隨即。《梁書·賀琛傳》作“至今”。

時皇太子議，[1]大功之末，[2]可以冠子嫁女。[3]琛駁議曰：

[1]時皇太子議：《隋書·禮儀志三》記載，梁武帝大同六年（540），皇太子蕭綱“啓審大功之末及下殤之小功行婚、冠、嫁三吉之事”，梁武帝下詔回復，並命宗室外戚及禮官依此爲法，不得再“干啓”“曲議”。下文賀琛的駁議當是針對蕭綱此議而發。按，蕭綱所討論的經文，見於《禮記·雜記下》：“大功之末，可以冠

子，可以嫁子。父小功之末，可以冠子，可以嫁子，可以取婦。己雖小功，既卒哭，可以冠、取妻，下殤之小功則不可。”從梁武帝答蕭綱詔中所舉天監十年（511）信安公主出嫁逢喪一事可看出，對此段文字的理解不止關涉抽象的經義論爭，在當時亦關涉現實的禮法問題。然《禮記》此段文字頗多難解之處。比如，在講到“小功之末”時，《禮記》區分了“父小功”“己小功”兩種情況，但在講到“大功之末”時，却未明言“己大功”是否可以行冠禮和出嫁。賀琛駁議的第一段，便是討論這個問題。

［2］大功：喪服五服之一，介於齊衰和小功之間。因大功衰裳所用之麻衹經過粗略的人工鍛治，故名大功。包括爲成年死者所服的成人大功和爲未成年死者所服的殤大功。成人大功服期九月。殤分長殤（死者在十六歲至十九歲）、中殤（死者在十二歲至十五歲）、下殤（死者在八歲至十一歲）、無服之殤（死者不滿八歲）。其中，僅長殤與中殤服大功，服期分别爲九月和七月。大功的具體服制，可參見丁凌華《中國喪服制度史》第一、二章（上海人民出版社 2000 年版）。　末：《禮記》鄭玄注將“末”解釋爲卒哭，賀琛也是如此理解。據《儀禮·既夕禮》及鄭玄注，卒哭在三虞祭後。士喪卒哭約在死後百日左右。

［3］冠子：爲兒子舉行冠禮。古代男子未成年時將頭髮披於額前頸後或挽結在頭兩邊，成年則帶冠，將頭髮辮挽於頭頂，加上頭衣。帶冠是古代男子成年的標志，届時要舉行冠禮，意味其開始擁有一系列權利和義務（參見王鳳陽《古辭辨》，吉林文史出版社 1993 年版，第 153 頁）。《禮記·曲禮上》云，士二十而冠。天子、諸侯、大夫及其子之冠禮早於士。據《儀禮·士冠禮》及鄭玄注，冠禮的主人爲將冠者的父兄，若將冠者身爲嫡子而喪父，則由將冠者自爲冠禮的主人。

令旨以“大功之末，可得冠子嫁女，不自冠自嫁"。[1]推以《記》文，[2]竊猶致惑。案嫁冠之禮，本是父之所成。無父之人，乃可自冠，故《記》稱大功小功，[3]並以"冠子嫁子"爲文，[4]非關唯得爲子，己身不得也。[5]小功之末，既得自娶，[6]而亦云"冠子娶婦"，[7]其義益明。故先列二服，每明冠子嫁子，結於後句，方顯自娶之義。既明小功自娶，即知大功自冠矣。[8]蓋是約言而見旨。若謂緣父服大功，子服小功，小功服輕，故得爲子冠嫁，[9]大功服重，故不得自嫁自冠者，則小功之末，非明父子服殊，不應復云"冠子嫁子"也。[10]若謂小功之文言已可娶，大功之文不言已冠，故知身有大功，不得自行嘉禮，[11]但得爲子冠嫁。竊謂有服不行嘉禮，本爲吉凶不可相干。子雖小功之末，可得行冠嫁，猶應須父得爲其冠嫁。若父於大功之末可以冠子嫁子，是於吉凶禮無礙；吉凶禮無礙，豈不得自冠自嫁？若自冠自嫁於事有礙，則冠子嫁子寧獨可通？[12]今許其冠子而塞其自冠，是琛之所惑也。

[1]不：《梁書》卷三八《賀琛傳》、《册府元龜》卷五七九作"不得"。

[2]《記》：指《禮記》。先秦儒家傳習《儀禮》時，附帶諸多解釋、説明、補充經文的材料，稱爲《記》。舊説《禮記》是西漢戴聖所編《記》的選輯本，又稱《小戴禮記》，區别於戴德所編八十五篇之《大戴禮記》。《小戴禮記》四十九篇經東漢鄭玄注釋後地位漸高，六朝時已超過《儀禮》成爲當時顯學。

［3］故《記》稱大功小功：《梁書·賀琛傳》、《册府元龜》卷五七九無“記”字。小功，喪服五服之一，介於大功和緦麻之間。因小功衰裳所用之麻，相比大功布，經過較細緻的人工鍛治，故名小功。包括成人小功和殤小功，服期均爲五月。小功的具體服制，可參見丁凌華《中國喪服制度史》第一、二章。

［4］冠子嫁子：《册府元龜》卷五七九作“冠子”，《通志》卷一四二作“冠子嫁女”。

［5］己身不得也：《册府元龜》卷五七九作“以身不可也”。

［6］自娶：《梁書·賀琛傳》、《册府元龜》卷五七九作“自嫁娶”。

［7］娶婦：爲兒子娶妻。婦，此指兒媳婦。

［8］即知：《梁書·賀琛傳》無此二字，《册府元龜》卷五七九作“則知”。

［9］故得：北監本、汲古閣本、殿本、《梁書·賀琛傳》、《通志》卷一四二同，南監本作“故爲”。

［10］小功之末，非明父子服殊，不應復云“冠子嫁子”也：父服大功，子可能服大功，也可能服小功。有人認爲，《禮記》於“大功之末”之所以説“冠子嫁子”，是因爲己大功己身不可冠嫁，故要排除父子皆服大功的情况，表明衹有父大功、己小功時纔能行冠嫁之禮。則“小功之末”，父服小功，子可能服小功，也可能輕於小功。按對方的邏輯，此時經文已明言“己可以冠，娶妻”，説明父、子皆小功亦可行冠嫁之禮，也就不需要像“大功之末”那樣通過“冠子嫁子”來排除父子喪服相同的情况。但《禮記》於“小功之末”依然説“冠子嫁子”，説明對方的解釋並不成立。嫁子，南監本作“嫁女”。

［11］自行：北監本、汲古閣本、殿本、《梁書·賀琛傳》、《册府元龜》卷五七九、《通志》卷一四二同，南監本作“自仕”。當以“自行”爲是。　嘉禮：五禮之一。《周禮》中嘉禮包括飲食、婚冠、賓射、燕饗、脤膰、賀慶等。先秦到南北朝，嘉禮外延多有

變動，但一直包含婚冠之禮。

［12］獨：加强反問語氣的副詞。

又令旨推“下殤小功不可娶婦，[1]則降服大功亦不得爲子冠嫁”。[2]伏尋此旨，若爲降服大功不可冠子嫁子，[3]則降服小功亦不可自冠自嫁，[4]是爲凡厥降服大功小功皆不得冠娶矣。《記》文應云‘降服則不可’，寧得唯稱下殤？[5]今不言降服，的舉下殤，實有其義。夫出嫁出後，[6]或有再降，出後之身，於本姊妹降爲大功，[7]若是大夫服士父，[8]又以尊降，則成小功，其於冠嫁，義無以異。所以然者，出嫁則有受我，[9]出後則有傳重，[10]並欲使薄於此而厚於彼。[11]此服雖降，彼服則隆。昔實朞親，[12]雖復再降，[13]猶依小功之禮，可冠可娶。[14]若夫朞降大功，大功降爲小功，止是一等，降殺有倫，[15]服末嫁冠，故無有異。唯下殤之服，特明不娶之義者，蓋緣以幼弱之故。[16]夭喪情深，[17]既無受厚他姓，又異傳重彼宗，嫌其年幼，[18]頓成殺略，[19]故特明不娶，以示本重之恩。是以凡厥降服，冠嫁不殊，唯在下殤，乃明不娶。其義若此，則不得言大功之降服皆不冠嫁也。[20]且《記》云“下殤小功”，言下殤則不得通於中上，語小功又不兼於大功。[21]若實大功小功降服皆不冠嫁，[22]上中二殤亦不冠嫁者，[23]《記》不得直云“下殤小功則不可”。恐非文意，[24]此又琛之所疑也。

［1］下殤小功：指因下殤而降服後，服小功。據《儀禮·喪服》及鄭玄注，下殤小功可能的情形有：爲下殤的兒女、嫡孫、兄弟、姑姑、姐妹等，大夫庶子爲下殤嫡兄弟，伯、叔父母爲兄弟之下殤子女，等等。他們的本服是齊衰期服，然若喪者是下殤，則較本服降二等爲小功。下殤，死者在八歲至十一歲之間。殤，源於"傷"，未成年而死。

［2］降服大功：降服後，服大功。"降服"是鄭玄等經學家從《儀禮》《禮記》中歸納出的服制義例，即由於種種原因不服其本服，而降低喪服的規格。有學者將其總結爲八種類型：因"不貳斬"而降、因"出逆"而降、因"殤"而降、因"尊"而降、因"厭"而降、因"從服"而降、因"報服"而降、因"避嫌疑"而降（詳見丁鼎《〈儀禮·喪服〉考論》，社會科學文獻出版社 2003 年版，第 202—209 頁）。據《儀禮·喪服》及鄭玄注，殤大功皆爲降服；成人大功中，降服的情形有：爲出嫁的姑姑、姐妹、女兒降服，出繼爲他人之嗣者爲同父兄弟降服，出嫁女子爲衆兄弟降服，等等。

［3］若爲：《梁書》卷三八《賀琛傳》、《册府元龜》卷五七九作"若謂"。

［4］降服小功：降服後，服小功。據《儀禮·喪服》及鄭玄注，殤小功皆爲降服；成人小功中，降服的情形有：爲出嫁之從父姐妹與孫女降服，小宗支子出繼爲大宗之嗣者爲已嫁之姐妹降服，等等。　自嫁：《梁書·賀琛傳》、《册府元龜》卷五七九作"自娶"。按，後一句云"皆不得冠娶"，此處作"自娶"似義勝。

［5］寧得：北監本、汲古閣本、殿本、《梁書·賀琛傳》、《册府元龜》卷五七九、《通志》卷一四二同，南監本作"寧獨"。

［6］出後：小宗支子出繼爲大宗繼承人。據《儀禮·喪服》"爲人後者於兄弟降一等，報"可推知，出後則爲本宗親屬降服一等，本宗親屬也相應爲其降服。清人汪中《爲人後者爲其曾祖父母、祖父母服考》以爲，出後者不降其曾祖父母、祖父母之服。

［7］出後之身，於本姊妹降爲大功：此處之“後”是時間副詞，“出後”意爲出嫁或出繼以後，不同於前文“夫出嫁出後”之“出後”。《儀禮·喪服》鄭玄注云：“爲人後者、女子子嫁者以出降。”是出嫁、出繼皆可稱“出”。據《儀禮·喪服》，爲成年姐妹本應服齊衰不杖期，然若姐妹出嫁，則降服一等爲大功。

［8］士父：《梁書·賀琛傳》、《册府元龜》卷五七九作“士”，《通志》卷一四二作“父士”。按，當以“士”爲是。“大夫服士”意爲大夫爲士服喪。《儀禮·喪服》成人小功章云：“大夫、大夫之子、公之昆弟爲從父昆弟、庶孫、姑姊妹、女子子適士者。”上文講到，姐妹出嫁，則從齊衰期服降爲大功。而服制中還有“尊尊”的原則，例如，大夫爲士服喪時，因其位尊於喪者，在多種情况下需要降服。妻從夫爵，姐妹出嫁給士，則身份視同士。大夫爲其服喪時，需從大功再降一等爲小功。此即鄭玄注所説“大夫於姑、姊妹、女子子既以出降，其適士者，又以尊降在小功”的情况。賀琛之所以列舉這種情况，是爲了表明，降服小功不一定是因殤而降，還可能是因出而降、因尊而降，從禮義來看，後兩類降服不應影響冠嫁之禮。

［9］受我：即“受我而厚之”。語本《禮記·檀弓上》：“姑、姊妹之薄也，蓋有受我而厚之者也。”是説之所以對出嫁的姑、姐妹降低喪服服等以薄待之，是因爲有其夫家從我家娶走了她們，夫家會爲其加重服等以厚待之。

［10］傳重：傳承宗子所擁有的采邑、爵位及主持宗廟祭祀的權力。語本《儀禮·喪服》：“《傳》曰：‘何以三年也？’正體於上，又乃將所傳重也。”《儀禮》此處是解釋，爲何父親要爲嫡長子服斬衰三年。小宗支子出後，則視同大宗宗子的嫡長子，肩負“傳重”的使命。

［11］並欲使薄於此而厚於彼：《梁書·賀琛傳》、《册府元龜》卷五七九無“使”字。

［12］朞（jī）親：爲其服喪一年的親屬，如祖父母、伯叔父

母、兄弟、姊妹、妻、嫡孫等。《禮記·三年問》云“至親以期斷”。知期親及以上皆爲至親。

［13］雖復：雖然，“復”是詞綴。北監本、汲古閣本、殿本同，南監本作“雖從”，《梁書·賀琛傳》、《册府元龜》卷五七九作“雖”。

［14］可娶：《梁書·賀琛傳》、《册府元龜》卷五七九作“可嫁”。

［15］降殺（shā）：降低、削减（喪服的規格）。　倫：條理次序。

［16］幼弱：《梁書·賀琛傳》作“幼稚”，本書避唐高宗李治諱改。

［17］夭：源於“幼”，未成年而死。

［18］嫌：“慊”的同源分化字。此處表示不平於心，不安、顧慮。　年幼：《梁書·賀琛傳》、《册府元龜》卷五七九作“年稚服輕”。

［19］頓成殺略：驟然削减、省略。《册府元龜》卷五七九作“頓申殺略”，《通志》卷一四二作“頓成殺降”。

［20］皆不：《梁書·賀琛傳》、《册府元龜》卷五七九作“皆不可”。

［21］又不：《梁書·賀琛傳》作“則不得”。

［22］大功小功：《梁書·賀琛傳》、《册府元龜》卷五七九作“大小功”。

［23］上中：北監本、汲古閣本、殿本、《梁書·賀琛傳》、《册府元龜》卷五七九、《通志》卷一四二同，南監本作“下中”。當以“上中”爲是。　冠嫁：《梁書·賀琛傳》作“嫁冠”。

［24］恐：南監本、北監本、殿本、《梁書·賀琛傳》、《册府元龜》卷五七九、《通志》卷一四二同，汲古閣本作“心”。　文意：北監本、汲古閣本、殿本、《梁書·賀琛傳》、《册府元龜》卷五七九、《通志》卷一四二同，南監本作“文義”。

遂從瑑議。[1]加員外散騎常侍。[2]舊尚書南坐，無貂，[3]貂自瑑始也。遷御史中丞，[4]參禮儀如先。

[1]遂從瑑議：從《隋書·禮儀志三》所載梁武帝答復蕭綱的詔書看，其似乎並未全從賀瑑之議，例如，詔書中將“大功之末，可以冠子嫁子”限定爲“本服大功，子服小功”，而賀瑑認爲父、子皆大功亦可行冠嫁之禮，二者顯然頗有參差。又，郝懿行《鄭氏禮記箋》指出，賀瑑此議所論與其伯父賀瑒判然不同，疑爲南朝宋庾蔚之之説。

[2]加：《梁書》卷三八《賀瑑傳》作“遷”。從下一句看，似以“加”爲是。　員外散騎常侍：官名。三國魏末置。本是正員之外的散騎常侍，無員額。東晉、南朝逐漸成爲獨立官職。梁時屬集書省，位在通直散騎常侍之下。梁武帝天監六年（507）革選，以其爲定員官，視黄門郎。十班。

[3]舊尚書南坐，無貂：李慈銘《越縵堂讀書記》以爲，尚書左丞“爲糾轄之職，而資秩甚輕”，賀瑑珥貂與何修之以尚書左丞卒贈黄門侍郎事，皆爲梁武帝“優儒之特典”。貂，紫貂的尾巴。是侍中、散騎常侍、通直散騎常侍、員外散騎常侍等官的標志性飾物。南北朝時，皇帝左右侍臣佩戴武冠，其中侍中、散騎常侍等的武冠以蟬璫爲飾，插以貂尾，侍中插左，常侍插右。

[4]御史中丞：官名。御史臺長官，掌督察百官，糾彈不法。有風聞奏事之權。員一人。梁初四品，武帝天監七年定爲十一班。

瑑性貪嗇，多受賕賂，[1]家産既豐，買主第爲宅，[2]爲有司奏，坐免官。後爲通直散騎常侍，[3]領尚書左丞，參禮儀事。瑑前後居職，凡郊廟諸儀，[4]多所創定，每進見武帝，與語常移晷刻，[5]故省中語曰：[6]“上殿不下有賀雅。"[7] 琛容止閑雅,[8] 故時人呼之。遷散騎常侍,[9] 參禮儀如故。

[1]賕（qiú）賂：賄賂。賕，源於"求"，用財物求人枉法，引申指用來買通别人的財物。

[2]主第：公主的住宅。

[3]通直散騎常侍：官名。西晋武帝泰始十年（274）置。本是員外散騎常侍與散騎常侍通員當值者。東晋、南朝逐漸成爲獨立官職。梁時屬集書省，位在散騎常侍下、員外散騎常侍上，員四人。梁武帝天監六年（507）革選，以其視御史中丞。十一班。

[4]郊廟：祭祀天地宗廟。按，《梁書》卷四八《沈峻傳》、《孔子祛傳》載，賀琛爲中書舍人時曾奉敕撰《梁官》。《梁書》卷三《武帝紀下》載，梁武帝大同五年（539）正月，賀琛奏議，皇帝於南北二郊及籍田時，往還應乘輦。詔付尚書博議施行。此皆其創定郊廟諸儀之實例。

[5]移晷刻：約同於"移時""移晷""移刻"。晷盤上的日影從此一刻度移動到彼一刻度，表示過了一段時間，此處引申爲良久、許久。

[6]省中：尚書省中。

[7]上殿不下有賀雅：趙翼《陔餘叢考》卷二二《漢諺用韻法》、桂馥《札樸》卷八《曹全碑》均指出，漢時多以七言作標榜語，以第四字與第七字協韻，如"天下中庸有胡公""九卿直言有陳蕃"等，"上殿不下有賀雅"乃沿此舊體。

[8]容止：形貌舉止。　閑雅：《梁書·賀琛傳》、《通志》卷一四二、《太平御覽》卷二二四引《三國典略》作"都雅"。按，"都雅"與"閑雅"同義。

[9]散騎常侍：官名。南朝梁時爲集書省長官，員四人。掌侍從左右，規諫得失，平省尚書奏事，亦起草文書，巡行出使。散騎

常侍等官因晋宋之際選授過濫而日漸閑散卑輕，梁武帝天監六年革選努力提高集書省地位，以散騎常侍視侍中，然終非華胄所悦。梁十二班。

時武帝年高，[1]任職者緣飾奸諂，[2]深害時政。琛啓陳事條封奏，[3]大略：其一曰，[4]“今北邊稽服，[5]政是生聚教訓之時，[6]而天下户口減落，誠當今之急務。國家之於關外，[7]賦税蓋微，乃至年常租調，[8]動致逋積，[9]而人失安居，[10]寧非牧守之過”。[11]其二事曰，“今天下宰守所以皆尚貪殘，[12]罕有廉白者，良由風俗侈靡，使之然也。欲使人守廉隅，[13]吏尚清白，[14]安可得邪？今誠宜嚴爲禁制，導之以節儉，貶黜雕飾，糾奏浮華，使衆皆知，變其耳目，改其好惡，則易於反掌”。其三事曰，“斗筲之人，[15]詭競求進，[16]運挈瓶之智，[17]徼分外之求，[18]以深刻爲能，[19]以繩逐爲務，[20]長弊增奸，[21]寔由於此。今誠願責其公平之效，[22]黜其殘愚之心，[23]則下安上謐，無徼倖之患矣”。[24]其四事曰，“自征伐北境，帑藏空虚，[25]今天下無事，而猶日不暇給，[26]良有以也。夫國弊則省其事而息其費，事省則養人，[27]費息則財聚。若言小費不足害財，[28]則終年不息矣，以小役不足妨人，[29]則終年不止矣”。

［1］時武帝年高：《資治通鑑》卷一五九《梁紀十五》繫賀琛上書事於武帝大同十一年（545）十二月，然據李柏考證，此事當發生在大同八年或九年（參見李柏《梁武帝事迹與詩文叢考》，《圖書館理論與實踐》2011年第4期）。此時梁武帝年齡在八十歲

上下。

［2］緣飾：沿邊而飾，猶言文飾。

［3］啓陳：陳述。　事條：指下文賀琛陳奏的諸條事情。有學者指出，"事條"構詞類似於"事件""事項"，乃是將上下文中所指涉的内容抽象概括爲"名詞'事'+數詞+量詞'條'"的形式，再提取"事""條"這兩個主要成分縮略而成，其功能是指稱上下文中出現的相關全稱（參見李計偉《類型學視野下漢語名量詞形成機制研究》，商務印書館2017年版，第202—204頁）。　封奏：上密封的奏章，直達皇帝。

［4］一曰：《梁書》卷三八《賀琛傳》及《册府元龜》卷四七一、卷五二九作"一事曰"。

［5］稽（qǐ）服：稽首降服。稽，一種叩頭至地的跪拜禮。按，自梁武帝大同元年二月梁司州刺史陳慶之攻伐東魏失利，梁與東魏十餘年未有戰事，並在大同三年後頻繁互派使臣通好。《册府元龜》卷四七一、卷五二九作"稽顙"。

［6］生聚教訓：生民聚財，並教育訓練。語本《左傳》哀公元年：伍員諫夫差不聽，退而告人曰："越十年生聚，而十年教訓，二十年之外，吴其爲沼乎！"

［7］關外：《資治通鑑·梁紀十五》梁武帝大同十一年胡三省注云："謂淮、汝、潼、泗新復州郡在邊關之外者。"而李碩以爲，此處之"關"蓋指建康近郊的石頭津、方山津等税關（李碩《南北戰爭三百年：中國4—6世紀的軍事與政權》，上海人民出版社2018年版，第407頁）。

［8］租調：泛指賦税。當時常税包括租米、調（主要是絹布絲綿）及附加的禄秩，故租、調常連言。《梁書·賀琛傳》、《册府元龜》卷五二九作"租課"。

［9］逋積：民户積欠賦税。南朝分夏、冬兩季徵税，若民户未足額繳納，便成逋欠。南朝史籍中可見逋欠租税達數年之久者。當時催收逋税的主要責任人是地方行政官員。自宋孝武帝之後，亦常

由中央派出臺使到地方，采用嚴酷手段催督逋欠的租調。《梁書·賀琛傳》所載賀琛奏章於下文“寧非牧守之過”後，詳細描述了臺使擾害地方的情狀。

［10］人失安居：《梁書·賀琛傳》作“民失安居”。本書避唐太宗李世民諱改。

［11］寧非牧守之過：梁代廢除計貲定調的辦法，變户調爲丁調，民户平均賦税負擔較前代有所減輕。“賦税蓋微”却“動致逋積”，賀琛將其歸結爲“牧守之過”，然有學者指出，這背後的深層原因在於當時社會嚴重的通貨膨脹。梁武帝於普通四年（523）末開始發行鐵錢，並全面禁止銅錢流通，又於大通元年（527）宣布以錢取代實物作爲百官俸禄。大量鑄造鐵錢有力地改善了政府財政狀況，然百姓仍須以糧、布等實物繳納賦税。由此造成嚴重的貧富分化，底層百姓生計日蹙（參見李碩《南北戰争三百年：中國4—6世紀的軍事與政權》，第404—409頁）。

［12］今天下宰守所以皆尚貪殘：《册府元龜》卷四七一作“今天下寄守所以皆向貪殘”。

［13］廉隅：廉是堂基的邊，即堂面與堂基側面相交形成的棱。隅是堂屋内墻壁的交角。無論堂基還是堂屋均應邊直角正，比喻人品行端方不苟。

［14］尚：《册府元龜》卷五二九作“向”。

［15］斗筲之人：斗是量粟米的量具，一斗爲十升。筲是能容五升的飯筐。“斗筲之人”比喻度量和見識狹小的人。語本《論語·子路》：“斗筲之人，何足算也？”

［16］詭競：以不正當手段競相做某事。

［17］挈瓶之智：比喻小智小慧。語本《左傳》昭公七年：“雖有挈缾之知，守不假器，禮也。”挈瓶，提瓶汲水。

［18］徼（jiǎo）：求取。

［19］深刻：行事嚴厲狠毒。

［20］繩逐：《資治通鑑·梁紀十五》梁武帝大同十一年胡三省

注云:“繩逐者，繩糾其過失而斥逐之也。”

［21］長弊：《册府元龜》卷四七一作“長惡”，卷五二九作“惠惡”。

［22］責：要求。

［23］殘愚：《梁書・賀琛傳》、《册府元龜》卷四七一作“讒愚”，《資治通鑑・梁紀十五》作“讒慝”。按，作“讒愚”義勝。

［24］徼倖：求取非分之所得。《册府元龜》卷五二九作“徼求”。

［25］帑藏：國庫。

［26］日不暇給：《梁書・賀琛傳》、《册府元龜》卷五二九作“日不暇給者”。

［27］養人：《梁書・賀琛傳》作“養民”。本書避唐太宗李世民諱改。

［28］小費：《梁書・賀琛傳》、《資治通鑑・梁紀十五》、《册府元龜》卷五二九作“小事”。

［29］妨人：《梁書・賀琛傳》作“妨民”。本書避唐太宗李世民諱改。

書奏，武帝大怒，召主書於前，[1]口受敕責琛曰：[2]“朕有天下四十餘年，公車讜言，[3]日聞聽覽。[4]每苦倥傯，[5]更增惛惑。卿珥貂紆組，[6]博問洽聞，不宜同於闒茸，[7]止取名字，[8]言‘我能上事，[9]恨朝廷不能受’。[10]卿云‘今北邊稽服，政是生聚教訓之時，而人失安居，[11]牧守之過’。但大澤之中，有龍有蛇，縱不盡善，不能皆惡。[12]卿可分明顯出其人。卿云‘宜導之以節儉’，又云‘至道者必以淳素爲先’，[13]此言大善。夫子言‘其身正，不令而行；其身不正，雖令不從’。[14]朕絶房室三十餘年，不與女人同屋而寢亦三十餘年，[15]於居處不過一牀之地，[16]雕飾之物不入於宮，此亦人所共知。受生不飲酒，[17]受生不好音聲，所以朝中曲宴，[18]未嘗奏樂。朕三更出理事，[19]隨事多少。事或少，[20]中前得竟，[21]事多，至日昃方得就食。[22]既常一食，[23]若晝若夜，[24]無有定時。疾苦之日，或亦再食。昔腰過於十圍，[25]今之瘦削裁二尺餘。[26]舊帶猶存，非爲妄説。爲誰爲之？救物故也。《書》云：'股肱惟人，良臣帷聖。'[27]向使朕有股肱，可得中主，[28]今乃不免居九品之下。'不令而行'，徒虚言耳。卿又云'百司莫不奏事，[29]詭競求進'。今不許外人呈事，[30]於義可否？以噎廢飡，[31]此之謂也。若斷呈事，誰尸其任？[32]專委之人，云何可得？[33]是故古人云，'專聽生姦，獨任成亂'。[34]何者是宜，具以奏聞。"琛奉敕，但謝過而已，不敢有所指斥。[35]

[1]主書：官名。晋時多用武官，南朝宋後改用文吏。屬中書舍人。掌文書，並傳達皇帝命令。無定員，頗預機密。

[2]口受：《梁書·賀琛傳》作"口授"。

[3]公車：官署名。掌司馬門的守衛，接待臣民上書及徵召。其長官爲公車司馬令。南朝梁初屬門下省，武帝天監七年（508）設衛尉卿統之。天監元年曾下詔，於公車府謗木、肺石旁各置一函，供臣民上書。　讜（dǎng）言：合乎事理之言。

[4]日聞：《梁書·賀琛傳》作"見聞"，《資治通鑑·梁紀十五》作"日闕"。

[5]倥（kǒng）傯（zǒng）：因事務紛繁而遽迫匆忙。

[6]珥：插。　紆（yū）組：繫配組綬。組，編結而成的絲

帶，此處專指繫佩官印的綬帶。其形制有嚴格的等級規定，是身份的標志。

[7]闒茸：即𠍽㑺、闒㜄。本義爲痴呆愚蠢，引申指下賤、不肖、不着調。《梁書·賀琛傳》作“闟茸”。疑當以“闒”爲是。

[8]名字：名譽。

[9]言：想，認爲。　事：文書。

[10]恨朝廷不能受：《梁書·賀琛傳》作“恨朝廷之不能用”，《資治通鑑·梁紀十五》作“恨朝廷之不用”。

[11]人失安居：《梁書·賀琛傳》作“民失安居”。本書避唐太宗李世民諱改。

[12]不能皆惡：《梁書·賀琛傳》作“不容皆惡”。

[13]至道者：《梁書·賀琛傳》作“至治者”。本書避唐高宗李治諱改。

[14]其身正，不令而行；其身不正，雖令不從：語出《論語·子路》。

[15]不與女人同屋而寢亦三十餘年：按，梁武帝早年崇信天師道，後來捨道事佛。據譚潔考證，梁武帝稱帝後，於天監三年、天監十八年、大同元年（535）三受佛戒（參見譚潔《梁武帝受佛戒及皈依佛門之新解》，《佛教研究》2010年總第19期）。爲除“殺害障”“欲惡障”，梁武帝長期素食、斷欲。《梁書》卷三《武帝紀下》云其“五十外便斷房室”。他本人在給蕭寶夤的信中自稱“自有天下，絶棄房室，斷除滋味”，在晚年所寫《净業賦》中亦稱“復斷房室，不與嬪侍同屋而處，四十餘年矣”。可與此處互參。

[16]於：《梁書·賀琛傳》作“至於”。

[17]受生：即受性。受之於天、與生俱來的禀性，生性。

[18]曲宴：私宴，私下、非正式的宴會。按，《梁書·武帝紀下》云梁武帝“不飲酒，不聽音聲，非宗廟祭祀、大會饗宴及諸法事，未嘗作樂”。可與此處互參。

[19]三更出理事：按，《梁書·武帝紀下》云梁武帝“勤於政

務，孜孜無怠。每至冬月，四更竟，即敕把燭看事，執筆觸寒，手爲皴裂”。可與此處所説“三更出理事”互參。

［20］事或少：《梁書·賀琛傳》作“事少或”。按，《梁書·賀琛傳》此句作“事少或……，或事多……”，李延壽乃減省其文，删後一“或”字。

［21］中：日中，正午。　竟：窮盡，終結。

［22］日昃：太陽西斜。

［23］既常一食：《梁書·賀琛傳》作“日常一食”。《梁書·武帝紀下》云梁武帝“日止一食，膳無鮮腴，惟豆羹糲食而已。庶事繁擁，日儻移中，便嗽口以過”。

［24］若：或。

［25］腰：《梁書·賀琛傳》作“要腹”。　圍：計量人腰圍長度的單位。一圍究竟多長，衆説紛紜，有云五寸者、有云九寸者。史書中“腰帶八圍”已屬“偉體”（《後漢書》卷一九《耿秉傳》），“腰帶十圍”則形容人“體貌魁岸”（《魏書》卷八四《李同軌傳》）、“體至肥大”（《北齊書》卷一一《河南康舒王孝瑜傳》）。

［26］二尺：按，若以《古今韻會》所載“五寸曰圍”計，“十圍”便是五尺。梁武帝從“腰過於十圍”到“裁二尺餘”，腰圍縮減了一半多。

［27］股肱惟人，良臣惟聖：語出《古文尚書·説命》。意謂有手有腿纔是正常人，有良臣纔能成爲聖君。股，大腿，此處指整條腿。肱，手臂。

［28］中主：中等的君主。

［29］百司：百官。

［30］今不許：《梁書·賀琛傳》作“今不使”。

［31］飡（cān）：同“餐”。

［32］尸：主其事，主持。

［33］云何：這是一個口語色彩較濃的疑問詞。此處作狀語，詢

問方式，可譯爲“怎麽樣”。

［34］專聽生姦，獨任成亂：《史記》卷八三《魯仲連鄒陽列傳》載鄒陽《獄中上梁王書》云：“故偏聽生姦，獨任成亂。”獨任，委朝政於一人。

［35］指斥：指責。

太清二年，[1]爲中軍宣城王長史。[2]侯景陷城，[3]琛被創未死，[4]賊求得之，輿至闕下，[5]求見僕射王克、領軍朱异，[6]勸開城納賊。克等讓之，涕泣而止。賊復輿送莊嚴寺療之。[7]明年，臺城不守，[8]琛逃歸鄉里。其年，[9]賊寇會稽，復執琛送出都，[10]以爲金紫光禄大夫。[11]卒。[12]琛所撰《三禮講疏》《五經滯義》及諸儀注凡百餘篇。[13]子翊，[14]位巴山太守。[15]

［1］太清：南朝梁武帝蕭衍年號（547—549）。

［2］中軍：官名。此處爲中軍大將軍。南朝梁時，中軍將軍與中衛、中撫、中權將軍合稱四中將軍，爲重號將軍、内號將軍。二十三班。將軍加“大”者，通進一階。　宣城王：蕭大器。蕭綱嫡長子。梁武帝中大通四年（532）正月封宣城郡王，五年正月爲侍中、中軍將軍。大同四年（538）正月授使持節、都督揚徐二州諸軍事、中軍大將軍、揚州刺史。蕭綱即位後，被立爲皇太子。簡文帝大寶二年（551）八月爲侯景所殺。追謚爲“哀太子”。本書卷五四、《梁書》卷八有傳。宣城，郡名。治宛陵縣，在今安徽宣城市宣州區。

［3］侯景：字萬景，懷朔鎮（今内蒙古固陽縣）人。原爲東魏大將，後叛至梁，又在梁發動叛亂，史稱“侯景之亂”。本書卷八〇、《梁書》卷五六有傳。　陷城：此城指建康城東南的東府城。

原爲東晋司馬昱、司馬道子府宅所在。晋安帝義熙十年（414）冬，劉裕於此築城，遂成爲拱衛建康的軍事重鎮，亦是梁代揚州刺史治所。城墻爲土築，有雉堞、城壕，開東、南、西三門，無北門。位於青溪以東、秦淮河以北，西對青溪大橋，南對小航，約在今通濟門至大中橋以東一帶。按，蕭大器以揚州刺史居東府城。侯景進攻建康時，蕭大器被任爲都督城内諸軍事，進入臺城，而留賀琛及中軍司馬楊曒守東府城。當時總領東府城守衛的是南浦侯蕭推。侯景軍隊於武帝太清二年十一月辛酉攻陷東府城，殺蕭推、楊曒及城中文武兩三千人，聚尸於杜姥宅以震懾臺城守軍。

［4］被創：《梁書·賀琛傳》作“被槍”。

［5］輿：抬舉。《梁書·賀琛傳》作“轝”。二字同。　闕下：宫闕之下。闕，夾宫門而建的高臺，常作爲宫門的標志。梁代之前，建康宫城無闕。《梁書》卷二《武帝紀中》記載，梁武帝天監七年（508），“作神龍、仁虎闕於端門、大司馬門外”。賀雲翱認爲，此處“端門”實即臺城南面正門大司馬門東側的南掖門，梁代改名作“端門”；神龍、仁虎是兩對闕，神龍闕在大司馬門外，仁虎闕在南掖門外（參見賀雲翱《六朝瓦當與六朝都城》，文物出版社 2005 年版，第 134—135 頁）。而張學鋒認爲，神龍、仁虎是一對闕，在大司馬門外（張學鋒《南朝建康的都城空間與葬地》，《中華文史論叢》2019 年第 3 期）。按，《梁書》卷三八《朱异傳》記載，侯景之亂中，朱异率衆守大司馬門。大司馬門與南掖門本身相隔不遠。賀琛“至闕下”，當是這二門之一。

［6］王克：琅邪臨沂（今山東臨沂市）人。梁武帝太清二年正月，由守吏部尚書任尚書僕射。侯景攻陷臺城後，先後任尚書左僕射、太師。蕭繹在致周弘讓的信中譏其附逆，稱其已成侯景“家臣”。西魏攻陷江陵後，被俘至長安，頗受禮遇。後被放歸陳朝，任晋陵太守、尚書右僕射。本書卷二三有附傳。　領軍：官名。即中領軍。禁衛軍最高統帥，資輕者爲中領軍，資重者爲領軍將軍。不單獨領營兵。南朝梁領軍將軍“管天下兵要”，不僅負責宫城禁

衛，亦統領制局監行使器仗、兵役徵發等職責。設有領軍府，在臺城闕下附近。十四班。

［7］莊嚴寺：宋孝武帝大明二年（458）路太后所建。在建康城宣陽門外太社西藥園内。内有七重刹、佛殿、講堂，天監末年梁武帝下敕於此建八座法輪，大開講肆。爲當時重要的講經之所，南朝諸帝常親臨聽經，陳武帝曾捨身於此。

［8］臺城：即東晋、南朝的建康宫城，“臺”在當時是中央政府的代稱。按，侯景軍隊於梁武帝太清二年十月辛亥攻至臺城闕下，於三年三月丁卯攻破臺城，歷時一百三十餘天。

［9］其年：《梁書·賀琛傳》作“其年冬”。按，梁武帝太清三年十二月，侯景部將宋子仙、趙伯超、劉神茂攻陷會稽。

［10］出都：到京城。

［11］金紫光禄大夫：官名。晋初光禄大夫授銀章青綬。如加賜金章紫綬，則爲金紫光禄大夫。南朝梁時無員額，爲崇禮、優老之散官。十四班。

［12］卒：按，據《梁書·賀琛傳》，賀琛遇疾卒，終年六十九。

［13］講疏：南監本、北監本、殿本、《梁書·賀琛傳》同，汲古閣本作“講説”。　儀注：“注”是記述、記載之義，儀注所記乃是歷朝各代對禮儀制度的具體規定。古代學者認爲，以《三禮》爲代表的禮經爲禮提供了一貫的根本原則，而儀注是禮的原則在後世的具體實現，包含時人爲切合實際需要所作的調整和變通，故在傳統目録學中，《三禮》歸經部，而儀注歸史部。《梁書·賀琛傳》作“儀法”。

［14］翊：《梁書·賀琛傳》作“詡”。

［15］巴山：郡名。治巴山縣，在今江西崇仁縣西南。

司馬褧字元表，[1]河内温人也。[2]曾祖純之，[3]晋大司農高密敬王。[4]祖讓之，員外常侍。父燮，善《三禮》，仕齊位國子博士。

[1]褧：音 jiǒng。　字元表：《梁書》卷四〇《司馬褧傳》作“字元素”。

[2]河内：郡名。治野王縣，在今河南沁陽市。　温：縣名。治所在今河南温縣西南。此是司馬氏祖籍。

[3]純之：司馬純之。晋彭城穆王司馬權玄孫。其父司馬俊出嗣高密王，純之繼之爲高密敬王。歷臨川内史、大司農、少府卿、太宰右長史。薨於晋安帝義熙八年（412）八月。《晋書》卷三七有附傳。

[4]大司農：官名。漢武帝太初元年（前 104）改大農令置。晋大司農職掌糧食生産與管理。三品。　高密敬王：晋高密國置於惠帝元康元年（291），封司馬懿從子、彭城穆王司馬權之弟司馬泰。傳至其孫司馬據，無子，乃以司馬權重孫司馬俊爲嗣。司馬俊薨，司馬純之繼父位爲高密王，敬爲其謚號。高密，郡名。治黔陬縣，在今山東膠州市鋪集鎮黔陬村東。東晋時僑置於京口（今江蘇鎮江市）一帶。

褧少傳家業，强力專精，[1]手不釋卷。沛國劉瓛爲儒者宗，嘉其學，深相賞好。與樂安任昉善，[2]昉亦推重之。[3]梁天監初，詔通儒定五禮，[4]有舉褧脩嘉禮，[5]除尚書祠部郎。[6]時創定禮樂，褧所建議，多見施行。兼中書通事舍人，[7]每吉凶禮，當時名儒明山賓、賀瑒等疑不能斷者，[8]皆取决焉。累遷御史中丞。

[1]强力：堅忍，有毅力。

[2]樂安：郡名。治高苑縣，在今山東鄒平市東北。　任昉：字彦升（《梁書》作“彦昇”），樂安博昌（今山東博興縣）人。歷仕南朝宋、齊、梁，以文才聞名，與沈約並稱“沈詩任筆”。好結交士友，爲後進所宗。本書卷五九、《梁書》卷一四有傳。

[3]昉亦推重之：《梁書》卷四〇《司馬褧傳》一本作“昉亦雅重焉”。

[4]五禮：《周禮》中將大宗伯所掌之禮分爲嘉禮、賓禮、軍禮、吉禮、凶禮五類，漢代經師以此訓釋《尚書》《周禮》中“五禮”一詞。三國魏元帝咸熙元年（264），荀顗受司馬昭之命，依“五禮”體例撰成《新禮》，此後，五禮漸成兩晋南北朝官方禮典的基本架構。按，南朝齊歷十餘年修撰《五禮儀注》未成，梁武帝即位後，於天監元年（502，一説二年），下詔重新修定五禮。沿用齊修禮局之制，於五禮各置學士一人掌其事，並由其各自舉學士助撰。其中，明山賓掌吉禮，嚴植之、伏暅、繆昭先後掌凶禮，賀瑒掌賓禮，陸璉掌軍禮，司馬褧掌嘉禮。由何佟之總知五禮事，後又以伏暅、徐勉、周捨代之，沈約、張充、庾於陵亦參知其事。最終，制成《五禮儀注》一百二十秩，一千一百七十六卷，八千零一十九條。於天監十一年全部書成獻上，於普通五年（524）繕寫校訂完畢。此次修禮幾乎囊括當時南朝禮學名家，然《五禮儀注》大部分亡於侯景之亂，至《隋書·經籍志》著録存者僅十九卷。

[5]有舉褧脩嘉禮：《梁書·司馬褧傳》作“有司舉褧治嘉禮”。按，“有司”意爲主管的官員，上文《賀瑒傳》亦云“有司舉脩賓禮”，“司”字不當删。“脩”乃本書避唐高宗李治諱改。按，徐勉《修五禮表》記其官銜爲“右軍參軍”，其所修《嘉禮儀注》於天監六年五月七日上尚書，共十二秩，一百一十六卷，五百三十六條。

[6]尚書祠部郎：官名。尚書省祠部曹長官。主管禮制。梁五班。《梁書·司馬褧傳》作“尚書祠部郎中”。其實爲一。

[7]中書通事舍人：按，據《梁書·司馬褧傳》，司馬褧時爲

步兵校尉，兼中書通事舍人。

[8]明山賓：字孝若，平原鬲（今山東平原縣）人。梁初修五禮時受命掌治吉禮。爲首任《五經》博士之一。一生累居學官，爲當時名儒。本書卷五〇有附傳，《梁書》卷二七有傳。

十六年，出爲宣毅南康王長史，[1]行府國并石頭戍軍事。[2]裴雖居外官，[3]有敕預文德、武德二殿長名問訊，[4]不限日。遷晋安王長史，[5]卒。王命記室庾肩吾集其文爲十卷。[6]所撰《嘉禮儀注》一百一十二卷。[7]

[1]宣毅：官名。宣毅將軍的省稱。南朝梁置，與鎮兵、翊師、宣惠將軍代舊四中郎將。爲重號將軍，内外通用。梁武帝天監七年（508）定爲武職二十四班中的十七班，大通三年（529）改爲武職三十四班中的二十七班，與四中郎將並置。　南康王：蕭績。梁武帝第四子，董淑儀所生。武帝天監八年封南康郡王，邑二千户。天監十六年，徵爲宣毅將軍、領石頭戍軍事。大通三年病故。本書卷五三、《梁書》卷二九有傳。南康，郡名。治贛縣，在今江西贛州市東北。按，蕭績一生四任領石頭戍軍事，天監十六年這次爲第二次，時年十三歲。

[2]行府國并石頭戍軍事：因蕭績尚年幼，故司馬裴身爲長史，代其攝行宣毅將軍府事、南康郡國事和石頭戍軍事。石頭戍，即石頭城，因石頭山而得名。漢獻帝建安十七年（212）由孫權始築。位於建康城西，在今江蘇南京市清涼山一帶。爲南朝京師門户要塞和倉儲重地。宋、齊、梁常設領石頭戍事一職，齊、梁時又稱“領石頭戍軍事”，負責石頭城防務。梁任此職者皆爲宗室。

[3]外官：地方官。

[4]長名：《續高僧傳》卷五《梁揚都光宅寺沙門釋法雲傳》云：“天監二年，敕使長名出入諸殿。”卷六《梁揚都建初寺釋明徹

傳》:“武帝欽待不次，長名進于内殿。”疑“長名”意爲，長期著其名於門籍。門籍是准許進出宫門的名册，守衛據此核驗出入者身份。定期入宫的内官，須著其名於門籍。司馬褧雖是外官，但因經常受召，故也長著其名於門籍，使其平時得入宫門。　問訊：問候，引申爲請安、參見。

[5]晋安王：蕭綱。梁武帝第三子，丁貴嬪所生。武帝天監五年封晋安王。中大通三年（531），蕭統死後，被立爲皇太子。後爲梁簡文帝，被侯景所害。本書卷八、《梁書》卷四有紀。晋安，郡名。治候官縣，在今福建福州市。按，據《梁書》卷四〇《司馬褧傳》，司馬褧遷明威將軍、晋安王長史在天監十七年。是年二月，原領石頭戍軍事蕭績改任南兖州刺史，原江州刺史蕭綱被徵爲西中郎將、領石頭戍軍事。

[6]記室：官名。記室參軍的省稱。王、公、軍府記室曹長官。掌文書章奏。常以他職兼任。南朝梁時皇弟皇子府記室參軍爲六班。　庾肩吾：字慎之（《梁書》作“子慎”），南陽新野（今河南新野縣）人，庾信之父。善詩文。自出仕長期擔任蕭綱僚佐。蕭綱出鎮江州，庾肩吾爲雲麾參軍，兼記室參軍。本書卷五〇、《梁書》卷四九有附傳。　集其文爲十卷：《隋書·經籍志》集部别集類著録“梁仁威府長史《司馬褧集》九卷”。

[7]一百一十二卷：徐勉《修五禮表》作“一百一十六卷”，《梁書·司馬褧傳》、《册府元龜》卷五六四作“一百一十二卷”。《隋書·經籍志》史部儀注類小注云:“司馬褧撰《嘉儀注》一百一十二卷，録三卷，並亡。”

朱异字彦和，吴郡錢唐人也。[1]祖昭之，以學解稱於鄉。[2]叔父謙之字處光，以義烈知名。年數歲，所生母亡，[3]昭之假葬於田側，[4]爲族人朱幼方燎火所焚。[5]同産姊密語之，[6]謙之雖小，便哀感如持喪，[7]長不昏娶。齊永明中，[8]手刃殺幼方，詣獄自繫。[9]縣令申靈勗表上之。齊武帝嘉其義，[10]慮相報復，乃遣謙之隨曹武西行。[11]將發，幼方子懌於津陽門伺殺謙之。[12]兄巽之，[13]即异父也，又刺殺懌。有司以聞。武帝曰："此皆是義事，不可聞。"[14]悉赦之。吴興沈顗聞而歎曰：[15]"弟死於孝，兄狥於義，[16]孝友之節，[17]萃此一門。"巽之字處林，[18]有志節，著《辯相論》。幼時，顧歡見而異之，[19]以女妻焉。仕齊官至吴平令。[20]

[1]錢唐：縣名。治所在今浙江杭州市。按，據《元和姓纂》卷二"朱氏"條及2006年陝西涇陽縣出土隋文帝開皇八年（588）朱异第七子《朱幹墓誌》，錢塘朱氏乃漢代名臣朱雲之後，於東漢末避董卓之亂遷居錢塘。又按，朱謙之爲父復仇，孔稚珪等人給蕭嶷寫信曰"張緒、陸澄，是其鄉舊"；又本書卷七七《陸驗徐驎傳》云"朱异，其邑子也"，張緒、陸澄、陸驗、徐驎皆是吴郡吴人，有學者據此猜測，朱异家族至其父已移居於吴（參見曹道衡、沈玉成《中古文學史料叢考》，第623頁）。

[2]學解：學識。

[3]所生母：親生母親。

[4]假葬：臨時下葬，是非正式、非永久性安葬。

[5]燎（liǎo）火：放火燒田除草。南監本作"燎穴"。

[6]同産姊：同母或同父的姐姐。

[7]便：却。　哀感：《南齊書》卷五五《朱謙之傳》、《册府元龜》卷八九六作"哀戚"。中華本校勘記疑當作"哀戚"。按，"感"有悲傷義，"哀感"不誤。

[8]永明：南朝齊武帝蕭賾年號（483—493）。

[9]自繫：把自己囚禁起來。

［10］齊武帝：蕭賾。武爲其謚號。公元482年至493年在位。本書卷四、《南齊書》卷三有紀。

［11］曹武：《南齊書·朱謙之傳》作"曹虎"，本書避唐高祖祖父李虎諱改。本名曹虎頭。字士威，下邳下邳（今江蘇睢寧縣）人。南齊將領。本書卷四六、《南齊書》卷三〇有傳。按，據《南齊書·朱謙之傳》，朱謙之手刃朱幼方，吴郡太守王慈、别駕孔稚珪等人曾爲他求情。王慈原爲豫章内史，因父憂去官，後起爲吴郡太守。王慈之父王僧虔卒於齊武帝永明三年七月，王慈爲吴郡太守，當不早於永明六年。孔稚珪於永明七年由揚州别駕轉驍騎將軍。則朱謙之復仇事，當在永明六、七年間。疑此處"隨曹武西行"，乃指永明八年蕭子隆接替因謀亂獲罪的蕭子響任荆州刺史，以曹虎爲輔國將軍、鎮西司馬、南平内史，率軍隨其西上。因荆州在建康以西，故曰西行。

［12］懌：《南齊書·朱謙之傳》、《册府元龜》卷八九六作"惲"。　津陽門：建康都城南門之一。晋成帝時所築建康都城南面有三門，自西向東依次爲陵陽門、宣陽門、開陽門。宋文帝元嘉年間，又在開陽門東加開清明門。元嘉二十五年（448）改開陽門爲津陽門。此門有三個門道，北對宫城南掖門（原閶闔門，梁時曾改名爲端門）。

［13］巽之：《南齊書·朱謙之傳》、卷四五《蕭遥昌傳》及《册府元龜》卷八九六作"選之"，《梁書》卷三八《朱异傳》作"巽"。《元和姓纂》卷二"朱氏"條作"遜之"，岑仲勉校記云："'遜''巽'古通用，'之'字或從省也。"按，《朱幹墓誌》作"巽之"，知《南齊書》《册府元龜》作"選之"誤，本書、《通志》作"巽之"是。當時人雙名後的"之"字可省略，故《梁書》省作"巽"。

［14］不可聞：汲古閣本、《通志》卷一四二同，南監本、北監本、殿本、《南齊書·朱謙之傳》、《册府元龜》卷八九六作"不可問"。按，"聞"是"問"的通假字。

［15］吴興：郡名。治烏程縣，在今浙江湖州市。　沈顗（yǐ）：字處默，吴興武康（今浙江德清縣）人。齊梁時隱士，屢徵不仕。本書卷三六有附傳，《梁書》卷五一有傳。

［16］狥：爲追求某事物而犧牲生命。殿本同，南監本作“徇”，汲古閣本作“殉”。按，“徇”與“殉”乃同源字。“徇”是源本字，“殉”是分化本字。巡行則於路徑必有所依從，引申爲從某人或某事物而死，“徇”“殉”在此引申義上同用。“狥”乃“徇”的通假字。

［17］孝友：《爾雅·釋訓》云：“善父母爲孝，善兄弟爲友。”友，與兄弟相親善。

［18］巽之字處林：《朱幹墓誌》載朱巽之事迹，可補史傳之闕。據《朱幹墓誌》及《南齊書·蕭遥昌傳》，齊明帝時，朱巽之爲豫州刺史蕭遥昌府内參軍。齊明帝建武二年（495），北魏孝文帝率軍攻壽春（今安徽壽縣），蕭遥昌遣崔慶遠、朱巽之（《南齊書·蕭遥昌傳》作“朱選之”）出使北魏軍中，二人頗得孝文帝賞重。朱巽之出爲吴平令後，又入爲始安王蕭遥光記室參軍。蕭遥光於東昏侯永元元年（499）八月謀反被誅，朱巽之拒絶出逃，一同被殺。

［19］顧歡：字景怡，一字玄平，吴郡鹽官（今浙江海寧市鹽官鎮）人。南朝齊隱士。兼通儒道，曾於天台山開館授學。本書卷七五、《南齊書》卷五四有傳。按，顧歡爲朱异外祖父。《朱幹墓誌》云，朱异“弱冠就外祖受業”。

［20］吴平：縣名。治所在今江西樟樹市西。按，《南齊書·朱謙之傳》云朱巽之“官至江夏王參軍”，《梁書·朱异傳》云朱巽之“官至齊江夏王參軍，吴平令”。

异年數歲，外祖顧歡撫之謂其祖昭之曰：“此兒非常器，當成卿門户。”年十餘，好群聚蒱博，[1]頗爲鄉黨所患。[2]及長，乃折節從師。[3]梁初開五館，异服膺於博士明山賓。[4]居貧，以傭書自業，[5]寫畢便誦。徧覽《五經》，尤明《禮》《易》。涉獵文史，兼通雜藝，博弈書筭，皆其所長。年二十，出都詣尚書令沈約，[6]面試之，因戲异曰："卿年少，何乃不廉?"[7]异逡巡未達其旨，[8]約乃曰："天下唯有文義棋書，[9]卿一時將去，[10]可謂不廉也。"尋上書言建康宜置獄司，[11]比廷尉。[12]敕付尚書詳議，[13]從之。[14]

[1]蒱（pú）博：即樗蒱。當時流行的一種博戲。用五木（共五枚，功能類似今天的骰子，然形制有别）投采行棋，亦有不行棋而單憑采數定輸贏者。

[2]鄉黨：鄉和黨均爲古代地方的基層組織。《周禮·地官·司徒》鄭玄注云，黨五百家，鄉一萬二千五百家。這裏指同鄉、鄉親。

[3]折節：一改舊日所爲。

[4]梁初開五館，异服膺於博士明山賓：按，《梁書》卷三八《朱异傳》無此句。據《梁書》，朱异卒於梁武帝太清三年（549）正月，時年六十七。可推知，朱异二十歲面見沈約在武帝天監元年（502）。而梁初開五館在天監四年，本在後，今反書之於前，有失序之嫌。《朱幹墓誌》云："太子中庶平原明山賓，道術相望，風期冥合，彈冠結綬，以致嘉招。"

[5]傭書：受雇替人抄書。

[6]尚書令：官名。尚書省長官。綜理外朝政務的最高長官，被視爲宰相。多出自高門士族，位高權重，不親庶務。梁十六班。按，沈約當時並非尚書令。梁武帝代齊後，以吏部尚書沈約爲尚書僕射，於次年改爲尚書左僕射。沈約直到武帝天監六年纔任尚書

令。此稱“尚書令”乃史書“以後稱前”之例。　沈約：字休文，吴興武康（今浙江德清縣）人。歷仕南朝宋、齊、梁三代。善詩文。梁武帝天監六年爲尚書令、行太子少傅，天監九年轉任左光禄大夫。本書卷五七、《梁書》卷一三有傳。

［7］廉：謙退，遜讓。

［8］逡巡：一時間，霎時。

［9］文義：洪頤煊《諸史考異》云：“‘義’當作‘藝’。”按，“文義”一詞乃當時常語，亦屢見於沈約所著《宋書》，如“涉獵文義”（《宋書》卷四四《謝晦傳》）、“愛好文義”（《宋書》卷五一《劉義慶傳》）、“以文義至中書郎”（《宋書》卷六〇《荀昶傳》），知“義”字不誤。文指文辭，如詩賦文章等。義指對經義、玄理的把握，既見於言談，也形諸文字。上文云朱异“偏覽《五經》，尤明《禮》《易》”，便屬於“義”的範疇。

［10］一時：一起，全部。　將：持取，拿。

［11］尋：《梁書·朱异傳》作“其年”。　獄司：掌管刑獄訴訟的官員。

［12］比：比照，依照。　廷尉：官署名。南朝梁中央司法審判機構。長官爲廷尉，武帝天監七年改曰廷尉卿。其主要屬官有廷尉正、廷尉監、廷尉平，號廷尉三官，協助廷尉掌刑獄訴訟。

［13］敕付尚書詳議：此“尚書”指尚書省。“敕付尚書詳議”的一般流程是，皇帝先詔下門下，由門下省將詳議的要求和内容傳達給尚書省，尚書省詳議得出結論後擬奏，通過門下省上呈皇帝審批〔參見［日］中村圭爾撰，陳力譯，《東晋南朝的門下、尚書與詔、奏》，《南京曉莊學院學報》2018年第1期〕。

［14］從之：南朝時，廷尉寺與建康縣是京師兩大司法審判機構。建康縣舊置獄丞，梁武帝接受朱异的建議後，仿照廷尉三官，於建康縣設建康獄正、建康獄監、建康獄平，號建康三官，協助建康令處置刑獄訴訟。建康三官位視給事中，梁武帝天監七年定爲四班。按，建康三官設置的時間，史書記載有歧異。本書卷六《梁武

帝紀上》及《梁書》卷二《武帝紀中》並云，梁武帝天監元年八月戊戌，置建康三官。這與《梁書·朱异傳》所記朱异的年齡及《隋書·百官志》相合。然本書《武帝紀上》又云：天監五年"夏四月甲寅，初立詔獄，詔建康縣置三官，與廷尉三官分掌獄事，號建康爲南獄，廷尉爲北獄"。一云置於天監元年八月，一云置於天監五年四月，以何者爲是？查《梁書》天監五年四月甲寅詔文，其意旨乃派人録囚、理冤，而非立獄置官，疑本書所記有誤，建康三官當以置於天監元年八月爲是。

舊制，[1]年二十五方得釋褐，[2]時异適二十一，特敕擢爲揚州議曹從事史。[3]尋有詔求異能之士，《五經》博士明山賓表薦异："年時尚少，德備老成，[4]在獨無散逸之想，[5]處闇有對賓之色。[6]器宇弘深，[7]神表峰峻。[8]金山萬丈，緣陟未登；[9]玉海千尋，窺映不測。[10]加以珪璋新琢，[11]錦組初構，[12]觸響鏗鏘，遇采便發。[13]觀其信行，非唯十室所稀，[14]若使負重遥途，必有千里之用。"武帝召見，使説《孝經》《周易》義，甚悦之，謂左右曰："朱异實異。"後見明山賓曰："卿所舉殊得人。"[15]仍召直西省，[16]俄兼太學博士。其年，帝自講《孝經》，使异執讀。[17]遷尚書儀曹郎，[18]入兼中書通事舍人。後除中書郎，[19]時秋日，始拜，有飛蟬正集异武冠上，[20]時咸謂蟬珥之兆。[21]遷太子右衛率。[22]

[1]舊制：南朝齊高門士族二十歲便可起家爲官，寒庶子弟三十歲纔能入仕。齊和帝中興二年（502）二月，時任相國蕭衍曾上表批評這一制度。疑自此之後，高門士族與寒庶子弟的起家年齡便被統一爲二十五歲。梁武帝天監四年（505）又規定，未經策試而

憑門第直接入仕需年滿三十歲。故“年二十五方得釋褐”的“舊制”當是齊末梁初的制度。

［2］釋褐：褐是粗麻編織的衣物，寒微者所著。釋褐意喻换著官服，入仕爲官。

［3］議曹從事史：官名。州之佐吏。因其州之大小而置員。梁時揚州議曹從事史爲一班。

［4］德備：道德完備。　老成：練達穩重。

［5］散逸：散漫放縱。

［6］處闇：處暗室。暗室乃幽隱之地，喻指别人看不見的地方。　有對賓之色：形容人神情、舉止端莊嚴肅。按，此句與上句皆取《禮記·中庸》“君子慎獨”之義來贊美朱异。

［7］器宇：器量，人之才識、度量。　弘深：寬廣深厚。

［8］峰峻：形容人神態儀表高拔絶俗。

［9］緣陟：攀登。

［10］窺映：窺隱。

［11］珪璋：珪是長條形的玉版，上部呈圓形或三角形。璋是從中間縱剖的半珪。珪、璋皆是美玉，此處比喻朱异才德出衆。

［12］錦組：帶多彩花紋的絲帶。　搆：《梁書》卷三八《朱异傳》作“構”。

［13］遇：《梁書·朱异傳》作“值”。

［14］非唯十室所稀：語本《論語·公冶長》：“子曰：‘十室之邑，必有忠信如丘者焉，不如丘之好學也。’”

［15］卿所舉殊得人：《梁書·朱异傳》作“卿所舉殊得其人”。殊，表程度的副詞，特别。

［16］西省：祝總斌認爲，西省本是東晋孝武帝讀書的處所，南朝宋、齊時改名永福省，是皇太子出居東宫前在禁中的住地。因齊無年幼的皇太子，故西省成爲左右衛將軍以下禁衛諸職值宿之地。至梁，西省與永福省並置，西省變爲學士修撰之所（祝總斌《兩漢魏晋南北朝宰相制度研究》，中國社會科學出版社 1990 年版，第

351—356 頁)。陳蘇鎮認爲，西省乃秘書省，在皇帝内殿西側，亦爲舍人省所在（陳蘇鎮《西省考》，《周一良先生八十生日紀念論文集》，中國社會科學出版社 1993 年版，第 67—75 頁)。梁西省職能與前代不同，梁武帝時置西省學士，亦常召才學之士入直西省，聚集起來從事校理、修撰等事。

[17]執讀：執經誦讀。按，南北朝講經時有“執讀”一職，執讀誦讀經文後，講經者方始講解。《朱幹墓誌》云:“梁武皇帝幸壽光殿，爲講《孝經》，朝野榮之。”

[18]尚書儀曹郎：官名。尚書省儀曹長官。掌吉凶禮制。梁五班。

[19]中書郎：官名。中書侍郎之省稱。按，“後除中書郎”至“時咸謂蟬珥之兆”一句爲今本《梁書》所無，然同於《太平御覽》卷九四四所引《梁書》。今本《梁書·朱异傳》述朱异“入兼中書通事舍人”後之仕歷與本書稍異:“累遷鴻臚卿，太子右衛率，尋加員外常侍。”

[20]武冠：又名“武弁”“武弁大冠”“大冠”“惠文冠”等。相傳爲戰國時趙國模仿胡服所製。漢代武冠是一種用鹿皮或網狀繐布製成的弁，下襯以幘。至南北朝，武冠已演變爲籠冠，以一籠狀硬殼嵌於幘上（參見孫機《進賢冠與武弁大冠》，《中國古輿服論叢（增訂本）》，文物出版社 2001 年版，第 161—183 頁)。其佩戴者主要是武官及左右侍臣。

[21]蟬珥：即金蟬珥貂。是南北朝時侍中、散騎常侍、通直散騎常侍、員外散騎常侍等服飾的顯著標志，即武冠加蟬璫爲飾，插以紫貂的尾巴。蟬璫是冠前的牌狀飾物，多爲金製，飾以蟬紋，取其居高食潔、清虚識變之意。珥，插，冠上簪插貂尾則貂尾垂於耳旁，故曰“珥”。珥貂時，侍中插左，常侍插右。

[22]太子右衛率：官名。南朝時與太子左衛率並爲東宫衛軍首領，掌東宫護衛，分别對應臺軍之右衛將軍與左衛將軍。齊梁以來頗有文職化傾向。梁時員一人，領四營營兵。十一班。

普通五年，大舉北侵，[1]魏徐州刺史元法僧遣使請舉地内屬，[2]詔有司議其虚實。[3]异曰："自王師北討，剋獲相繼，[4]徐州地轉削弱，[5]咸願歸罪法僧，懼禍，[6]其降必非僞也。"帝仍遣异報法僧，[7]并敕衆軍應接，[8]受异節度。[9]及至，法僧遵承朝旨，[10]如异策焉。遷散騎常侍。[11]

[1]北侵：《梁書》卷三八《朱异傳》作"北伐"。按，《左傳》莊公二十九年云："有鍾鼓曰伐，無曰侵。""伐"是宣布對方罪狀，公開進軍；"侵"是不宣而戰，含貶義。本書以北魏爲正統，以梁爲偏據，故改"伐"爲"侵"，暗喻褒貶。梁武帝普通五年(524）六月，梁趁北魏六鎮之亂，委南降的元樹爲平北將軍、北青兖二州刺史，以裴邃督征討諸軍事，率軍北伐。

[2]徐州：州名。治彭城縣，在今江蘇徐州市。　元法僧：北魏道武帝拓跋珪之子陽平王拓跋熙曾孫。本依附同宗的元叉，被其薦爲徐州刺史，鎮彭城。因見魏室内亂，故於魏孝明帝孝昌元年(525）正月率兵反叛，殺死行臺高諒，自稱宋王，年號天啓，並遣其子元景仲向梁歸降。後梁武帝命蕭綜入駐彭城，元法僧率部入梁，極受優遇。卒於梁。《梁書》卷三九有傳，《北史》卷一六有附傳。

[3]詔有司議其虚實：按，《梁書》卷三《武帝紀下》記元法僧以彭城内附在梁武帝普通六年正月庚申，任司空在當月甲戌，中間相隔半月。張金龍認爲："這一情形反映出，梁武帝對元法僧叛降的真實性是經過了一番考察的。"〔《北魏政治史（九）》，甘肅教育出版社 2008 年版，第 200 頁〕梁武帝"詔有司議其虚實"當在此期間。

[4]剋獲：俘虜、擄獲。

[5]徐州地轉削弱：轉，越發。按，梁武帝普通五年六月至普

通六年正月間，梁軍儘管在進攻壽陽、渦陽與淮陽時遭遇挫折，但總體上戰果依然可觀。僅就東路戰場而言，根據《梁書·武帝紀》的記載，元法僧歸降前，梁軍已於東路相繼攻占了東莞城及徐州境内的童城、睢陵城、建陵城、曲沭戍、司吾城、琅邪等地，彭城確已岌岌可危。

［6］咸願歸罪法僧，懼禍：《梁書·朱异傳》作“咸願歸罪法僧，法僧懼禍之至”。馬宗霍《南史校證》云：“《梁書》本傳‘法僧’二字疊出，分屬上下兩句，是也，此删其一，非。”（第972頁）按，馬説是。“歸罪”一詞既有“委罪於人”之義，又有“自首服罪”之義。《梁書》“法僧”二字疊出，明爲前一義。本書删其一，易滋歧義：“法僧”二字若從上句，則爲前一義；若從下句，則爲後一義。

［7］報：回復，答復。按，《梁書》卷三九《元法僧傳》云：“及魏軍既逼，法僧請還朝，高祖遣中書舍人朱异迎之。”

［8］并敕衆軍應接：按，元法僧歸降後，梁武帝以宣城太守元略爲大都督，與陳慶之、胡龍牙、成景儁等率軍接應元法僧。同時，北魏亦派安樂王元鑒進軍徐州平叛，在彭城南擊破元略軍，然北魏軍隊在戰勝後遭到元法僧突襲，大敗而走。此後，北魏再遣安豐王元延明率臨淮王元彧、七兵尚書李憲等征討徐州。梁武帝普通六年三月乙丑，武帝以其子豫章王蕭綜自壽陽進駐彭城，將元法僧等人召至建康，梁軍遂短暫據有了淮北重鎮彭城。

［9］節度：節制調度。

［10］遵承：遵從。承，聽。　朝旨：朝廷的旨令。

［11］散騎常侍：按，《梁書·朱异傳》記朱异遷散騎常侍在梁武帝中大通元年（529）。

异容貌魁梧，能舉止，[1]雖出自諸生，[2]甚閑軍國故實。[3]自周捨卒後，[4]异代掌機密，其軍旅謀謨，[5]方鎮改換，[6]朝儀國典，詔誥敕書，[7]並典掌之。每四方表疏，[8]當局簿領，[9]諮詳請斷，[10]填委於前，[11]昇屬辭落紙，[12]覽事下議，[13]縱橫敏贍，[14]不暫停筆，頃刻之間，諸事便了。

[1]能：擅長，善於。

[2]諸生：儒生。

[3]閑：通“閒”。熟習。　故實：可資借鑑之舊事。

[4]周捨：字昇逸，汝南安成（今河南汝南縣）人。受梁武帝賞識，長期執掌内省政務。《梁書》稱其“日夜侍上，預機密，二十餘年未嘗離左右”。卒於武帝普通五年（524）。本書卷三四有附傳，《梁書》卷二五有傳。

[5]其軍旅謀謨（mó）：《梁書·朱异傳》無此五字。謀謨，謀劃，謀略。

[6]方鎮：鎮守一方的軍事長官。

[7]詔誥敕書：泛指皇帝發布的命令、文告。析言之，“詔誥”是對全體官民所發，“敕書”是對個人或少數人所發。

[8]表疏：奏章。

[9]當局：主管部門。　簿領：公文，文書。

[10]諮詳請斷：《梁書·朱异傳》作“諮詢詳斷”。

[11]填委：堆積。

[12]屬辭：連綴文辭，意謂遣詞造句。

[13]下議：寫下建議。

[14]敏贍：敏捷而淵博。

遷右衛將軍。[1]啓求於儀賢堂奉述武帝《老子義》，[2]敕許之。及就講，朝士及道俗聽者千餘人，爲一時之盛。時城西又開士林館以延學士，[3]异與左丞賀琛遞日述武帝《禮記中庸義》。[4]皇太子又召异於玄圃講《易》。[5]

[1]右衛將軍：官名。三國魏末分中衛將軍爲左、右衛將軍，爲禁衛軍重要統帥。有軍府，領營兵，負責殿内宿衛及皇帝出行時的隨從保護。南朝梁時任左、右衛將軍者多兼任散騎等内侍文職。十二班。按，《梁書》卷三八《朱异傳》記此事於梁武帝大同四年（538）。

[2]啓求：上啓請求。　儀賢堂：即三國吴始建之中堂。位於臺城大司馬門到都城宣陽門之間的御道西側。是禁衛軍的屯駐地，在建康軍事防禦體系中居重要地位。此外，南朝君主還於此聽訟，並策試秀才孝廉、考試學士學業，故又稱“聽訟堂”（參見李文才《六朝建康之“中堂”》，《中國歷史地理論叢》2007 年第 1 輯）。梁武帝天監六年（507）九月，改其名爲“儀賢堂”。　奉述：傳述尊者之言。　《老子義》：《梁書》卷三《武帝紀下》云梁武帝有《老子講疏》，《隋書·經籍志》子部道家類著録梁武帝所撰《老子講疏》六卷。

[3]士林館：梁武帝大同七年十二月於臺城西立士林館，招攬才學之士於此講學。館内常設學士，負責修撰典籍。亦常有其他部門的官員前來講授。按，《梁書》卷三四《張綰傳》云，大同十年，張綰與朱异、賀琛於士林館遞述《制旨禮記中庸義》。疑朱异與賀琛自大同八年講《禮記中庸義》，歷時數年，至大同十年，復有張綰加入。

[4]遞日：一人一日輪流。　《禮記中庸義》：《梁書·張綰傳》云朱异、賀琛所述爲《制旨禮記中庸義》，“制旨”是對帝王著述的稱呼，與此處《禮記中庸義》實爲一書。《梁書·武帝紀下》云梁武帝有《中庸講疏》，《隋書·經籍志》子部道家類著録

梁武帝所撰《中庸講疏》一卷。此外，《隋書·經籍志》於《中庸講疏》後列《私記制旨中庸義》五卷，未著撰人，疑爲當時臣下學習梁武帝《禮記中庸義》的筆記。

［5］皇太子：指蕭綱。　玄圃：東宮北部園林。得名於昆侖山之第二級，取其上接天庭、僅次皇帝之意。南朝玄圃始建不晚於宋文帝元嘉年間，齊文惠太子蕭長懋曾大規模拓建，使其北界潮溝南岸。梁昭明太子蕭統亦曾修築。其内風景優美，有宣猷堂、明月觀等建築，不僅是游宴之處，也是講學之所。約在今江蘇南京市珠江路河道以南桃園新村一帶（參見胡運宏、王浩《南朝玄圃園考》，《中國園林》2016 年第 3 期）。

大同八年，改加侍中。[1]异博解多藝，[2]圍碁上品，[3]而貪財冒賄，[4]欺罔視聽，[5]以伺候人主意，[6]不肯進賢黜惡。四方餉饋，[7]曾無推拒，故遠近莫不忿疾。[8]起宅東陂，[9]窮乎美麗，晚日來下，[10]酣飲其中。每迫曛黄，[11]慮臺門將闔，[12]乃引其鹵簿自宅至城，[13]使捉城門停留管籥。[14]既而聲勢所驅，[15]薰灼内外，產與羊侃相埒。[16]好飲食，[17]極滋味聲色之娱，子鵝炰鰌不輟於口，[18]雖朝謁，從車中必齎飴餌。[19]而輕傲朝賢，不避貴戚。人或誨之，异曰："我寒士也，[20]遭逢以至今日。[21]諸貴皆恃枯骨見輕，[22]我下之，則爲蔑尤甚。我是以先之。"

［1］侍中：官名。門下省長官。掌侍從左右，應對顧問，審署並下達詔令，平省尚書奏事。梁時員四人，十二班。

［2］博解：博學多識。

［3］圍碁（qí）上品："碁"與"棋"是同詞異構字。按，魏晋

以來，人們仿照九品官人法，以九品制評定弈者等級。梁代棋風熾盛，梁武帝更是狂熱的圍棋愛好者。他曾於天監年間和大同末分别命柳惲、陸雲公主持品棋。史載，天監品棋，登格者二百七十八人，製成《棋品》三卷，並由沈約作序；大同末校定棋品，“到溉、朱异以下並集”。朱异的上品，當是在這兩次品棋活動中評定的。

［4］冒賄：貪圖財物。

［5］欺罔：欺騙、使迷失方向。

［6］伺候：窺伺。

［7］餉饋：饋贈。

［8］忿疾：忿恨。

［9］東陂（bēi）：建康城東的陂塘。陂，用堤壩圍堰攔截而成的蓄水池，亦泛指池塘湖泊。按，《文苑英華》載朱异《還東田宅贈朋離》詩，其中有“池入東陂水，窗引北巖雲”句，可知朱异在東田有園宅，“起宅東陂”當指此處。東田是建康城東郊、鍾山南麓的開闊地帶，自然環境優越，既有大片良田，亦是當時權貴别墅聚集之地（參見魏斌《“山中”的六朝史》，生活·讀書·新知三聯書店 2019 年版，第 285—294 頁）。

［10］晚日：南監本、汲古閣本同，北監本、殿本作“晚朝”。

［11］迫：臨近。　曛黄：黄昏。

［12］臺門：臺城城門。

［13］鹵簿：皇室及高官出行時的扈從儀仗，有嚴格等級規定。

［14］捉城門：把住城門。　管籥：門鎖。籥是鎖鍵，管是受鍵之器。

［15］既而：無義，置於句首表連接。　驅：馳。

［16］羊侃：字祖忻，泰山梁父（今山東新泰市天寶鎮，《梁書》作“梁甫”）人。原爲北魏泰山太守，梁武帝大通二年（528）南渡歸梁。受梁武帝重用，侯景之亂時爲守禦臺城的主將。史載其生性豪侈，好鋪張。本書卷六三、《梁書》卷三九有傳。

埒（liè）：等齊。

［17］好飲食：按，“好飲食”至“從車中必齎飴餌”不見於今本《梁書》，然同於《太平御覽》卷八六〇所引《梁書》。

［18］子鵝：幼鵝。　炰（páo）鱐（sū）：南監本、北監本、殿本同，汲古閣本、《太平御覽》卷八六〇、《通志》卷一四二作“炰鰌”。殿本校勘記云：“鱐，音蘇，與‘甦’同。若鰌恐非佳品，疑有訛字。”炰，一種烤肉方法，即用火將帶毛、裹泥草的肉烤熟。“鰌”指泥鰍，亦可指海鰍，古人稱其長數千里，或是一種鯨魚。

［19］齎（jī）：攜帶。　飴餌：甘美的食物。餌，偶爾一吃的美食。

［20］寒士：特指下層士族。按，唐長孺曾總結，東晉、南朝自稱或被稱爲“寒士”的，大都是先代官位不顯的士人，或士族中的衰微房分，並强調“寒士”不同於“寒人”，朱异雖非高門，但仍是士族（參見唐長孺《讀史釋詞》，《魏晋南北朝史論拾遺》，中華書局1983年版，第253頁）。所言甚是。“寒”與“不寒”在具體語境中係相對而言。朱异先祖中祇有其父官至王府參軍、縣令，外祖父顧歡則世代務農，與高門甲族相比固然出身寒微。但朱异的起家官揚州議曹從事史，依然屬於專授士族的流内官。《朱幹墓誌》與《元和姓纂》並云錢塘朱氏爲當地“著姓”，《朱幹墓誌》甚至盛稱其“簪冕蟬聯，焕乎方策”，可知其相比一般庶民，仍有“士庶之隔”。

［21］遭逢：際遇，幸運地碰上（聖寵、嘉運等）。

［22］枯骨：喻指祖上的名位。

自徐勉、周捨卒後，[1]外朝則何敬容，[2]内省則异。[3]敬容質慤無文，[4]以綱維爲己任，[5]异文華敏洽，[6]曲營世譽，[7]二人行異而俱見倖。[8]异在内省十餘年，未嘗被譴。[9]司農卿傅岐嘗謂异曰：[10]“今聖上委政於君，安得每事從旨。頃者外聞殊有異論。"[11]异曰："政言我不能諫争耳。[12]當今天子聖明，吾豈可以其所聞干忤天聽。"[13]

[1]徐勉：字脩仁，東海郯（今山東郯城縣）人。梁武帝時曾任吏部尚書、尚書僕射等職，又長期在内省參預機密，被時人視作賢相。卒於武帝大同元年（535）。本書卷六〇、《梁書》卷二五有傳。

[2]外朝：指以尚書省爲中樞的中央行政機關，分布在内朝區（即臺城内城太極殿與太極東、西堂以北，後宫以南）之外，故稱。何敬容：字國禮，廬江灊（今安徽霍山縣）人。梁武帝中大通三年（531），接替徐勉任尚書右僕射，後又任左僕射、尚書令。大同十年因罪免職。史載其明習政事、勤於庶務，然"拙於草隸，淺於學術"，因此在當時受人嗤鄙。本書卷三〇有附傳，《梁書》卷三七有傳。

[3]内省：此處指負責協助皇帝處理政事、起草詔令的中書省和門下省。内朝區是皇帝日常居止、接見群臣、處理政事的地方，中書（上）省、門下（上）省、秘書省、散騎省等與皇帝平時接觸密切的辦事機構皆分布於此，"内省"亦可作爲這些機構的泛稱。梁代政治的一個突出特點是，内省主官與參預機密的尚書令、僕彼此配合，發揮作用（參見祝總斌《兩漢魏晋南北朝宰相制度研究》，中國社會科學出版社 1990 年版，第 216—225 頁）。如周捨、朱异均曾以侍中、中書通事舍人等職主領内省，分别與外朝長官徐勉、何敬容配合（徐、何二人亦參與内省事務），前二人雖不像後二人有宰相之名，但長期在内省參與核心决策、典掌機要，權力很大。

[4]質慤（què）：質樸誠實。

[5]綱維：統理事務，使其合乎秩序、法度。

［6］敏洽：敏捷而廣博。

［7］曲營：曲意謀取。

［8］見倖：被寵幸。倖，通“幸”。

［9］被譴：受到皇帝責備。

［10］司農卿：官名。梁武帝天監七年（508）以大司農爲司農卿，爲十二卿之一。掌農功倉廩。十一班。　傅岐：字景平，北地靈州（今寧夏吴忠市北武市）人。梁武帝統治的中後期，長期兼任中書通事舍人，史稱其“在禁省十餘年，機事密勿，亞於朱异”。於武帝太清元年（547），累遷太僕、司農卿。本書卷七〇有附傳，《梁書》卷四二有傳。按，本書卷七七《陸驗徐驎傳》亦載傅岐勸戒朱异事。

［11］頃者：近來。

［12］政言：“政”通“正”。祇是説。

［13］干忤：觸犯、違逆。

太清二年，爲中領軍，[1]舍人如故。初，[2]武帝夢中原盡平，舉朝稱慶，甚悦，以語异曰：“吾生平少夢，夢必有實。”异曰：“此宇内方一之徵。”[3]及侯景降，[4]敕召群臣廷議，尚書僕射謝舉等以爲不可許。[5]武帝欲納之，未決，嘗夙興至武德閤口，[6]獨言：“我國家猶若金甌，[7]無一傷缺，承平若此，今便受地，[8]詎是事宜？[9]脱至紛紜，悔無所及。”异探帝微旨，[10]答曰：“聖明御寓，[11]上應蒼玄，[12]北土遺黎，[13]誰不慕仰，爲無機會，未達其心。今侯景分魏國太半，[14]遠歸聖朝；若不容受，恐絶後來之望。”帝深納异言，又感前夢，遂納之。及貞陽侯敗没，[15]帝憂曰：“今勿作晋家事乎？”[16]尋而貞陽自魏遣使述魏相高澄欲申和睦。[17]敕有司定議。异又議以和爲允，帝從之。其年六月，[18]遣建康令謝挺、通直郎徐陵使北通好。[19]時侯景鎮壽春，[20]疑懼，[21]累啓請絶和，及致書與异，餉金二百兩，[22]又致書於制局監周石珍令具申聞。[23]异納其金而不停北使，景遂反。

[1]中領軍：按，據《梁書》卷三《武帝紀下》，朱异於梁武帝太清二年（548）八月乙未，由右衛將軍遷任中領軍。

[2]初：梁武帝此夢，《梁書》卷五六《侯景傳》繫於梁武帝中大同年間，《資治通鑑考異》云《三國典略》繫於中大同十二月夜，本書卷八〇《侯景傳》、《資治通鑑》繫於梁武帝太清元年正月乙卯前夜。

[3]宇内：天下。

[4]及侯景降：梁武帝太清元年正月辛亥，侯景割據河南諸州反叛東魏，先降西魏，再降蕭梁。二月庚辰，侯景派行臺郎中丁和向梁武帝上表請降。隔天壬午，梁武帝即下旨以侯景爲大將軍、河南王、大行臺，董督河南南北諸軍事。疑梁武帝在武德閣口與朱异的對話，發生於二月辛巳或壬午。

[5]謝舉：字言揚，陳郡陽夏（今河南太康縣）人。梁武帝大同九年（543）三月爲尚書僕射，太清二年正月遷任尚書令。史載其"雖屢居端揆，未嘗肯預時政"。本書卷二〇、《梁書》卷三七有傳。

[6]夙興：天没亮就起來。

[7]金甌：金質的小碗。

[8]便：表轉折，却。

[9]詎（jù）：表反問的副詞。難道。　事宜：即事之所宜行。

[10]微旨：隱而未露的想法、意圖。

[11]御寓：《梁書》卷三八《朱异傳》作"御宇"。統治天下。

[12]蒼玄：上天。

［13］遺黎：淪陷之地的百姓。

［14］太半：南監本、北監本、《梁書·朱异傳》同，汲古閣本、殿本作“大半”。按，侯景在降表中宣稱自己將以“函谷以東，瑕丘以西”的豫、廣、潁、荆、襄、兖、南兖、齊、東豫、洛、揚、北荆、北揚等十三州來降，而實際上從其叛亂的衹有河南之六七州，遠不及“魏國太半”。但河南之地戰略地位重要，對蕭梁來説，擁有此地則可進取中原，在三國之争中占據優勢。

［15］貞陽侯：蕭淵明。字靖通。梁武帝長兄蕭懿之子。武帝太清元年八月，被任爲大都督，統兵北伐。當年十一月，於寒山築堰欲奪取彭城，被東魏慕容紹宗所擒。本書卷五一有附傳。貞陽，縣名。治所在今廣東英德市東南滃江北。

［16］今勿作晋家事乎：汲古閣本同，南監本、北監本、殿本“勿”作“乃”。此句《梁書·侯景傳》作“吾今段如此，勿作晋家事乎”，《資治通鑑》卷一六〇《梁紀十六》梁武帝太清元年作“吾得無復爲晋家乎”。晋家，指晋朝，六朝時常在朝代名稱後加“家”，類似於詞尾。按，據《資治通鑑》記載，朱异啓奏蕭淵明敗報，梁武帝聽聞大驚失色，幾乎從床上墜下，被張僧胤扶起後説了這句話。蕭淵明進攻彭城，本是爲了與侯景夾攻東魏，以掠取河南之地。寒山之戰的失利不僅使此計劃徹底落空，原先奪得的懸瓠、項城等地也難以據守。梁武帝甚至擔心自己會重蹈西晋末年永嘉之亂的覆轍，被北虜所滅。

［17］高澄：字子惠，渤海蓨（今河北景縣）人。高歡長子。高歡死後，於東魏孝静帝武定五年（547）七月爲大丞相、都督中外諸軍，成爲東魏政權的實際掌控者。武定七年七月，遇刺身亡。高洋即位後，追謚爲文襄皇帝。《北齊書》卷三、《北史》卷六有紀。按，蕭淵明被俘後，先被送至東魏都城鄴城，後又送至晋陽高澄處。《資治通鑑》卷一六一《梁紀十七》記載，蕭淵明派夏侯僧辯送信給梁武帝，轉達高澄請和之意，並説若梁、魏通好，自己便得放歸。梁武帝見信流涕，與朝臣議之，朱异、張綰等皆主和，唯

傅岐反對。《資治通鑑》繫此事於武帝太清二年二月己卯羊珍孫出使東魏之前。

[18]其年六月：謝挺、徐陵出使的時間，《資治通鑑·梁紀十七》繫於梁武帝太清二年五月，《梁書·朱异傳》繫於六月，本書卷七《梁武帝紀下》、《建康實録》卷一七繫於七月。《魏書》卷一二《孝静帝紀》云：魏孝静帝武定六年"九月乙酉，蕭衍遣使朝貢"。而《北史》卷五《東魏孝静帝紀》亦云：武定六年"九月乙酉，梁人來聘"。"九月乙酉"或是使團到達的時間。

[19]謝挺：亦作"謝珽"。出使東魏時爲建康令、兼散騎常侍。此次出使，謝挺爲正使，徐陵爲副使。　通直郎：徐陵出使時的官職，《陳書》卷二六及本書卷六二《徐陵傳》記爲"兼通直散騎常侍"，《魏書》卷九八《蕭衍傳》記爲"通直常侍"，其實爲一。"兼"意謂假職未真授。南北朝時，使臣常以"兼散騎常侍""兼通直散騎常侍"之類的官職出使別國。《資治通鑑·梁紀十七》記爲"散騎常侍"，誤。

[20]時：梁與東魏議和致侯景萌生反心，關於此事，諸史細節頗有參差。自侯景於梁武帝太清二年正月入據壽春至八月起兵反叛，期間梁兩次向東魏遣使，一次是二月己卯，使羊珍孫往吊高歡之喪；一次是五月至七月間派出謝挺、徐陵。從本卷行文看，侯景"累啓請絶和"似在謝挺、徐陵出使之後。然《資治通鑑》記載侯景兩次上啓阻止梁、魏通和，一次在二月己卯前，侯景截獲梁武帝給蕭淵明的回信，得知其欲連和高澄，因而勸諫；一次在二月己卯羊珍孫出使之後。《梁書·侯景傳》亦云："二年二月，高祖又與魏連和。景聞之懼，馳啓固諫，高祖不從。"知此"時"非謝挺、徐陵出使之時，而應從侯景得知梁武帝謀求和議時算起。　壽春：縣名。治所在今安徽壽縣。按，梁武帝太清元年七月，以壽春置南豫州。侯景被慕容紹宗擊敗後，於太清二年正月率步騎八百人逃至南豫州，梁武帝以其爲南豫州牧。

[21]疑懼：畏懼。

［22］二百兩：《資治通鑑·梁紀十七》作“三百兩”。按，從本卷看，侯景賄賂朱异似乎是希望後者勸梁武帝罷絶和議，召回派往東魏的謝挺等人。然據《資治通鑑》，侯景向朱异贈金在二月己卯前，他截獲梁武帝給蕭淵明的回信後上啓勸諫，結果“异納金而不通其啓”。侯景的目的似乎是希望朱异不要扣壓自己的陳啓，與本書所記不同。

［23］制局監：官名。皇帝身邊機要的禁衛武官，在殿内侍衛。其職能爲領器仗兵役，具體包括皇帝在朝或出行時禁衛兵力的部署及徵兵興役等。不實際統兵，可隨時接觸皇帝並匯報包括禁衛武官在内的臣僚的越軌行爲。由寒人擔任，官位甚低（參見張金龍《南朝監局及其軍權問題》，《文史哲》2003年第4期）。　周石珍：建康（今江蘇南京市）人。世爲絲綢商人。梁武帝時爲制局監、直閤將軍，封南豐縣侯。侯景之亂時，投靠侯景，任少府卿。簡文帝大寶三年（552）五月，被梁元帝斬於江陵。本書卷七七有傳。

初，景謀反，合州刺史鄱陽王範、司州刺史羊鴉仁並累有啓聞。[1]异以景孤立寄命，必不應爾，乃謂使曰：“鄱陽王遂不許國家有一客！”[2]並不爲聞奏。及賊至板橋，[3]使前壽州司馬徐思玉先至求見於上，[4]上召問之，思玉紿稱反賊，[5]請閒陳事。[6]上將屏左右，[7]舍人高善寶曰：[8]“思玉從賊中來，情僞難測，[9]安可使其獨在殿上。”時异侍坐，乃曰：“徐思玉豈是刺客邪？何言之僻。”[10]善寶曰：“思玉已將臨賀入北，[11]詎可輕信。”言未卒，思玉果出賊啓，[12]异大慙。賊遂以討异及陸驗爲名。[13]及景至城下，[14]又射啓言“朱异等蔑弄朝權，輕作威福，臣爲讒臣所陷，欲加屠戮。陛下誅异等，臣斂轡北歸”。帝問簡文曰：“有是乎？”對曰：“然。”帝召有司將誅之，簡文曰："賊特以异等爲名耳，今日殺异，無救於急，適足貽笑將來。[15]若祆氛既息，[16]誅之未晚。"帝乃止。

[1]合州：州名。治合肥城，在今安徽合肥市。　鄱陽王範：蕭範。字世儀，梁武帝弟蕭恢之子，嗣父爵爲鄱陽王。武帝太清二年（548）正月，由南豫州刺史改任合州刺史。本書卷五二、《梁書》卷二二有附傳。鄱陽，郡名。治鄱陽縣，在今江西鄱陽縣。　司州：州名。治平陽縣，在今河南信陽市。　羊鴉仁：字孝穆，泰山鉅平（今山東泰安市，《梁書》作"太山鉅平"）人。梁武帝大同七年（541）任司州刺史。太清二年正月，侯景敗於渦陽後，羊鴉仁撤出懸瓠，駐軍淮上。侯景欲叛梁，邀其同反，羊鴉仁執其來使，奏聞朝廷，却未引起重視。本書卷六三、《梁書》卷三九有傳。

[2]遂：竟然。按，《資治通鑑》卷一六一《梁紀十七》武帝太清二年記載，"時上以邊事專委朱异，動静皆關之"，蕭範累次上書揭發侯景謀反企圖，並請求率部討之。此話是朱异對蕭範使者所説，朱异自此不再向梁武帝轉呈蕭範的上書。

[3]板橋：在建康城西南板橋浦上。六朝時爲從西出入建康的戰略要道。在今江蘇南京市雨花區板橋街道。按，本書卷八〇《侯景傳》云："既而景至朱雀航，遣徐思玉入啓。"疑有誤。《資治通鑑》記載，侯景軍於梁武帝太清二年十月庚戌至板橋，遣徐思玉求見梁武帝，實欲觀城中虚實；於十月辛亥，至朱雀航南。本書《侯景傳》亦云，徐思玉面見梁武帝後，梁武帝遣賀季、郭寶亮勞侯景於板橋。知徐思玉入見時，侯景在板橋，不在朱雀航。

[4]司馬：官名。軍府僚佐，位次長史。掌軍事。梁時庶姓持節府長史爲八班。　徐思玉：壽陽（今安徽壽縣）人。侯景心腹。原爲東魏豫州司馬。侯景歸梁，他入見南豫州監州韋黯，説服後者開城接納侯景。侯景爲南豫州牧後，以其爲司馬。曾聯絡蕭正德一

同叛梁。

［5］紿（dài）稱：謊稱。

［6］請閒（jiàn）：請求給予單獨進言的機會。

［7］屏（bǐng）：除去，使不出現。

［8］舍人：官名。皇帝身邊之宦者。

［9］情僞：真僞。

［10］僻：偏激，不合常情。

［11］臨賀：指蕭正德。字公和，蕭宏第三子。原爲梁武帝養子，因未被立爲太子而心懷怨望。於武帝普通六年（525）逃奔北魏，又於次年逃歸。中大通四年（532）正月，封臨賀郡王，邑二千户。本書卷五一有附傳，《梁書》卷五五有傳。按，蕭正德在北魏期間與徐思玉有舊，故在徐思玉聯絡下充當侯景内應，暗助其自采石渡江。侯景進攻建康時，蕭正德奉命守宣陽門。《資治通鑑·梁紀十七》記載，梁武帝太清二年十月辛亥，蕭正德黨羽沈子睦助叛軍通過朱雀航，蕭正德則率衆於張侯橋與叛軍會合。如前所述，徐思玉入見梁武帝時，叛軍尚在板橋。叛軍攻下朱雀航後，蕭正德纔公開反叛。故徐思玉入臺城時，梁朝廷應不知蕭正德附逆之事，否則不會繼續委之以城防重任。高善寶此時説“思玉已將臨賀入北”，頗不合情理。

［12］思玉果出賊啓：《資治通鑑·梁紀十七》記此事云：“思玉出景啓，言：‘异等弄權，乞帶甲入朝，除君側之惡。’异甚慚悚。”

［13］陸驗：吴郡吴（今江蘇蘇州市）人。商販出身。受朱异舉薦，任少府丞、太市令，仕至太子右衛率。史載其相貌特醜，以苛刻爲務，與朱异、徐驎合稱爲“三蠹”。本書卷七七有傳。

［14］及景至城下：此“城”指臺城。據《資治通鑑》，侯景於梁武帝太清二年十月辛亥攻入建康都城，至臺城闕下。於次日圍攻臺城，並射啓於城中。《梁書》卷五六《侯景傳》記載了臺城内梁軍對此的回應：“（侯景）啓求誅中領軍朱异、太子右衛率陸驗、兼少府卿徐驎、制局監周石珍等。城内亦射賞格出外：‘有能斬景首，

授以景位，并錢一億萬，布絹各萬匹，女樂二部。’”

［15］貽笑將來：給後來者留下笑柄。

［16］祆氛：表凶祥之氣，妖氣。喻指叛亂。

异之方倖，在朝莫不側目，雖皇太子亦不能平。[1]至是城内咸尤异，[2]簡文爲四言《愍亂詩》曰：[3]“愍彼阪田，[4]嗟斯氛霧。[5]謀之不臧，[6]褰我王度。”[7]又製《圍城賦》，末章云：“彼高冠及厚履，並鼎食而乘肥。[8]升紫霄之丹地，[9]排玉殿之金扉。[10]陳謀謨之啓沃，[11]宣政刑之福威。[12]四郊以之多壘，[13]萬邦以之未綏。[14]問豺狼其何者？訪虺蜴之爲誰？”[15]並以指异。又帝登南樓望賊，顧謂异曰：“四郊多壘，誰之罪歟？”异流汗不能對。慙憤發病卒，[16]時年六十七。[17]詔贈尚書右僕射。舊尚書官不以爲贈，[18]及异卒，武帝悼惜之，方議贈事，左右有善异者，乃啓曰：“异生平所懷，[19]願得執法。”[20]帝因其宿志，特有此贈。

［1］不能平：有矛盾，不和睦。

［2］尤：責怪，歸罪。

［3］愍亂：憂傷戰亂。

［4］愍彼阪田：《古詩紀》卷七八作“瞻彼阪田”。語本《詩·小雅·正月》：“瞻彼阪田，有菀其特。”阪田，山坡上崎嶇瘠薄之田。喻意環境險惡，孤立無援。

［5］氛霧：《禮記·月令》云，仲冬行夏令則有“氛霧冥冥”，或以爲“氛霧”即凶霧，或以爲“霧”乃“霿”之訛，“氛霿”即天昏地暗、不見日月之狀。後人以此喻意陰陽失序、亂賊横行。

［6］謀之不臧：語本《詩·小雅·小旻》：“謀之不臧，則具是

依。”臧，好，善。

［7］褰（qiān）我王度：語本《左傳》昭公十二年載祭公謀父《祈招》詩：“思我王度，式如玉，式如金。”褰，通“愆”。過，耽誤。

［8］鼎食：列鼎而食，意喻其地位尊貴、排場豪華。　乘肥：即《論語·雍也》所説“乘肥馬”，坐着高頭大馬拉的車。

［9］紫霄：高天，代稱皇宫。　丹地：宫殿中塗成紅色的地面。

［10］排：向兩邊推開（門扇）。

［11］謀謨（mó）：謀略。　啓沃：語本《尚書·説命上》：“啓乃心，沃朕心。”臣下開啓己心以灌沃君主之心，意謂臣下開導君主。

［12］福威：語本《尚書·洪範》：“惟辟作福，惟辟作威。”即施人以慶賞之福或刑罰之威。《尚書·洪範》認爲這是君主的特權，臣下不得擅有，否則有害於國家。

［13］四郊以之多壘：語本《禮記·曲禮上》：“四郊多壘，此卿大夫之辱也。”四郊，指國都四郊。壘，軍隊駐扎時土築的簡易工事。蕭綱以此暗諷朱异失其職守，導致戰事叢生。

［14］萬邦以之未綏：語本《詩·周頌·桓》：“綏萬邦，婁豐年。”綏，安定。

［15］虺蜴：毒蛇和蜥蜴。

［16］慙憤：慚愧鬱積於心。

［17］時年六十七：《梁書》卷三《武帝紀下》云朱异卒於梁武帝太清三年（549）正月乙丑，《資治通鑑》從《太清紀》與《三國典略》繫於三年正月庚申。

［18］舊尚書官不以爲贈：梁代對於贈官的官職當有明確規定。據楊恩玉研究，尚書省、秘書省與御史臺的長官，國學與太學的官職，東宫官職以及中書監等都不能作爲贈官，諸卿也極少作爲贈官（參見楊恩玉《蕭梁政治制度考論稿》，中華書局 2014 年版，第 363 頁）。

［19］所懷：所想，想法。

［20］執法：指尚書僕射。

异居權要三十餘年，善承上旨，故特被寵任。歷官自員外常侍至侍中，[1]四官皆珥貂，自右衛率至領軍，四職並驅鹵簿，近代未之有也。异及諸子自潮溝列宅至青溪，[2]其中有臺池翫好，每暇日與賓客遊焉。四方饋遺，財貨充積，[3]性吝嗇，未嘗有散施。厨下珍羞恒腐爛，每月常棄十數車，雖諸子别房亦不分贍。所撰《禮》《易》講疏及儀注、文集百餘篇。[4]

［1］歷官自員外常侍至侍中：《梁書》卷三八《朱异傳》記載，朱异爲太子右衛率後，“尋加員外常侍”，而本書删之，此處復襲《梁書》云“歷官自員外常侍”云云，顯係删削失當。另，本卷及《梁書·朱异傳》中，朱异所任珥貂之官衹有員外散騎常侍、散騎常侍及侍中三官，張小穩懷疑，朱异歷官中可能漏書通直散騎常侍（張小穩《魏晋南北朝時期加侍中、散騎諸官的禮遇與權益》，《河南大學學報》2009 年第 2 期）。

［2］潮溝：三國吴孫權時開鑿。爲都城北垣和西垣北段的護城壕，又名城北塹。因北引後湖（今玄武湖）之水，後湖古通長江江潮，故名潮溝。主體河道分東西兩支，東支沿九華山南麓東行接青溪，西支沿北極閣南麓西行至都城墻最西端南折，與運瀆相通。潮溝沿綫爲居民集中區，如潮溝以北有“潮溝大巷”，巷東出直對青溪上的尹橋。劉淑芬指出，當時貴族之所以選擇潮溝以北至青溪爲園宅之地，一個重要原因是此處地勢較高，爲乾爽高燥之地，適宜建宅（劉淑芬《六朝的城市與社會》，臺灣學生書局 1992 年版，第 127—128 頁）。　青溪：三國吴大帝赤烏四年（241）開鑿，又名

東渠。北起後湖（今玄武湖）東南角，蜿蜒曲折注入秦淮河，縱貫都城東面南北。上有至少七座橋梁。是建康城東重要的軍事屏障，其沿岸是當時風景優美、鼎族聚居之地。

[3]財貨：北監本、殿本、《梁書·朱异傳》同，北監本、汲古閣本作“財賄”。

[4]所撰《禮》《易》講疏及儀注、文集百餘篇：《隋書·經籍志》小注載梁有侍中朱异集注《周易》一百卷，又《周易集注》三十卷，亡。

子肅，位國子博士；次閏，司徒掾。[1]並遇亂卒。[2]

[1]司徒掾：官名。司徒府屬官。南朝司徒府主持中正品第，無論有無司徒皆常置。

[2]並遇亂卒：按，據《朱幹墓誌》，朱异第七子爲朱幹，字善政；第八子爲朱斐，皆夫人袁氏所生。

顧協字正禮，吴郡吴人，[1]晉司空和六世孫也。[2]幼孤，隨母養於外氏。[3]外從祖右光禄大夫張永嘗攜内外孫姪游虎丘山，[4]協年數歲，永撫之曰：“兒欲何戲？”協曰：“兒政欲枕石漱流。”[5]永歎息曰：“顧氏興於此子。”及長好學，以精力稱。外氏諸張多賢達，[6]有識鑒，内弟率尤推重焉。[7]

[1]吴：縣名。治所在今江蘇蘇州市。按，據《元和姓纂》，吴郡顧氏先祖乃漢代東甌王摇之子，被封爲顧余侯，因以爲氏。吴郡顧氏是吴郡四姓“顧陸朱張”之一，爲江東本土的舊家大族。

[2]和：顧和。字君孝。曾任太常卿、國子祭酒、尚書令等職。

晋穆帝永和七年（351）卒，追贈侍中、司空，謚曰穆。《晋書》卷八三有傳。　六世孫：《梁書》卷三〇《顧協傳》作“七世孫”。

[3]外氏：母親的娘家。按，《册府元龜》卷七七四、卷八四三並云顧協隨母養於張永。

[4]外從祖：外祖父的親兄弟。　右光禄大夫：官名。南朝屬光禄勳。爲崇禮、優老之散官，亦作爲卒後贈官。無具體職掌。《梁書·顧協傳》“右光禄大夫”上有“宋”字。　張永：字景雲，吴郡吴（今江蘇蘇州市）人，張裕之子。南朝宋大臣、將領。宋後廢帝元徽三年（475）卒。順帝昇明二年（478），追贈侍中、右光禄大夫。本書卷三一、《宋書》卷五三有附傳。　内外孫姪：姪孫和姪外孫。即姪兒和姪女的孩子。　虎丘山：在今江蘇蘇州市古城西北。《梁書·顧協傳》作“武丘山”，係避唐高祖祖父李虎諱改。

[5]政欲：衹欲。《梁書·顧協傳》作“正欲”。　漱流：用溪水漱口。按，曹操《秋胡行》中已有“枕石漱流飲泉”句，“枕石漱流”蓋魏晋時常語，象徵隱居山林的生活。

[6]外氏諸張多賢達：按，張氏於東漢初遷居吴郡，爲“吴郡四姓”之一。顧、張同爲吴郡高門，自東吴起便經常聯姻。南朝張氏一門以“清虚學尚”著稱，其風儀修養在士人中頗有令譽。劉宋以降，張敞一支的張裕、張邵兄弟因在晋宋之際有佐命之功而受重用，此後張氏子弟仕宦顯達，人才輩出。宋、齊、梁三代，張氏族人仕在五品以上者達三十三人，仕在三品以上者達二十五人，後一數字甚至超過了陳郡謝氏。僅就顧協的外家張裕一支來説，宋時張裕之子張岱、張演、張鏡、張永、張辨俱知名當世，號稱“張氏五龍”；齊時，張永之子張稷、張瓌皆任軍政要職；梁初，張瓌之子張率、張演之孫張充亦因才學爲世所重。

[7]内弟：《梁書·顧協傳》作“從内弟”。　率：張率。字士簡，吴郡吴（今江蘇蘇州市）人。張瓌之子，張永之孫。善屬文，被沈約譽爲“南金”。本書卷三一有附傳，《梁書》卷三三有傳。

初爲揚州議曹從事，[1]舉秀才。[2]尚書令沈約覽其策而歎曰："江左以來，[3]未有斯作。"[4]爲兼廷尉正。[5]太尉臨川王聞其名，召掌書記，仍侍西豐侯正德讀。[6]正德爲巴西、梓潼郡，[7]協除所部新安令。[8]未至縣，遭母憂。刺史始興王厚資遣之，[9]送喪還。於峽江遇風，[10]同旅皆漂溺，唯協一舫觸石得泊焉。[11]咸謂精誠所致。

[1]初爲揚州議曹從事：《梁書》卷三〇《顧協傳》云，"起家揚州議曹從事史，兼太學博士"。

[2]舉秀才：州舉秀才、郡舉孝廉皆屬於察舉策試的選官方式。在梁代，察舉策試是除憑九品官人法直接入仕和經學生策試入仕之外最重要的入仕途徑。其中秀才祇納士族，尤爲顯耀，不少高門子弟由此起家，而孝廉多屬寒庶子弟，地位不高（參見羅新本《兩晋南朝的秀才、孝廉察舉》，《歷史研究》1987 年第 3 期；楊恩玉《蕭梁政治制度考論稿》，第 216—224 頁）。南朝無論秀才還是孝廉均須參加策試，梁代的秀才策試多在建康城儀賢堂舉行，時間在每年春節之後。察舉不像漢代那樣要求士人爲現任官吏，像顧協這樣舉前居職的爲數不多（參見閻步克《察舉制度變遷史稿》，遼寧大學出版社 1991 年版，第 239 頁）。

[3]江左：古人在地理上習慣以東爲"左"，長江經過今安徽境内時斜向北流，其南岸實爲東南，故以"江左"指代遷都長江以南的東晋政權。

[4]斯：《梁書・顧協傳》、《册府元龜》卷六五〇作"此"。

[5]廷尉正：官名。南朝梁時爲廷尉（武帝天監七年後改曰廷尉卿）屬官，協助廷尉掌刑獄訴訟。與廷尉監、平，並稱廷尉三官。地位高於後二者，但公牘須三官聯署，以互相監督。六班。

[6]西豐侯正德：蕭正德。西豐，縣名。治所在今江西撫州市臨川區西南。

[7]巴西、梓潼郡：此爲雙頭郡。巴西爲僑郡，寄治實土郡梓潼郡。兩郡同治涪縣，在今四川綿陽市東。

[8]新安：《册府元龜》卷七五七同。《梁書·顧協傳》作“安都”。中華本校勘記云：“《南齊書·州郡志》，巴西、梓潼二郡屬縣俱無新安縣及安都縣。”按，《宋書·州郡志》新巴太守下有“新安令”，乃晋安帝時所立，至《南齊書·州郡志》改爲“新巴”。

[9]刺史：指益州刺史。　始興王：蕭憺。蕭順之第十一子，梁武帝異母弟。武帝天監元年（502）封始興郡王，食邑二千户。天監九年正月任鎮西將軍、益州刺史，天監十四年二月改任荆州刺史。本書卷五二、《梁書》卷二二有傳。始興，郡名。治曲江縣，在今廣東韶關市南武水西岸。

[10]峽江：長江自瞿塘峽以下，至今湖北宜昌市，稱爲峽江。

[11]舫：船。　泊：停船靠岸。

張率嘗薦之於帝，問協年，率言三十有五。帝曰：“北方高凉，四十强仕，[1]南方卑濕，三十已衰。如協便爲已老，但其事親孝，與友信，亦不可遺於草澤。卿便稱敕唤出。”[2]於是以協爲兼太學博士。[3]累遷湘東王參軍，兼記室。

[1]四十强仕：語本《禮記·曲禮上》：“四十曰强而仕。”意謂男子四十歲智慮、氣力正强，可以出仕爲官。

[2]便：立即。

[3]以協爲兼太學博士：據《梁書》卷三〇《顧協傳》，張率與梁武帝的這番對話發生在顧協起家爲官之前，約在武帝天監三年（504）前後。此係事在前而補記於後。

普通中，[1]有詔舉士，湘東王表薦之，即召拜通直散騎侍郎，[2]兼中書通事舍人。大通三年，霆擊大航華表然盡。[3]建康縣馳啓，[4]協以爲非吉祥，未即呈聞。後帝知之，曰："霆之所擊，一本罰惡龍，[5]二彰朕之有過。協掩惡揚善，非曰忠公。"由是見免。後守鴻臚卿，[6]員外散騎常侍，[7]卿、舍人並如故。[8]

[1]普通中：按，據《梁書》卷三〇《顧協傳》，梁武帝普通六年（525）顧協被蕭正德引爲府中録事參軍，隨其北伐。蕭繹表薦顧協當在次年北伐軍還之後。本卷下文云，蕭繹表上，梁武帝即召拜顧協爲"通直散騎侍郎，兼中書通事舍人"，而本書卷五三《昭明太子統傳》記載，普通七年十一月丁貴嬪卒，蕭統哀毁過禮，武帝敕中書舍人顧協宣旨勸慰。可知，顧協在普通七年十一月已爲中書通事舍人，則蕭繹表薦顧協必在此之前。《梁書》卷三《武帝紀下》記載，普通七年四月乙酉，梁武帝下詔"在位群臣，各舉所知，凡是清吏，咸使薦聞，州年舉二人，大郡一人"。蕭繹上表或在此時。

[2]通直散騎侍郎：官名。晋武帝時置。本爲員外散騎侍郎與散騎侍郎通員當直者。東晋、南朝逐漸成爲獨立官職。梁時屬集書省，位在散騎侍郎下、員外散騎侍郎上。員四人。六班。

[3]霆：帶閃電的疾雷。　大航：建康城南秦淮河上的朱雀浮航，是建康城二十四浮橋中最大的一座。前身是三國吴的南津大橋。橋身以木質爲主，采用連舟爲橋的方式，既是溝通秦淮河兩岸的重要樞紐，也可定期開閉，保證秦淮河船隻通行。北岸橋頭爲朱雀門，與宫城的大司馬門和都城的宣陽門約在一條直綫上，由御道相連，同時又通過馳道與南掖門相連。其位置約在今江蘇南京市中華門鎮淮橋一帶。　華表：重要建築前的高大柱子，或云源於古之謗木，或云起標識作用。朱雀浮航建有木質華表，六朝時常用來懸

挂犯人首級。按，《梁書·武帝紀下》記載："（大通三年）秋九月辛巳，朱雀航華表災。"　然：燃燒。

[4]建康縣：六朝時京師地區分屬二縣，以秦淮河爲界，以南歸秣陵縣，以北歸建康縣。建康縣爲都城所在，在今江蘇南京市。

[5]一本罰惡龍：按，此信仰似乎由來已久。漢代人便認爲，龍會藏匿於樹木、屋室之間，故雷電折木壞屋，使龍現身於外，取以升天。民間謂之"天取龍"（參見王充《論衡·龍虚》）。再如《西京雜記》中亦有"雷火燃木得蛟龍骨"之事。

[6]鴻臚卿：官名。梁武帝天監七年（508）由大鴻臚改名。掌朝會時導護贊拜。九班。

[7]員外散騎常侍：按，王懋竑《讀書記疑》云"員外"上少一"轉"字或"遷"字。

[8]卿、舍人並如故：按，王懋竑《讀書記疑》云："卿，鴻臚卿；舍人，通事舍人也。《南史》'舍人'下有以事免一層，'後守鴻臚卿'云云。舍人既免，則不得云'舍人如故'矣。疑《南史》誤。"

自爲近臣，便繁幾密，[1]每有述製，[2]敕前示協，時輩榮之。卒官，[3]無衾以斂，[4]爲士子所嗟歎。武帝悼惜之，爲舉哀。贈散騎常侍，謚曰温子。[5]

[1]便繁：亦寫作"便蕃""便煩""頻煩""頻繁"等。此處意爲殷勤。

[2]述製：撰述，著述。

[3]卒官：按，據《梁書》卷三〇《顧協傳》，其卒於梁武帝大同八年（542），時年七十三。然《梁書·顧協傳》載蕭繹武帝普通七年（526）薦顧協表云其"年方六十"，與其卒年不甚相合，或係舉成數而言。

［4］衾（qīn）：裝斂時用來覆蓋死者的被子。　斂：給死者加衣衾、入棺。

［5］温子：按，趙翼《陔餘叢考》卷一六《兩漢六朝謚法》指出，兩漢六朝“謚法皆與其官爵并稱”,“非如後世但賜某謚”。兩漢時期，基本衹有擁有列侯以上爵位者纔有資格獲得謚號。至東晋、南朝，則取消此限制，生前無爵者也可根據官位得謚，並可謚爲某公、某子。根據李彦楠的研究，南朝時無爵官員，生前任官高於五品而不足三品者死後可追贈至三品，生前任官高於三品者死後可追贈至一品。死者的謚號由死者最終獲贈的官位決定，衹有三品以上纔能得謚。其中三品以上可謚爲某子，一品可謚爲某公（參見李彦楠《東晋南朝無爵公謚制度研究》，武漢大學中國三至九世紀研究所編《魏晋南北朝隋唐史資料》第四十輯，上海古籍出版社2019年版，第72—88頁）。

協少清介,[1]有志操，初爲廷尉正，冬服單薄，寺卿蔡法度欲解襦與之,[2]憚其清嚴，不敢發口，謂人曰：“我願解身上襦與顧郎，顧郎難衣食者。”[3]竟不敢以遺之。[4]及爲舍人，同官者皆潤屋,[5]協在省十六載，器服飲食不改於常。有門生始來事協,[6]知其廉潔，不敢厚餉，止送錢二千，協發怒，杖二十，因此事者絶於饋遺。自丁艱憂,[7]遂終身布衣蔬食。少時將娉舅息女,[8]未成昏而協母亡，免喪後不復娶。年六十餘，此女猶未他適,[9]協義而迎之。晚雖判合,[10]卒無胤嗣。[11]

［1］清介：清正耿直，能獨立自持。

［2］寺卿：此指廷尉卿。梁武帝天監七年（508）改廷尉爲廷尉卿。爲中央司法審判機構長官。十一班。　蔡法度：濟陽考城

（今河南民權縣）人。家傳律學。梁初曾爲尚書删定郎，主持制定梁律。後爲廷尉卿。又曾任義興太守。　襦：冬天穿的上衣，長及膝蓋。

［3］顧郎難衣食者：《梁書》卷三〇《顧協傳》“顧郎”前有“恐”字。衣食，給予衣食。

［4］竟：終於，終究。

［5］潤屋：使居室華麗生輝。《禮記·大學》云：“富潤屋，德潤身。”“潤屋”是富有的體現。

［6］門生：身爲庶族者投靠士族主人，擔當其隨從。這類門生多是富人子弟，須向主人繳納錢財。而門生可借主人身份躲避課役和關市之税，更重要的是，可由其主人推舉爲典軍、主書、令史等雜流官職，步入仕途。

［7］丁艱憂：遭逢父母之喪。丁，當。

［8］娉：本指聘問，引申爲娶。　息女：親生女兒。

［9］他適：嫁給别人。

［10］判合：兩半相合，指結爲夫妻。

［11］胤嗣：後嗣，後代。

協博極群書，於文字及禽獸草木尤稱精詳，撰《異姓苑》五卷，《瑣語》十卷，[1]《文集》十卷，並行於世。

［1］《瑣語》十卷：《隋書·經籍志三》子部小説類著録梁金紫光禄大夫顧協撰《瑣語》一卷。

徐摛字士秀，東海郯人也，[1]一字士績。[2]祖憑道，宋海陵太守。[3]父超之，[4]梁天監初位員外散騎常侍。

［1］東海：郡名。治郯縣，在今山東郯城縣。　郯：縣名。治所在今山東郯城縣。按，東海徐氏在兩漢時爲世宦之家，永嘉南渡時徐氏家族南下，其南遷始祖爲東晋江州刺史徐寧。此後，東海徐氏世居京口（今江蘇鎮江市），在當時僅算次門士族。

［2］一字士繢：《梁書》卷三〇《徐摛傳》無此句。《廣弘明集》卷二〇載梁元帝《梁簡文帝法寶聯璧序》亦云徐摛字士繢。

［3］海陵：郡名。治建陵縣，在今江蘇泰州市東北。

［4］超之：徐超之。《陳書》卷二六《徐陵傳》云，南朝齊時曾任鬱林太守。《梁書·徐摛傳》、《陳書·徐陵傳》、《通志》卷一四二並作“超之”，《太平御覽》卷五八五引《三國典略》作“起之”。

摛幼好學，及長，徧覽經史，屬文好爲新變，不拘舊體。晋安王綱出戍石頭，[1]武帝謂周捨曰：“爲我求一人，文學俱長兼有行者，欲令與晋安游處。”捨曰：“臣外弟徐摛，[2]形質陋小，若不勝衣，[3]而堪此選。”帝曰：“必有仲宣之才，[4]亦不簡貌。”[5]乃以摛爲侍讀。[6]大通初，王總戎北侵，[7]以摛兼寧蠻府長史，[8]參贊戎政，[9]教命軍書，[10]多自摛出。王入爲皇太子，[11]轉家令，[12]兼管記，[13]尋帶領直。[14]

［1］晋安王綱出戍石頭：按，蕭綱於梁武帝天監八年（509）出爲雲麾將軍，領石頭戍軍事，時年七歲。

［2］外弟：表弟或妻弟。

［3］勝衣：承受得起衣服的重量。按，周捨薦徐摛之事，除見於《梁書》卷三〇《徐摛傳》外，亦見於《太平御覽》卷三七八引劉璠《梁典》、卷五八五引《三國典略》。

［4］必：若。　仲宣：指王粲。字仲宣，山陽高平（今山東鄒

城市）人。東漢末文人，建安七子之一，所作《七哀詩》《登樓賦》等皆爲傳世名篇。史載其矮小體弱、相貌醜陋，以致劉表不將女兒許配給他。又傳説其傷於肥戇，四十餘歲而眉毛脱落，周勛初先生認爲這是長期患麻風病所致（參見周勛初《王粲患麻風病説》，《鍾山愚公拾金行踪》，復旦大學出版社2016年版，第103—107頁）。《三國志》卷二一有傳。

[5]亦不簡貌：《梁書·徐摛傳》作“亦不簡其容貌”。簡，分別，辨别。

[6]乃以摛爲侍讀：按，《梁書·徐摛傳》云其起家太學博士，遷左衛司馬。

[7]總戎：統率軍隊。按，“大通初，王總戎北侵”指的是梁武帝大通二年（528）蕭綱攻伐北魏荆州的戰役。蕭綱時爲都督荆、益、南梁三州諸軍事、安北將軍、寧蠻校尉、雍州刺史。普通六年（525）北伐，梁軍已攻占荆州外圍大片土地，並圍困其州治穰城達三年之久。從大通二年蕭綱所下《北略教》來看，此次北伐的主要對象是據守穰城的北魏荆州刺史王洪羆（一作“王羆”）。《魏書》卷一〇《孝莊帝紀》記載，北魏於當年五月向荆州派出費穆統領的援軍，知蕭綱發兵北伐的時間當在五月之前。此次北伐，梁軍招降了北魏南荆州刺史李志，然其大將曹義宗於當年十月兵敗被擒，穰城之圍亦被迫解除。

[8]寧蠻府：東晋安帝時置，南朝宋、齊、梁沿置。府治襄陽，在今湖北襄陽市，負責管理“雍州蠻”事務。其長官爲寧蠻校尉，常由雍州刺史兼任。領兵並開府置僚佐。齊、梁時寧蠻府轄有郡縣，梁代領郡可考者有南襄、安定、蔡陽、弘化等。梁元帝承聖三年（554），西魏占領襄陽後廢置。

[9]參贊：參與佐助。

[10]教命：命令。

[11]王入爲皇太子：按，梁武帝中大通三年（531）四月，昭明太子蕭統卒。武帝於五月詔立蕭綱爲皇太子，並於七月正式臨軒

册拜。

[12]家令：官名。即太子家令。與太子率更令、太子僕合爲東宫三卿。晋時掌東宫刑獄、穀貨、飲食，至南朝，飲食之事轉歸太子中庶子。齊、梁後亦多掌文教，常兼東宫管記。出任此職者多爲次門士族。梁武帝天監六年革選，以太子家令視通直散騎常侍。員一人，十班。

[13]管記：指文書章奏之事。

[14]領直：即東宫直閤，直衛東宫殿閤。

摛文體既别，春坊盡學之，[1]"宫體"之號，自斯而始。[2]帝聞之怒，召摛加誚責，[3]及見，應對明敏，辭義可觀，乃意釋。[4]因問《五經》大義，次問歷代史及百家雜記，[5]末論釋教。摛商較從横，[6]應答如響，[7]帝甚加歎異，[8]更被親狎，[9]寵遇日隆。領軍朱异不悦，謂所親曰："徐叟出入兩宫，[10]漸來見逼，[11]我須早爲之所。"[12]遂承閒白帝曰：[13]"摛年老，又愛泉石，[14]意在一郡自養。"[15]帝謂摛欲之，乃召摛曰："新安大好山水，[16]任昉等並經爲之，卿爲我臨此郡。"[17]中大通三年，遂出爲新安太守。爲政清静，教人禮義，勸課農桑，朞月風俗便改。[18]秩滿，[19]爲中庶子。[20]

[1]春坊：東宫。按，蕭綱於梁武帝中大通三年（531）七月繼立爲太子，徐摛於當年出爲新安太守，即便徐摛出守時間在歲末，也衹有四、五個月時間。有學者指出："詩體於數月間風行一時，且形成專名，於理不合……所謂'春坊盡學之'，當是蕭綱在藩時期已然。'春坊'則是泛指幕中屬官文士，不必拘泥爲太子屬官。"（參見曹道衡、沈玉成《中古文學史料叢考》，第588頁）

［2］自斯而始："文體既别"至"自斯而始"，又見於《太平御覽》卷五八五引《三國典略》。

［3］誚（qiào）責：責備。

［4］意釋：指怒意消釋，心緒平和下來。

［5］雜記：《梁書》卷三〇《徐摛傳》作"雜説"。

［6］商較：研覃比較。

［7］應答如響：形容應對敏捷，不假思索。響，回聲。

［8］歎異：贊嘆、器重。

［9］親狎：親近，親昵。

［10］兩宫：指帝宫和太子宫。

［11］漸來見逼：《梁書·徐摛傳》作"漸來逼我"。

［12］我須早爲之所：《梁書·徐摛傳》無"我"字。爲之所，給他安排個地方。

［13］承間（jiàn）：趁機。

［14］泉石：指山水。

［15］意在一郡自養：《梁書·徐摛傳》作"意在一郡，以自怡養"。

［16］新安：郡名。治始新縣，在今浙江淳安縣西北。

［17］臨：《梁書·徐摛傳》作"卧治"。

［18］朞月：《太平御覽》卷二六一引《梁書》作"周月"，《册府元龜》卷六八〇作"期年"。

［19］秩滿：官吏任期届滿。

［20］中庶子：官名。即太子中庶子。東宫門下坊長官，掌侍從太子左右，儐相威儀，盡規獻納，典綜奏事文書等。梁時員四人，十一班。

時臨城公納夫人王氏，[1]即簡文妃姪女。[2]晉、宋以來，初昏三日，婦見舅姑，[3]衆賓皆列觀，[4]引《春秋》

義至：[5]“丁丑，夫人姜氏至。[6]戊寅，公使大夫宗婦覿，[7]用幣。”[8]戊寅即丁丑之明日，故禮官據此，皆云宜依舊觀。[9]簡文問摛，摛議曰：“《儀禮》云：[10]‘質明，[11]贊見婦於舅姑。’[12]《雜記》又云：[13]‘婦見舅姑，兄弟姊妹皆立於堂下。’政言婦是外宗，[14]未審嫺令，所以舅延外客，[15]姑率内賓，堂下之儀，以備盛禮。近代婦於舅姑本有戚屬，不相瞻者。[16]夫人乃妃姪女，有異他姻，[17]覿見之儀，謂應可略。”簡文從其議。除太子左衛率。[18]

[1]臨城公：蕭大連。字仁靖。蕭綱第五子，其正妻王靈賓所生。梁武帝大同二年（536），封臨城縣公，邑一千五百户。簡文帝大寶元年（550）蕭綱即位後，封爲南郡王，邑二千户。大寶二年秋遇害，時年二十五歲。本書卷五四、《梁書》卷四四有傳。按，據《隋書·禮儀志四》，蕭大連納王氏在大同五年。

[2]簡文妃：王靈賓。琅邪臨沂（今山東臨沂市）人，王騫之女。梁武帝天監十一年（512），拜晋安王妃。中大通三年（531）十月，拜皇太子妃。太清三年（549）三月薨。蕭綱即位後，追謚爲簡皇后。本書卷一二、《梁書》卷七有傳。

[3]婦見（xiàn）舅姑：新兒媳拜見公婆。行此禮意味着新兒媳正式成爲男方的家庭成員。

[4]列觀：按，六朝時有“看新婦”的習俗，如《世説新語·方正》記載，謝石娶諸葛恢女，王羲之前往謝家看新婦，對新婦的儀容風範大加贊賞。再如，本書卷四三《河東王鉉傳》記載，南齊河東王蕭鉉納柳世隆女爲妃，齊武帝與群臣看新婦，“流涕不自勝”。

[5]至：南監本、北監本、汲古閣本同，殿本、《梁書》卷三〇《徐摛傳》、《册府元龜》卷五七九、《通志》卷一四二作

"云"。當以"云"爲是。

[6]姜氏：即哀姜。齊襄公之女，後成爲魯莊公夫人。按，此句與下句見《春秋》莊公二十四年。

[7]大夫宗婦：同宗大夫之妻。　覿（dí）：相見。

[8]用：《春秋》辭例，書"用"表明不宜用。宗婦見夫人，當以榛、栗、棗、脩爲贄，男子纔以幣爲贄。今男女同贄，故書"用"以譏之。　幣：作爲贈禮的玉帛。

[9]舊觀：南監本、汲古閣本同，北監本、殿本、《梁書·徐摛傳》作"舊貫"，《册府元龜》卷五七九作"舊規"。按，當以"舊貫"爲是。本指舊様、原様，引申指舊例、舊制。作"舊規"是後人以同義詞改之，作"舊觀"係音近而訛（參見真大成《中古史書校證》，中華書局 2013 年版，第 331 頁）。

[10]《儀禮》：此句出自《儀禮·士昏禮》。

[11]質明：正明，天色已亮。

[12]贊：贊者。佐助行禮的人。　見（xiàn）：引見。

[13]《雜記》：此句出自《禮記·雜記》。

[14]外宗：其他宗族。

[15]延：引進，邀請。按，"舅延外客"上《梁書·徐摛傳》作"停坐三朝，觀其七德"。

[16]瞻者：《梁書·徐摛傳》、《册府元龜》卷五七九作"瞻看"。當以"瞻看"爲是。

[17]他姻：南監本、北監本、殿本同，汲古閣本作"他因"。

[18]太子左衛率：官名。南朝時與太子右衛率並爲東宫衛軍首領，掌東宫護衛，分别對應臺軍之左衛將軍與右衛將軍。齊梁以來頗有文職化傾向。梁時員一人，領七營營兵。十一班。

及侯景攻陷臺城，時簡文居永福省。[1]賊衆奔入，[2]侍衛走散，莫有存者。摛獨侍立不動，徐謂景曰："侯公當以禮見，何得如此。”凶威遂折，[3]侯景乃拜。[4]由是常憚摛。簡文嗣位，[5]進授左衛將軍，固辭不拜。簡文被閉，[6]摛不獲朝謁，因感氣疾而卒，[7]年七十八。[8]贈侍中、太子詹事，[9]謚貞子。長子陵，最知名。

［1］時簡文居永福省：按，據《資治通鑑》卷一六二《梁紀十八》，蕭綱於梁武帝太清三年（549）正月己巳遷居永福省。《建康實録》亦云，臺城淪陷時，蕭綱在永福省。然《陳書》卷三二《殷不害傳》記載，蕭綱當時在中書省。據《陳書·殷不害傳》《資治通鑑》《建康實録》，當時侍立蕭綱身邊的，除徐摛外，還有殷不害。《陳書·殷不害傳》《資治通鑑》記徐摛此時官職爲中庶子。

［2］奔入：攻入。

［3］凶威：《梁書》卷三〇《徐摛傳》、《通志》卷一四二同，《册府元龜》卷七一五作“凶儀”。

［4］乃：《梁書·徐摛傳》、《通志》卷一四二同，《册府元龜》卷七一五作“令”。

［5］簡文嗣位：梁武帝卒於太清三年五月丙辰，蕭綱於五月辛巳即皇帝位。

［6］被閉：《梁書·徐摛傳》作“被幽閉”。按，簡文帝大寶二年（551）八月戊午，侯景廢蕭綱爲晋安王，脅迫其禪位於豫章王蕭棟。此後，蕭綱被幽禁於永福省，直至十月壬寅被侯景派王偉所殺。

［7］感：染疾，得……病。　氣疾：有學者認爲，氣疾即中醫所説的喘症，也即現代醫學所説的呼吸困難，不包括肺結核、矽肺（參見張維慎《唐人“氣疾”小考——以出土墓誌爲主的考察》，西安碑林博物館編《碑林集刊》第二十二輯，三秦出版社 2016 年版）。

[8]年七十八：《梁書·徐摛傳》同。然《廣弘明集》卷二〇所載梁元帝《梁簡文帝法寶聯璧序》謂蕭繹二十七歲時，徐摛年六十四，據此計算，徐摛卒年八十一歲（參見曹道衡《中古文學史論文集》，中華書局 1986 年版，第 482 頁）。

[9]太子詹事：官名。總掌東宫事務，職比尚書令、領軍將軍，地位顯重。員一人。梁十四班。

陵字孝穆。母臧氏，[1]嘗夢五色雲化爲鳳，集左肩上，已而誕陵。年數歲，家人攜以候沙門釋寶誌，[2]寶誌摩其頂曰：[3]"天上石麒麟也。"光宅寺慧雲法師每嗟陵早就，[4]謂之顔回。[5]八歲屬文，十三通《莊》《老》義。[6]及長，博涉史籍，從横有口辯。[7]父摛爲晋安王諮議，[8]王又引陵參寧蠻府軍事。[9]王立爲皇太子，東宫置學士，[10]陵充其選。稍遷尚書度支郎。[11]

[1]臧氏：《陳書》卷二六《徐陵傳》、《册府元龜》卷八九三同，《太平御覽》卷三九八引《南史》作"藏氏"，《建康實録》卷二〇作"王氏"。當以"臧氏"爲是。《建康實録》張忱石校勘記云："《南史·徐摛傳》有'時臨城公納夫人王氏，即簡文妃姪女'之語，或爲許嵩誤以陵母爲王氏也。"

[2]候：拜訪。　沙門：吐火羅文 ṣāmaṃ 的音譯。梵文作 śramaṇa，又譯桑門、沙門那等。意譯"息心"或"勤息"。在古代印度本指非婆羅門教的各種教派的出家修行者，後佛教專指依照戒律出家修行之人。中國用來指出家的佛教僧人。　寶誌：本姓朱，金城（今甘肅蘭州市）人，俗呼爲"誌公"。能知未來，好爲讖記，人稱"誌公符"。本書卷七六有傳。《陳書·徐陵傳》、《建康實録》卷二〇亦作"寶誌"，《高僧傳》作"保誌"。

[3]頂：南監本《陳書》作“項”。按，臧氏夢而誕徐陵及徐陵見釋寶誌事，亦見於《太平御覽》卷八八九引《三國典略》。

[4]光宅寺：梁武帝於天監六年閏十月捨三橋舊宅而建。三橋宅是梁武帝出生地，在秣陵縣同夏里，即建康城東南三橋籬門附近。其內有高一丈九尺的無量壽佛金銅像，大僧正法雲及法悦、曇瑗等高僧皆曾駐錫於此。　慧雲法師：《陳書·徐陵傳》作“惠雲法師”。早就：早有所成，才智成熟得早。

[5]顏回：字子淵，春秋時魯國人。雖年輕，却天資過人、德行出衆，是孔子最得意的學生之一。早卒。事見《史記》卷六七《仲尼弟子列傳》。

[6]十三：《陳書·徐陵傳》作“十二”。

[7]口辯：口才。

[8]父摛爲晋安王諮議：《陳書·徐陵傳》繫此事於梁武帝普通二年（521），《梁書》卷三〇《徐摛傳》繫此事於普通四年。《梁書》卷四《簡文帝紀》記載，蕭綱出鎮雍州在普通四年，疑《陳書·徐陵傳》誤。

[9]引：徵召。

[10]學士：《梁書》卷四九《庾肩吾傳》記載，蕭綱立爲皇太子後，開文德省，置學士，徐陵、庾信、張長公、傅弘、鮑至等人皆充其選。《周書》卷四一《庾信傳》云：“摛子陵及信，並爲抄撰學士。”徐陵、庾信同任東宫抄撰學士，而文並綺艷，世號爲“徐庾體”。

[11]尚書度支郎：官名。尚書省度支曹長官，屬度支尚書。掌貢税租賦的統計、調撥、支出等。梁五班。

出爲上虞令。[1]御史中丞劉孝儀與陵先有隙，[2]風聞劾陵在縣贓污，因坐免。久之，爲通直散騎侍郎。梁簡文在東宫，撰《長春殿義記》，[3]使陵爲序。又令於少傅府述今所製《莊子義》。[4]

［1］上虞：縣名。治所在今浙江紹興市上虞區百官街道。

［2］劉孝儀：劉潛。字孝儀，彭城（今江蘇徐州市）人。史稱其任御史中丞期間，“在職彈糾無所顧望，當時稱之”。本書卷三九有附傳，《梁書》卷四一有傳。按，《陳書》卷二六《徐陵傳》記載，徐陵遭劾免官後，“久之，起爲南平王府行參軍”。南平王蕭偉卒於梁武帝中大通五年（533）三月，徐陵坐免上虞令當在此之前。然劉孝儀任御史中丞，在其大同四年（538）七月出使東魏歸來之後。中大通五年三月之前，劉孝儀還未擔任御史中丞。或是此處所記劉孝儀官職有誤，或是彈劾徐陵者另有其人，再或《陳書·徐陵傳》所記徐陵仕歷有誤。

［3］《長春殿義記》:《梁書》卷四《簡文帝紀》、《陳書》卷三三《沈文阿傳》、《隋書·經籍志》皆作“長春義記”，“殿”字衍。梁武帝中大通三年，皇太子蕭綱召諸儒參録《長春義記》，許懋、沈文阿等人皆參與其中。《隋書·天文志上》記載，梁武帝曾於長春殿講義，討論宇宙的基本模型。田曉菲認爲，《長春義記》“記述了武帝在長春殿主持的天文學等方面的討論”（田曉菲《烽火與流星：蕭梁王朝的文學與文化》，中華書局 2010 年版，第 216 頁）。然《隋書·經籍志》著録梁簡文帝《長春義記》一百卷，歸於經部五經總義類。“義記”屬於義疏一類，其産生與佛教中的“論”密切相關。本書卷七一《沈文阿傳》記載，《長春殿義記》的編纂者沈文阿曾爲《春秋》《禮記》《孝經》《論語》撰《義記》七十餘卷，疑《長春殿義記》當以儒家經典爲主要對象。

［4］少傅府：在東宫承華門外路西，與太傅府相對。　今：《陳書·徐陵傳》無此字。　《莊子義》:《梁書·簡文帝紀》云蕭綱有《莊子義》二十卷。《隋書·經籍志》子部道家類著録梁簡文帝撰《莊子講疏》十卷，並注云:“本二十卷，今闕。”義，殿本同，汲古閣本作“二”。

太清二年，兼通直散騎常侍使魏，魏人授館宴賓。[1]是日甚熱，其主客魏收謿陵曰：[2]“今日之熱，當由徐常侍來。”[3]陵即答曰：“昔王肅至此，爲魏始制禮儀；[4]今我來聘，使卿復知寒暑。”收大慚。齊文襄爲相，以收失言，囚之累日。

[1]授館：爲賓客安排館舍。按，關於此次出使的時間及徐陵所帶官職，參見本卷《朱异傳》“其年六月”及“通直郎”條注。

[2]主客：官名。掌接待賓客。《北齊書》卷三七《魏收傳》記載，魏收時爲正常侍，領兼中書侍郎、著作郎，高澄敕其兼主客郎接待梁使謝挺、徐陵等人。　魏收：字伯起，小字佛助，鉅鹿下曲陽（今河北晋州市西）人。以文才知名。《北齊書》卷三七、《北史》卷五六有傳。

[3]當由徐常侍來：《建康實録》卷二〇作“當由徐公”。

[4]昔王肅至此，爲魏始制禮儀：《册府元龜》卷六六〇作“昔王肅至，北魏始制禮儀”。王肅，字恭懿，琅邪臨沂（今山東臨沂市）人。初仕南朝齊，北魏孝文帝太和十七年（493）因父兄被殺逃奔北魏。王肅博識舊事，一時間北魏“朝儀國典，咸自肅出”。《魏書》卷六三、《北史》卷四二有傳。

及侯景入寇，陵父摛先在圍城之内，陵不奉家信，便蔬食布衣，若居哀恤。[1]會齊受魏禪，[2]梁元帝承制於江陵，[3]復通使於齊。陵累求復命，終拘留不遣，乃致書於僕射楊遵彦，[4]不報。[5]及魏平江陵，[6]齊送貞陽侯明爲梁嗣，乃遣陵隨還。太尉王僧辯初拒境不納，[7]明往復致書，皆陵辭也。及明入，僧辯得陵大喜，以爲尚書吏部郎，[8]兼掌詔誥。其年陳武帝誅僧辯，[9]仍進討韋載，[10]而任約、徐嗣徽承虚襲石頭，[11]陵感僧辯舊恩，往赴約。約平，武帝釋陵不問，以爲尚書左丞。

[1]居哀恤：居喪。《陳書》卷二六《徐陵傳》作“居憂恤”。

[2]齊受魏禪：東魏孝静帝武定八年（550）五月，孝静帝元善見禪位於高洋。自此，東魏被北齊取代。

[3]承制：代行皇帝職權。按，梁武帝太清三年（549）三月，侯景攻陷臺城。六月（蕭繹承制，本書及《梁書》皆繫於四月，《資治通鑑》從《太清紀》繫於六月），蕭韶從建康逃至江陵，宣梁武帝密詔，以蕭繹爲侍中、假黄鉞、大都督中外諸軍事、司徒、承制，授權他統領全國軍隊討伐侯景。

[4]僕射：按，徐陵給楊愔的書信具載於《陳書·徐陵傳》，書中云“吾今年四十有四，介已知命”。徐陵卒於陳後主至德元年（583）冬十月戊戌，時年七十七，由此計算，徐陵寫此信不晚於梁簡文帝大寶二年（551）。楊愔任尚書右僕射在北齊文宣帝天保三年（552）四月，此時還未授僕射。許逸民《徐陵集校箋》由此懷疑，徐陵寫信的時間當在大寶三年夏秋之間，如此“雖不同於‘四十有四’，但更近乎‘知命’之義”（中華書局 2008 年版，第 410 頁）。觀徐陵此信中有“晋熙等郡，皆入貴朝”“晋熙、廬江，義陽、安陸，皆云款附”等語。《北齊書》卷四《文宣帝紀》載武定八年五月孝静帝禪位詔書云：“晋熙之所，險薄江雷，迴隔聲教，迷方未改，命將鞠旅，覆其巢穴，威略風騰，傾懾南海，此又王之功也。”知晋熙在梁簡文帝大寶元年確曾一度“款附”於東魏、北齊。當時占據晋熙的是蕭範、蕭嗣父子。蕭範在合州時便曾向東魏求援，蕭嗣在晋熙遭遇侯景軍隊攻擊，北齊還嘗試派兵援救。疑蕭範、蕭嗣當時已向北齊稱臣，以晋熙爲其附庸。大寶元年七月，侯景大將任約、盧暉略攻殺蕭嗣，晋熙自此落入侯景之手。徐陵此書或作於大寶元年五月東魏禪齊之後、七月晋熙失陷之前。　楊遵彦：楊愔。字遵彦，弘農華陰（今

陝西華陰市）人。《北齊書》卷三四有傳，《北史》卷四一有附傳。

［5］報：回復。

［6］魏平江陵：梁元帝承聖三年（554）九月，西魏遣柱國大將軍于謹等率五萬軍隊進犯荆州。十一月，攻破江陵城，梁元帝身死。平，《陳書·徐陵傳》作“陷”。“平”是使不平者平，“陷”是自高入於下。本書以西魏、北周爲正統，以梁爲偏據，故改“陷”爲“平”。

［7］王僧辯：字君才，太原祁（今山西祁縣）人。王神念次子。梁元帝承聖三年三月，任太尉。元帝死後，他在北齊軍事壓力下，於承聖四年五月（《梁書》卷六《敬帝紀》作“七月”）納蕭淵明爲帝，改蕭方智爲皇太子。九月，被陳霸先襲殺。本書卷六三有附傳，《梁書》卷四五有傳。　拒境：捍禦邊境，使不得入。按，梁元帝死後，北齊文宣帝於天保六年正月立蕭淵明爲梁主，命上黨王高涣率軍護送其歸國即位。王僧辯初不納之，然高涣先後攻克譙郡、東關，斬殺率軍抵禦的梁將裴之横，同時尉瑾、蕭軌又攻取晋州。王僧辯迫於形勢，衹得答應納蕭淵明爲帝。史載，蕭淵明南下途中，“前後頻與僧辯書，論還國繼統之意”（《梁書·王僧辯傳》）。《文苑英華》及《梁書·王僧辯傳》共載有這期間蕭淵明寫給王僧辯的六封書信，當皆出自徐陵手筆。

［8］尚書吏部郎：官名。尚書省吏部曹長官。屬吏部尚書，協助其掌官吏銓選、調動。位高於尚書省諸曹郎。梁十一班。

［9］陳武帝：陳霸先。武爲其謚號。本書卷九，《陳書》卷一、二有紀。

［10］韋載：字德基，京兆杜陵（今陝西西安市長安區）人。原爲王僧辯部將。王僧辯死時，任義興太守。梁敬帝紹泰元年（555）十月，陳霸先遣周文育攻襲韋載不利，遂親自出討，將其招降。本書卷五八有附傳，《陳書》卷一八有傳。

［11］任約：原爲侯景大將，官至司空。在赤亭之戰中被西軍擒獲。王僧辯死時，爲南豫州刺史。梁敬帝紹泰元年十月，與徐嗣徽趁

陳霸先出討韋載，攻陷石頭城，引北齊軍隊渡江。後遭陳霸先回師還擊，於當年十二月隨齊軍撤回江北。紹泰二年三月，又與徐嗣徽引蕭軌等率齊軍南渡。齊軍於六月慘敗於梁軍，任約未見俘獲，疑逃回北齊。　徐嗣徽：高平（今山東巨野縣）人。王僧辯死時，爲譙、秦二州刺史。梁敬帝紹泰二年六月，與其弟徐嗣宗在幕府山會戰中被梁軍俘斬。　承：南監本、北監本、汲古閣本同，殿本、《陳書·徐陵傳》作"乘"。

紹泰二年，[1]又使齊。還除給事黄門侍郎、秘書監。[2]陳受禪，[3]加散騎常侍。[4]天嘉四年，[5]爲五兵尚書，[6]領大著作。[7]六年，除散騎常侍、御史中丞。[8]時安成王頊爲司空，[9]以帝弟之尊，權傾朝野。直兵鮑僧叡假王威風，[10]抑塞辭訟，大臣莫敢言，陵乃奏彈之。文帝見陵服章嚴肅，[11]若不可犯，[12]爲斂容正坐。陵進讀奏狀，[13]時安成王殿上侍立，仰視文帝，流汗失色，陵遣殿中郎引王下殿。[14]自是朝廷肅然。

[1]紹泰：南朝梁敬帝蕭方智年號（555—556）。

[2]秘書監：官名。秘書省長官。掌典籍圖書。梁十一班。

[3]陳受禪：梁敬帝太平二年（557）十月，梁敬帝蕭方智禪位於陳霸先。自此，梁被陳取代。

[4]散騎常侍：官名。陳三品，秩中二千石。

[5]天嘉：南朝陳文帝陳蒨年號（560—566）。

[6]五兵尚書：官名。尚書省列曹尚書之一。南朝陳時領中兵、外兵、騎兵三曹，掌軍事行政。陳三品，秩中二千石。

[7]大著作：官名。即著作郎。陳六品，秩六百石。

[8]御史中丞：官名。陳三品，秩二千石。

［9］安成王頊：陳頊。字紹世，陳道譚次子，陳文帝的弟弟。陳武帝永定元年（557）十一月，遥封其爲始興嗣王。永定三年八月，文帝徙封其爲安成王。文帝天嘉六年四月至廢帝天康元年（566）五月任司空。後爲陳宣帝。本書卷一〇、《陳書》卷五有紀。安成，郡名。治平都縣，在今江西安福縣東南。　司空：官名。陳一品，秩萬石。

［10］直兵：官名。即直兵參軍。王公府直兵曹長官，掌親兵衛隊。　鮑僧叡：《陳書·徐陵傳》一本作“鮑叔叡”。

［11］文帝：南朝陳文帝陳蒨。文爲其謚號。本書卷九、《陳書》卷三有紀。

［12］若：南監本、北監本、殿本、《太平御覽》卷五九四引《南史》作“若”，汲古閣本作“答”。

［13］奏狀：《陳書·徐陵傳》作“奏版”。

［14］殿中郎：《陳書·徐陵傳》、《册府元龜》卷五一四作“殿中御史”，《太平御覽》卷五九四引《南史》作“殿中侍史”。按，此句下《陳書·徐陵傳》云“遂劾免侍中、中書監”。陳頊於陳文帝天嘉三年三月自北周歸陳後，詔授侍中、中書監，因徐陵彈奏而被免。

遷吏部尚書，[1]領大著作。陵以梁末以來，[2]選授多失其所，[3]於是提舉綱維，[4]綜覈名實。[5]時有冒進求官，[6]馳競不已者，[7]乃爲書宣示之，[8]曰：“永定之時，[9]聖朝草創，干戈未息，[10]尚無條序。[11]府庫空虚，賞賜懸乏，白銀難得，黄札易營。[12]權以官階，[13]代於錢絹，義在撫接，[14]無計多少。[15]致令員外常侍，路上比肩，諮議參軍，市中無數，豈是朝章應其如此。[16]今衣冠禮樂，日富年華，[17]何可猶作舊意，非理望也。[18]所見諸君，多踰本分，猶言大屈，[19]未諭高懷。若問梁朝朱領軍异亦爲卿相，比不踰其本分耶？比是天子所拔，[20]非關選序。梁武帝云：'世間人言有目色，[21]我特不目色范悌。'宋文帝亦云：[22]'人豈無運命，每有好官缺，輒憶羊玄保。'[23]此則清階顯職，不由選也。既忝衡流，[24]諸賢深明鄙意。"[25]自是衆咸服焉。時論比之毛玠。[26]

[1]吏部尚書：官名。尚書省列曹尚書之首。掌官吏銓選、任免等，職任隆重。陳三品，秩中二千石。按，據《陳書》卷四《廢帝紀》，徐陵遷吏部尚書在陳廢帝天康元年（566）五月。

[2]梁末：南監本、北監本、殿本、《陳書》卷二六《徐陵傳》同。汲古閣本作"梁宋"，誤。

[3]選授：選舉授官。

[4]提舉綱維：喻指嚴明法度。

[5]綜覈名實：全面考核人物的名實是否相符。

[6]冒進：才德不稱而求仕進。

[7]馳競：《陳書·徐陵傳》作"諠競"，《册府元龜》卷六三七作"喧競"。

[8]乃爲書宣示之：《陳書·徐陵傳》、《文苑英華》卷六七七、《册府元龜》卷六三七亦並載此書，而文字略異。《文苑英華》卷六七七所載篇幅最完整，其中有"主上體成王之風，太傅弘周公之德"句。陳頊任太傅在陳廢帝光大二年（568）正月，當年十一月即自立爲帝。故徐陵此書當作於光大二年，而本書及《陳書》繫於陳廢帝即位之前，誤。

[9]永定之時：《文苑英華》卷六七七作"自紹泰、太平及永定中"。永定，南朝陳武帝陳霸先的年號（557—559）。

[10]干戈未息：《文苑英華》卷六七七作"天下干戈"。

[11]尚：《陳書·徐陵傳》、《册府元龜》卷六三七作"亦"。

[12]白銀難得：《文苑英華》卷六七七作"白銀之寶難得"。

黄札：吏部的“選案”和皇帝任官的詔書，因皆使用黄紙，故名。《隋書·百官志上》記載，陳代吏部銓選官員，在確定候選人所任官職後，須將“選案”上奏皇帝批准。“選案”用黄紙録名，經八座通署。若是皇帝直接任命官員，則由詔誥局草詔，交付門下省審核，其詔書亦用黄紙。《文苑英華》卷六七七作“黄紙之板”。

[13]權以官階：《文苑英華》卷六七七作“假以官榮”。權，暫且。

[14]義在撫接：《陳書·徐陵傳》、《册府元龜》卷六三七作“義存撫接”，《文苑英華》卷六七七作“義在撫綏”。撫接，安撫結納。

[15]多少：才能高下優劣。

[16]豈是朝章應其如此：《資治通鑑》卷一六九《陳紀三》文帝天康元年作“豈是朝章固應如此”。

[17]日富年華：《資治通鑑·陳紀三》陳文帝天康元年胡三省注云：“謂一日富於一日，一年華於一年也。”

[18]何可猶作舊意，非理望也：《文苑英華》卷六七七作“何可猶作亂世意，而覔非分之官耶”。《册府元龜》卷六三七“理”作“所”。

[19]大屈：《文苑英華》卷六七七、《陳書·徐陵傳》一本作“太屈”。

[20]比：汲古閣本、殿本作“此”。

[21]目色：即青眼，與“白眼”相對，意謂青睞。

[22]宋文帝：劉義隆。文爲其謚號。本書卷二、《宋書》卷五有紀。

[23]羊玄保：泰山南城（今山東平邑縣）人。善弈棋，受宋文帝寵信。本書卷三六、《宋書》卷五四有傳。

[24]尒：汲古閣本同，殿本作“忝”。按，據文意，應作“忝”。忝，謙辭，表示任某職而於心有愧。　衡流：銓衡士人官職。

[25]諸賢深明鄙意：“諸賢”上《陳書·徐陵傳》有“所望”二字。

［26］毛玠：字孝先，陳留平丘（今河南封丘縣東）人。曹操爲司空、丞相時，曾任東曹掾，負責官員選拔。史稱他不受請謁，舉用清正之士，一時間天下士人莫不以廉節自勵。《三國志》卷一二有傳。

及宣帝入輔，[1]謀黜異志者，引陵預其議。廢帝即位，[2]封建昌縣侯。[3]太建中，[4]爲尚書左僕射，[5]抗表推周弘正、王勱等。[6]帝召入内殿，曰："卿何爲固辭而舉人乎？"陵曰："弘正舊藩長史，[7]王勱太平中相府長史，[8]張種帝鄉賢戚，[9]若選賢舊，臣宜居後。"固辭累日，乃奉詔。

［1］宣帝：南朝陳宣帝陳頊。宣爲其謚號。本書卷一〇、《陳書》卷五有紀。

［2］廢帝即位：《陳書》卷二六《徐陵傳》作"高宗纂曆"。高宗是陳宣帝陳頊廟號。此處"廢帝"當作"宣帝"。

［3］建昌：縣名。治所在今江西永修縣艾城鎮。 縣侯：陳爵制，分王、五等爵、列侯三等。郡侯、縣侯屬五等爵，在郡公、縣公下，縣伯上。第三品，視中二千石。

［4］太建：南朝陳宣帝陳頊年號（569—582）。

［5］左僕射：按，徐陵此段仕歷，諸史記載不一。《陳書·徐陵傳》云："太建元年，除尚書右僕射。二年（宋浙本作'三年'），遷尚書左僕射。"《陳書·宣帝紀》記載，徐陵於太建元年五月丁巳由吏部尚書任尚書右僕射，於三年正月癸丑任尚書僕射，於四年正月丙午任尚書左僕射。《資治通鑑》卷一七〇《陳紀四》記載，陳宣帝太建元年五月"丁巳，以吏部尚書徐陵爲左（當爲'右'之誤）僕射"，三年"正月乙（一本作'癸'）丑，以尚書右僕射徐陵爲左僕射"。

［6］抗表：上奏。按，《藝文類聚》卷四八、《初學記》卷一一載徐陵《讓左僕射初表》，《陳書》卷二七《姚察傳》云其出自姚察之手。　周弘正：字思行，汝南安成（今河南汝南縣）人。陳文帝天嘉元年（560）出使北周，迎回陳頊。陳廢帝時，陳頊爲太傅，周弘正爲太傅長史。本書卷三四有附傳，《陳書》卷二四有傳。　王勱：字公濟，琅邪臨沂（今山東臨沂市）人。梁敬帝時，爲中書令。時陳霸先先後爲司空、丞相，王勱兼任其長史。本書卷二三、《陳書》卷一七有附傳。

［7］舊藩：過去爲諸侯王。　長史：官名。陳時皇弟皇子府長史，第五品，秩千石。按，《陳書·徐陵傳》此句作“周弘正從陛下西還，舊藩長史”。

［8］太平：南朝梁敬帝蕭方智年號（556—557）。

［9］張種：字士苗，吴郡吴（今江蘇蘇州市）人。陳宣帝時爲都官尚書，後遷中書令。其女爲陳宣帝次子始興王陳叔陵王妃。本書卷三一有附傳，《陳書》卷二一有傳。

及朝議北侵，宣帝命舉元帥，衆議在淳于量，[1]陵獨曰：“不然。吴明徹家在淮左，[2]悉彼風俗，將略人才，當今無過者。”[3]於是争論數日不能決，都官尚書裴忌曰：[4]“臣同徐僕射。”陵應聲曰：“非但明徹良將，忌即良副也。”是日詔明徹爲大都督，令忌監軍事，遂剋淮南數十州地。宣帝因置酒，舉杯屬陵曰：[5]“賞卿知人。”

［1］淳于量：字思明，其先濟北（今山東肥城市）人，世居建鄴（今江蘇南京市）。《陳書》卷二六《徐陵傳》云其時爲“中權將軍”（《陳書》卷五《宣帝紀》作“中權大將軍”，卷一一《淳于量傳》作“中護大將軍”）。本書卷六六、《陳書》卷一一有傳。

［2］吴明徹：字通炤（《陳書》作“通昭”），秦郡（今江蘇南

京市六合區）人。陳宣帝太建五年（573）三月，率軍伐北齊，一度收復淮南江北之地。太建十年二月，在吕梁敗於北周，與將士三萬餘人被俘。本書卷六六、《陳書》卷九有傳。　淮左：淮河以東地區。淮河在今安徽壽縣附近自南向北流，所以習稱今安徽淮河南岸一帶爲淮東、淮左。

[3]當今無過者：《陳書・徐陵傳》作“當今亦無過者”。

[4]都官尚書：官名。尚書省列曹尚書之一。掌刑獄軍事、水利工程及庫藏等。陳三品，秩中二千石。　裴忌：字無畏，河東聞喜（今山西聞喜縣）人。吴明徹北伐時以都官尚書監軍。吴明徹吕梁兵敗後，被北周所俘。本書卷五八有附傳，《陳書》卷二五有傳。

[5]屬：勸。《陳書・徐陵傳》此句下云：“陵避席對曰：‘定策出自聖衷，非臣之力也。’其年加侍中，餘並如故。”

七年，領國子祭酒，[1]以公事免侍中、僕射。尋加侍中，給扶。十二年，[2]爲中書監，[3]領太子詹事。[4]以年老累表求致事，[5]宣帝亦優禮之，詔將作爲造大齋，[6]令陵就第攝事。後主即位，[7]遷左光禄大夫、太子少傅。[8]至德元年卒，[9]年七十七，詔贈特進。[10]初，後主爲文示陵，云他人所作。[11]陵嗤之曰：“都不成辭句。”後主銜之，至是謚曰章僞侯。[12]

[1]國子祭酒：官名。最高教育長官，掌國子學、太學，隸太常。陳三品，秩中二千石。

[2]十二年：《陳書》卷二六《徐陵傳》作“十三年”，《陳書》卷五《宣帝紀》繫此事於“十三年春正月壬午”，當以“十三年”爲是。

[3]中書監：官名。陳二品，秩中二千石。

[4]太子詹事：官名。陳三品，秩中二千石。

[5]致事：《陳書·徐陵傳》作“致仕”。

[6]將作：官署名。掌土木工程。梁、陳又稱將作寺，主官爲大匠卿。

[7]後主：南朝陳後主陳叔寶。本書卷一〇、《陳書》卷六有紀。

[8]左光禄大夫：官名。陳二品，秩中二千石。　太子少傅：官名。南朝太子二傅之一，位在太子太傅下，掌教導、輔翼太子。其時已成榮銜、虛職，多授予兼具民望與朝望的高門士族。陳二品，秩中二千石。據《陳書》卷六《後主紀》，徐陵爲左光禄大夫，領太子少傅在陳宣帝太建十四年（582）正月壬申。

[9]至德：南朝陳後主陳叔寶年號（583—586）。按，《資治通鑑》卷一七五《陳紀九》繫徐陵卒日於至德元年十月戊戌。

[10]特進：官名。加官名號。多用以安置閑退大臣或追贈勳戚。位從三公。陳二品，秩中二千石。按，《陳書·徐陵傳》載陳後主册文云，追贈徐陵爲“鎮右將軍、特進，其侍中、左光禄、鼓吹、侯如故”。

[11]他人：南監本、北監本、汲古閣本作“他人”，殿本作“他日”。

[12]章僞侯：《陳書·徐陵傳》載陳後主册文云“謚曰章”。徐陵重孫徐澄墓誌（《大唐故武騎尉徐府君墓誌銘並序》）亦云“謚曰章侯”。錢大昕《廿二史考異》云：“按《陳書》謚曰章，無‘僞’字。《周書·謚法篇》亦無以‘僞’爲謚者，恐未足信。”

陵器局深遠，容止可觀，性又清簡，無所營樹，[1]俸禄與親族共之。太建中，食建昌户，户送米至水次，[2]親戚有貧匱者，皆召令取焉，數日便盡。陵家尋致乏絶。府寮怪問其故，陵云：“我有車牛衣裳可賣，餘家有可賣不？”其周給如此。[3]

[1]營樹：經營家資。

[2]食建昌户，户送米至水次：《陳書》卷二六《徐陵傳》、《册府元龜》卷八一二作“食建昌邑，邑户送米至于水次”。水次，河邊。

[3]周給：周濟，接濟。

少而崇信釋教，經論多所釋解。[1]後主在東宫，令陵講《大品經》，[2]義學名僧，[3]自遠雲集，每講筵商較，[4]四坐莫能與抗。目有青精，[5]時人以爲聰慧之相也。自陳創業，文檄軍書及受禪詔策，皆陵所製，爲一代文宗。亦不以矜物，[6]未嘗詆訶者。[7]其於後進，[8]接引無倦。[9]文、宣之時，國家有大手筆，[10]必命陵草之。其文頗變舊體，緝裁巧密，多有新意。每一文出，好事者已傳寫成誦，遂傳于周、齊，[11]家有其本。後逢喪亂，多散失，存者三十卷。[12]陵有四子：儉、份、儀、僔。

[1]經論：佛教經典以經、律、論爲三藏。經爲佛所説，是根本教義。論爲對經義的解釋。此以“經論”代指佛教經典。　釋解：《陳書》卷二六《徐陵傳》作“精解”，《太平御覽》卷六五四引《陳書》作“解釋”。

[2]《大品經》：即《大品般若經》。大乘佛教的重要經典。當時至少有三個漢語譯本，分别是西晋竺法護譯《光贊般若經》、無羅叉與竺叔蘭譯《放光般若經》、十六國後秦時鳩摩羅什譯《摩訶般若波羅蜜經》。

[3]義學：詮解佛經經義之學。

[4]商較：南監本、北監本、殿本、《陳書·徐陵傳》同，汲古閣本作“商教”。

[5]青精：《陳書·徐陵傳》作“青睛”。即清亮的黑眼珠。西晋竺法護譯《寶女所問經》云如來瞳子如紺青色，故“目有青睛”又被當時人視爲佛相。

[6]矜物：瞧不起他人。

[7]詆訶：毁謗，斥責。　者：南監本、北監本、汲古閣本同，殿本、《陳書·徐陵傳》作“作者”。

[8]後進：晚輩、年輕人。

[9]接引：引進，推薦。

[10]大手筆：重要的詔書、文告。

[11]遂傳于周、齊：《陳書·徐陵傳》作“遂被之華夷”。

[12]存者三十卷：《隋書·經籍志》集部别集類著録“陳尚書左僕射《徐陵集》三十卷”。

儉一名報，[1]幼而脩立，勤學有志操。汝南周弘直重其爲人，[2]妻之以女。梁元帝召爲尚書金部郎中。[3]常侍宴賦詩，[4]元帝歎賞之，曰：“徐氏之子，復有文矣。”魏平江陵，還建鄴，累遷中書侍郎。[5]

[1]報：《陳書》卷二六《徐儉傳》作“衆”。

[2]汝南：郡名。治上蔡縣，在今河南上蔡縣西南。　周弘直：字思方，汝南安成（今河南汝南縣）人。周弘正四弟。本書卷三四、《陳書》卷二四有附傳。《陳書·徐儉傳》作“周弘正”。

[3]尚書金部郎中：官名。尚書省金部曹長官。掌庫藏、金寶、貨物、權衡、度量等事。梁五班。按，《陳書·徐儉傳》記其此前經歷云：“梁太清初，起家豫章王府行參軍。侯景亂，陵使魏未反，儉時年二十一，攜老幼避于江陵。”其曾孫徐澄墓誌云：“曾祖儉，梁元帝召爲學士。”

[4]常：《陳書·徐儉傳》作“嘗”。

[5]累遷中書侍郎：按，據《陳書·徐儉傳》，徐儉任中書侍郎在陳文帝天嘉三年（562）。

太建初，廣州刺史歐陽紇舉兵反，[1]宣帝令儉持節喻旨。[2]紇見儉，盛列仗衛，言辭不恭。儉曰："呂嘉之事，[3]誠當已遠，將軍獨不見周迪、陳寶應乎？"[4]紇默然不答。懼儉沮衆，[5]不許入城，置儉於孤園寺。紇嘗出見儉，儉謂曰："將軍業已舉事，儉須還報天子。儉之性命雖在將軍，將軍成敗不在於儉。幸不見留。"[6]紇於是遣儉從間道馳還。[7]宣帝乃命章昭達討紇，[8]以儉監昭達軍。紇平，爲兼中書通事舍人。[9]

[1]廣州：州名。治番禺縣，在今廣東廣州市。　歐陽紇：字奉聖，長沙臨湘（今湖南長沙市）人，歐陽頠之子。歐陽頠死後，繼任廣州刺史。因在嶺南勢力深厚，引起陳宣帝猜忌，下詔徵其入朝爲左衛將軍，歐陽紇疑懼，於宣帝太建元年（569）十月舉兵反叛，兵敗被殺。本書卷六六、《陳書》卷九有附傳。

[2]持節：大臣奉皇命出行，持符節以爲憑證並示威重。　喻旨：宣喻旨意。按，張金龍認爲："廣州距建康路途遥遠，從時間上推斷，徐儉到廣州'持節喻旨'並不在太建元年十月歐陽紇反叛之後，而應是在得到其拒絶接受入朝任職的回復之後。可見陳宣帝最初並不打算通過武力解决問題，而是希望歐陽紇主動歸服。"（《治亂興亡——軍權與南朝政權演進》，商務印書館 2016 年版，第 680 頁）

[3]呂嘉：漢時南越國丞相。他殺死南越王趙興及摎太后，襲擊韓千秋所率漢軍，被漢武帝出兵討滅。事見《史記》卷一一三《南越列傳》、《漢書》卷九五《南粤傳》。

[4]獨：加强反問語氣的副詞。　周迪：臨川南城（今江西南城

縣東南）人。陳文帝時任江州刺史，割據贛江流域。文帝天嘉三年（562），舉兵攻襲豫章太守周敷和尋陽太守華皎。被陳軍擊敗後，逃往晋安依附陳寶應，後被殺。本書卷八〇、《陳書》卷三五有傳。陳寶應：晋安候官（今福建福州市）人。陳文帝時爲閩州刺史。因聯合留異、周迪叛陳，被章昭達討滅，斬於建康。本書卷八〇、《陳書》卷三五有傳。

[5]沮：止壞。

[6]幸不見留：希望不要留我。

[7]間道：隱蔽的小道。按，張金龍認爲："徐儉將談判破裂的訊息帶回建康，陳宣帝隨即作出了征討歐陽紇的決定。不過從歐陽紇未加害徐儉且'遣儉從間道馳還'的情況來看，應該是想讓徐儉把他的要求盡快傳達給朝廷。"（《治亂興亡——軍權與南朝政權演進》，第680頁）

[8]章昭達：字伯通，吴興武康（今浙江德清縣）人。本書卷六六、《陳書》卷一一有傳。

[9]中書通事舍人：官名。陳時員五人，第八品。

後主立，累遷尋陽内史，[1]爲政嚴明，盗賊静息。遷散騎常侍，襲封建昌侯。入爲御史中丞。儉公平無所阿附，尚書令江總望重一時，[2]爲儉所劾，後主深委任焉。[3]禎明二年卒。[4]

[1]尋陽：郡名。治柴桑縣，在今江西九江市西南。

[2]江總：字總持，濟陽考城（今河南民權縣）人。陳後主至德四年（586）十月爲尚書令。本書卷三六有附傳，《陳書》卷二七有傳。

[3]委任：信任，器重。

[4]禎明：南朝陳後主陳叔寶年號（587—589）。

份少有父風。九歲爲《夢賦》，陵見之，謂所親曰："吾幼屬文亦不加此。"爲海鹽令，[1]有政績。入爲太子洗馬。[2]性孝弟，陵嘗疾篤，份燒香泣涕，跪誦《孝經》，日夜不息，如是者三日，[3]陵疾豁然而愈，親戚皆謂份孝感所致。先陵卒。[4]

[1]海鹽：縣名。治所在今浙江海鹽縣。

[2]太子洗馬：官名。東宫秘書機構長官。南朝梁時以其主典經局，掌太子圖籍經書及侍從，員八人。乃清顯之職。梁六班。陳六品，秩六百石。

[3]如是者三日：《太平御覽》卷六一〇引《三國典略》作"如此者三"。

[4]先陵卒：按，《陳書·徐份傳》記載，徐份卒於陳宣帝太建二年（570），時年二十二。

儀少聰警，仕陳位尚書殿中郎。[1]陳亡，隱于錢塘之赭山。[2]隋煬帝召爲學士，[3]尋除著作佐郎。[4]大業四年卒。[5]

[1]尚書殿中郎：官名。尚書省殿中曹長官。屬尚書左僕射。掌擬詔書，多用文學之士。陳四品，秩六百石。

[2]錢塘：縣名。治所在今浙江杭州市。　赭山：在今浙江杭州市蕭山區。因山石呈赭色，故名。原與龕山（今坎山）隔錢塘江南北對峙，爲江海門户。後江流改道，乃與龕山同在江南。

[3]隋煬帝：楊廣。煬爲其謚號。《隋書》卷三、四，《北史》卷一二有紀。

[4]著作佐郎：官名。隋文帝時屬秘書省著作曹，掌協助著作郎

修撰國史及起居注。員八人，正七品。煬帝大業三年（607），增置四員，共員十二人，升爲正六品。《陳書·徐儀傳》作“著作郎”。

［5］大業：隋煬帝楊廣年號（605—618）。

陵弟孝克，[1]有口辯，能談玄理。性至孝，遭父憂，殆不勝喪。[2]事所生母陳氏，[3]盡就養之道。[4]梁末，侯景寇亂，孝克養母，饘粥不能給。[5]妻東莞臧氏，[6]領軍將軍盾女也，[7]甚有容色。孝克乃謂曰：“今飢荒如此，供養交闕，[8]欲嫁卿與當世人，[9]望彼此俱濟，於卿如何？”臧氏弗許之。時有孔景行者，爲侯景將，[10]多從左右，逼而迎之，臧氏涕泣而去，所得穀帛，悉以遺母。孝克又剃髮爲沙門，改名法整，兼乞食以充給焉。臧氏亦深念舊恩，數私致饋餉，故不乏絶。[11]後景行戰死，臧氏伺孝克於途中，累日乃見，謂孝克曰：“往日之事，非爲相負，今既得脱，當歸供養。”孝克嘿然無答。於是歸俗，更爲夫妻。

［1］陵弟：《陳書》卷二六《徐孝克傳》記載，徐孝克爲徐陵三弟，少爲《周易》生，梁武帝太清初起家太學博士。另，曹道衡、沈玉成據《陳書》卷二四《袁憲傳》考證，徐孝克曾於武帝大同九年（543）參加經學生策試，時年十七歲（曹道衡、沈玉成《中古文學史料叢考》，第654頁）。

［2］殆：幾乎，近乎。

［3］事所生母陳氏：殿本同，南監本、北監本、汲古閣本無“事”字。依文義，當有“事”字。

［4］就養：在身邊奉養父母。

［5］饘（zhān）粥：黏粥爲饘，稀粥爲粥，統曰饘粥。

[6]東莞：郡名。治莒縣，在今山東莒縣。

[7]盾：臧盾。字宣卿，東莞莒（今山東莒縣）人。梁武帝大同七年十一月爲領軍將軍，大同九年十二月卒。本書卷一八有附傳，《梁書》卷四二有傳。按，《陳書·徐孝克傳》一本作“臧質”。臧質爲南朝宋時人，當以“臧盾”爲是。

[8]供養：奉養父母的物資。　交闕：將缺。

[9]當世人：《陳書·徐孝克傳》作“富人”。馬宗霍《南史校證》云:“‘當世’二字施之本文不詞，《陳書》本傳作‘富’字，下文又云‘有孔景行者，爲侯景將，富於財’，前後正相應，《南史》删改之，殊失原文之意。然‘當’與‘富’形近，疑傳寫‘富’或筆誤作‘當’，校者以‘當人’連文不可通，又於‘當’下要沾‘世’字，未必延壽之舊。《南史》例避‘世’字，亦其一證。殿本《南史考證》謂應改從《陳書》，是也。”（第978頁）

[10]爲侯景將：按，此句下《陳書·徐孝克傳》云“富於財，孝克密因媒者陳意”。徐孝克係主動轉嫁妻子，本書删此二句，則失原文之意。

[11]乏絶：食用供應不繼。

後東遊，居錢塘之佳義里，與諸僧討論釋典，遂通三論。[1]每日二時講，旦講佛經，晚講《禮傳》，道俗受業者數百人。天嘉中，除剡令，[2]非其好，尋去職。太建四年，徵爲秘書丞，[3]不就。乃蔬食長齋，[4]持菩薩戒，[5]晝夜講誦《法華經》。[6]宣帝甚嘉其操行。

[1]三論：指古印度龍樹的《中論》《十二門論》和提婆的《百論》，是印度大乘佛教中觀學派的重要著作。後秦時由鳩摩羅什譯成漢語。南朝齊時僧朗來到江南，倡三論之學。經僧詮及其弟子法朗等傳揚，至陳，三論學已壓倒成實學，成爲當時顯學。

[2]剡：縣名。治所在今浙江嵊州市西南。《陳書》卷二六《徐孝克傳》南監本、北監本、汲古閣本、殿本同，浙宋本作“剡”。林礽乾《陳書異文考證》云：“郯在山東，非陳所有。剡在浙江，屬陳東揚州會稽郡。”（文史哲出版社 1979 年版，第 204 頁）當以“剡”爲是。

[3]秘書丞：官名。秘書省次官。掌典籍圖書。陳五品，秩六百石。

[4]長齋：佛教中奉行“過午不食”的清規稱作“持齋”，除了每月有定期的持齋日外，每年正月、五月和九月的一日至十五日也要持齋，稱作“長齋”。長齋本不禁絶葷腥，至南北朝，則演變爲“過午不食”且堅持素食。

[5]菩薩戒：又稱大乘戒，爲修大乘者受持的戒律。所謂“菩薩”，即世間修大乘者，其修行目的是以佛法覺悟衆生並最終成佛。菩薩戒雖源於印度大乘佛教，却在西域，尤其是中土佛經傳譯的過程中纔形成完整體系，如鳩摩羅什和曇無讖皆是中土菩薩戒較早的傳授者。菩薩戒在家和出家者皆可受持，於南朝梁、陳上層社會頗爲流行，如梁武帝、梁簡文帝、陳文帝、陳宣帝、江革、姚察、江總等人皆曾受菩薩戒。

[6]《法華經》：大乘佛教的一部重要經典。現存最早的漢譯本是西晉竺法護譯《正法華經》，而流傳最廣的是後秦鳩摩羅什譯《妙法蓮華經》。《法華經》强調受持、誦讀、書寫、講説該經之功德，加之篇幅適中，故在南北朝時是僧衆日常課誦的主要經本。

後爲國子祭酒。孝克每侍宴，無所食噉，[1]至席散，當其前膳羞損減。帝密記以問中書舍人管斌，斌自是伺之，見孝克取珍果納紳帶中。[2]斌當時莫識其意，後尋訪，方知其以遺母。斌以啓，宣帝嗟歎良久，乃敕自今宴享，孝克前饌，並遣將還，以餉其母。時論美之。

［1］食噉（dàn）：吃。

［2］紳帶：又名鞶帶、大帶。用絲織物製成的束腰帶。在革帶之外。

至德中，皇太子入學釋奠，[1]百司陪列。[2]孝克發《孝經》題，[3]後主詔皇太子北面致敬。[4]禎明元年，入爲都官尚書。自晋以來，尚書官僚，皆攜家屬居省。[5]省在臺城内下舍門中，[6]有閤道東西跨路，通于朝堂。[7]其第一即都官省，西抵閤道，年代久遠，多有鬼怪。每夜昏之際，無故有聲光，或見人著衣冠從井中出，須臾復没；或門閤自然開閉。[8]居多死亡，尚書周確卒於此省。[9]孝克代確，便即居之，經兩載，祅變皆息，[10]時人咸以爲貞正所致。

［1］皇太子：陳胤。字承業，陳叔寶長子。陳叔寶即位後立爲皇太子，後主禎明二年（588）被廢爲吴興王。本書卷六五、《陳書》卷二八有傳。　釋奠：在學校置酒食以祭祀先聖先師的儀式。魏晋南北朝時，皇帝或皇太子加元服則可入學，入學時要講經，然後行釋奠禮。按，陳胤講經、行釋奠禮的時間，《陳書》卷二四《裴憲傳》繫於陳後主至德二年（584），而《陳書》卷六《後主紀》記載，陳胤講《孝經》在至德三年十二月辛卯至戊戌，講了八天；其行釋奠禮在十二月辛丑，即講畢《孝經》的第三天。

［2］百司：百官。　陪列：陪侍。

［3］發《孝經》題：南北朝時儒家講經儀式頗效仿佛家。佛家講經先由都講唱題，然後由法師講解題意，南北朝時儒家講經亦有此制。《隋書·經籍志》著録《周易開題義》《毛詩發題序義》等皆是當時講經發題的記録。

［4］北面：古代以坐北朝南爲尊位，陳後主讓皇太子“北面致敬”，是對徐孝克行敬師之禮。

［5］省：此處指尚書下省。

［6］下舍門：即建禮門。尚書下省的院落門。南朝尚書省分上省、下省兩個院落。上省在西，其門爲崇禮門；下省在東，其門爲建禮門，上、下省通過架空的閣道彼此連接。通常認爲，上省包括朝堂及附屬辦事機構，而下省是尚書省諸曹的辦公處；上省在應門内、端門（梁時改稱太陽門）外的庭院東側，位於臺城内城，下省在臺城内城城墻之外，上、下省被内城城墻與墻外道路隔開。然亦有觀點認爲，尚書上省與下省均在臺城外城，位於臺城東南部東掖門内、雲龍門外的道路兩側。上省爲尚書朝堂和諸曹辦公處，下省是尚書諸曹官員及其家屬的宿舍區（參見陳蘇鎮《魏晋洛陽宫中主要行政機構的分佈》，《文史》第一二八輯，中華書局 2019 年版）。下，南監本、北監本、殿本、《陳書・徐孝克傳》同，汲古閣本作“丁”。當以“下”爲是。

［7］朝堂：即尚書朝堂。又稱都坐、都堂。在尚書上省，爲尚書八座、丞郎等議政之所。臺城内城有朝堂，位於太極殿南太陽門外的庭院東側，通常認爲此朝堂即尚書朝堂，爲尚書上省所在。然亦有觀點認爲，尚書上省在内城之外，其中别有一尚書朝堂。

［8］門閤：門扇。北監本、殿本、《陳書・徐陵傳》同，南監本作“門閣”，汲古閣本作“門合”。

［9］周確：字士潛，汝南安成（今河南汝南縣）人。周弘直之子。本書卷三四、《陳書》卷二四有附傳。按，《陳書・周確傳》記載，周確陳後主禎明初卒於都官尚書任上，時年五十九。知徐孝克任都官尚書，所代者即周確。

［10］祅變：反常的怪異現象。

孝克性清素，好施惠，故不免飢寒。後主敕以石頭津稅給之，[1]孝克悉用設齋寫經，[2]隨盡。[3]

[1]石頭津：建康城西石頭城外的重要渡口。在今江蘇南京市清涼山下，南臨秦淮河口。據《隋書·食貨志》，石頭津置津主一人、賊曹一人、直水五人，負責檢查違禁品與亡叛者，並對過往貨物按百分之十徵收關津稅。

[2]設齋：排辦齋席。

[3]隨盡：《陳書》卷二六《徐孝克傳》作"隨得隨盡"。

二年，爲散騎常侍，侍東宫。陳亡，隨例入長安。[1]家道壁立，所生母患，[2]欲粳米爲粥，[3]不能常辦。母亡後，孝克遂常噉麥，有遺粳米者，孝克對而悲泣，終身不復食焉。

[1]長安：隋朝國都，在今陝西西安市長安區。

[2]患：患病。

[3]粳米：一種稻米。徐母來自南方，故習慣吃稻米。而當時稻米在長安地區並不常見，價格較高，故"不能常辦"。

開皇十二年，[1]長安疾疫，隋文帝聞其名行，[2]召令於尚書都堂講《金剛般若經》。[3]尋授國子博士，[4]後侍東宫，講《禮傳》。[5]

[1]開皇：隋文帝楊堅年號（581—600）。　十二年：《陳書》卷二六《徐孝克傳》作"十年"。

[2]隋文帝：楊堅。文爲其謚號。《隋書》卷一、二，《北史》卷一一有紀。

［3］《金剛般若經》：即《金剛般若波羅蜜經》。是釋迦牟尼在舍衛國説經的記録，爲大乘佛教的重要經典。當時至少有三種漢語譯本，分别是十六國時後秦鳩摩羅什、北魏天竺三藏菩提流支、南朝陳天竺三藏真諦譯。

［4］國子博士：官名。隋文帝仁壽元年（601）前置五員，正五品上。

［5］《禮傳》：即《小戴禮記》。

十九年，以疾卒，年七十三。臨終政念佛，[1]室内有非常香氣，鄰里皆驚異之。子萬載，位太子洗馬。

［1］臨終政念佛：南監本、汲古閣本同，北監本、殿本、《陳書》卷二六《徐陵傳》作“臨終正坐念佛”。

鮑泉字潤岳，東海人也。[1]父幾，[2]字景玄，家貧，以母老詣吏部尚書王亮干禄，[3]亮一見嗟賞，舉爲舂陵令。[4]後爲明山賓所薦，爲太常丞。以外兄傅昭爲太常，[5]依制緦服不得相臨，[6]改爲尚書郎，[7]終於湘東王諮議參軍。[8]

［1］東海人：《隋書》卷六六《鮑宏傳》云鮑宏是東海郯人，鮑宏是鮑泉之弟，知鮑泉也是東海郯人。

［2］幾：《梁書》卷三〇《鮑泉傳》、《隋書·鮑宏傳》作“機”。

［3］王亮：字奉叔，琅邪臨沂（今山東臨沂市）人。齊明帝建武末年爲吏部尚書。東昏侯即位後，殺尚書右僕射江祏，以王亮爲尚書右僕射、中護軍。本書卷二三有附傳，《梁書》卷一六有傳。　干禄：求官。

[4]春陵：縣名。治所在今湖南寧遠縣東北。

[5]外兄：表兄。　傅昭：字茂遠，北地靈州（今寧夏吴忠市北武市）人。梁武帝天監十四年（515），由秘書監遷太常卿。十七年，出爲智武將軍、臨海太守。本書卷六〇、《梁書》卷二六有傳。　太常：官名。梁武帝天監七年由太常改名太常卿。掌禮樂、祭祀、學校、陵園等事。領明堂、二廟、太史、太祝、廪犧、太樂、鼓吹、乘黄、北館、典客館等令、丞，陵監、國學及協律校尉、總章校尉監、掌故、樂正等。十四班。

[6]緦服：指緦麻，爲喪服五服中最輕的一等。因衰裳用緦布（其材質爲澡治之麻）製成，故稱。成人緦麻和殤緦麻服期均爲三月。服緦麻的情况如：外祖父母爲外孫，曾祖爲曾孫，爲姨表兄弟，爲中表兄弟姊妹等。按，"緦服不得相臨"實即"五服之親不得相臨"。　相臨："臨"本義爲從高處俯視，此處引申爲上級統轄下級。

[7]尚書郎：官名。尚書省郎曹長官。南朝梁尚書省置二十三曹郎，分隸六曹尚書。又稱郎中，郎中在職勤能滿二歲者，轉侍郎。吏部郎十一班，諸曹侍郎六班、郎中五班。

[8]諮議參軍：按，蕭繹《薦鮑幾表》作於鮑幾五十七歲時，其中稱鮑幾爲"臣府中録事參軍……自游臣府，一紀於兹"，知鮑幾約四十五歲左右成爲蕭繹府佐。《隋書·經籍志》著録"梁鎮西府記室《鮑畿集》八卷"，"畿"當爲"幾"之訛，則鮑幾曾在蕭繹府中任記室參軍。《薦鮑幾表》中又有"近處南臺，欲尊兩鮑之則"句，知鮑幾此前曾於御史臺任職，《隋書·鮑宏傳》稱其"官至治書侍御史"。

泉美鬚髯，善舉止，身長八尺，性甚警悟。[1]博涉史傳，兼有文筆。少事元帝爲國常侍，[2]早見擢任，謂曰："我文之外無出卿者。"後爲通直侍郎。常乘高幰車，[3]從數十左右，繖蓋服玩甚精。[4]道逢國子祭酒王承，[5]承疑非舊貴，[6]遣訪之，泉從者答曰"鮑通直"。承怪焉，[7]復欲辱之，遣逼車問："鮑通直復是何許人，而得如此！"都下少年遂爲口實，[8]見尚豪華人，相戲曰"鮑通直復是何許人，而得如此"，以爲笑謔。

[1]警悟：機敏聰慧。

[2]國常侍：官名。南朝梁時稱常侍官，掌侍從諸王。此官在宋、齊時位望不高，然由於梁武帝優容宗室，多有以此官起家者。梁皇弟皇子國常侍二班。

[3]高幰車：形制不詳。幰是張覆於車上的帷幔，用於遮陽。東漢末年已有張幰的牛車，此後馬車模仿牛車，也開始張幰（參見孫機《中國古輿服論叢（增訂本）》，第370頁）。黃金貴認爲，"幰"專指軒車之帷幔，軒車前高後低，頂部與三面都有固定的捲篷藩蔽，唯車箱前可挂帷幔。因其上與車頂齊，顯得較高，故稱高幰車（黃金貴《古代文化詞義集類辨考》，上海教育出版社1995年版，第1283頁）。衹有一定品級的官員車上纔可張幰，其樣式亦有等級規定。按，"常乘高幰車"至"以爲笑謔"，又見於《太平御覽》卷二二四引《梁書》。

[4]服玩：服用及玩賞之物。

[5]王承：字安期，琅邪臨沂（今山東臨沂市）人。梁武帝中大通五年（533），遷長兼侍中，不久轉任國子祭酒。與其祖父王儉、其父王暕三代皆任此職，當世以爲榮。本書卷二二有附傳，《梁書》卷四一有傳。

[6]舊貴：《太平御覽》卷二二四作"舊貫"。

[7]怪：惱怒不悦。

[8]口實：談資。

及元帝承制，[1]累遷至信州刺史。[2]方等之敗，[3]元帝大怒，泉與王僧辯討之。僧辯曰："計將安出？"泉曰："事等沃雪，[4]何所多慮。”僧辯曰：“君言文士常談耳，江東少有武幹，[5]非精兵一萬不可以往。竟陵甲卒不久當至，[6]猶可重申。[7]欲與卿入言之。”泉許諾，及僧辯如向言，泉嘿然不繼。[8]元帝大怒，於是械繫僧辯，[9]時人比泉爲酈寄。[10]

[1]元帝：南朝梁元帝蕭繹。元爲其謚號。本書卷八、《梁書》卷五有紀。

[2]信州：州名。梁武帝普通四年（523）析益州置。治魚復縣，在今重慶奉節縣東白帝城。

[3]方等：蕭方等。字實相，蕭繹長子，徐昭佩所生。梁武帝太清三年（549）六月，蕭繹因湘州刺史、河東王蕭譽拒從號令，改任第四子蕭方矩爲湘州刺史，並派蕭方等率精卒二萬征討蕭譽。蕭方等於麻溪兵敗溺亡，時年二十二歲。本書卷五四、《梁書》卷四四有傳。按，馬宗霍《南史校證》云：“《南史》此處叙次欠明，方等之敗，敗於何人，泉與僧辯討之，所討者何人，皆無交代。《梁書》本傳上文云：‘太清三年，元帝命泉征河東王譽於湘州。’此語最爲關鍵，《南史》删去，前後脱節矣。”（第980頁）

[4]沃雪：澆熱水於雪上，形容輕而易舉。

[5]江東：南監本、北監本、汲古閣本、殿本同。《梁書》卷四五《王僧辯傳》作“河東”。按，當以“河東”爲是。河東，指河東王蕭譽。字重孫，蕭統次子。梁武帝中大通三年（531）六月，封河東郡王，邑二千户。太清二年四月，任湘州刺史。史載其“幼而驍勇，兼有膽氣”。本書卷五三有附傳，《梁書》卷五五有傳。河東，郡名。僑寄松滋縣，在今湖北松滋市西北。

[6]竟陵：郡名。治霄城，在今湖北京山市東南。王僧辯之前爲竟陵太守，故所部精鋭皆在竟陵。

[7]猶可重申：按，此句上，《梁書·王僧辯傳》有“雖期日有

限”一句，本書删之，致語意不明。可，宜，應當。重申，重新確定出征的日期。

［8］泉嘿然不繼：《梁書・王僧辯傳》記載，王僧辯與鮑泉約定，入見時，王僧辯先發言，再由鮑泉繼之。然蕭繹聽聞王僧辯之言，勃然大怒，起身入内室，鮑泉“震怖失色，竟不敢言”。

［9］械繫：加刑具拘禁起來。

［10］酈寄：字况，高陽（今河南杞縣）人。漢曲周侯酈商之子。爲吕禄好友。周勃平定諸吕時，脅迫他誆騙吕禄，讓後者放棄北軍軍權。最終，周勃輕鬆接管北軍，而吕禄被殺。時人皆認爲酈寄賣友。事見《史記》卷九五《樊酈滕灌列傳》、《漢書》卷四一《酈商傳》。

泉既專征長沙，[1]久而不剋。元帝乃數泉二十罪，[2]爲書責之曰：“面如冠玉，[3]還疑木偶，[4]鬚似蝟毛，[5]徒勞繞喙。”[6]乃從獄中起王僧辯代泉爲都督，[7]使舍人羅重歡領齋仗三百人與僧辯往。[8]及至長沙，遣通泉曰：“羅舍人被令送王竟陵來。”泉愕然，顧左右曰：“得王竟陵助我經略，[9]賊不足平矣。”[10]乃拂席坐而待之。僧辯入，乃背泉而坐曰：“鮑郎，卿有罪，令旨使我鏁卿，卿勿以故意見期。”[11]命重歡出令示泉，鏁之牀下。泉顔色自若，了無懼容，曰：“稽緩王師，[12]罪乃甘分，[13]但恐後人更思鮑泉之憒憒耳。”[14]僧辯色甚不平，泉乃啓陳淹遲之罪。[15]元帝尋復其任，令與僧辯等東逼邵陵王於郢州。[16]

［1］長沙：郡名。治臨湘縣，在今湖南長沙市。是湘州州治所在。按，鮑泉出征的時間，本書卷八《梁元帝紀》繫於梁武帝太清三年（549）七月，《資治通鑑》卷一六二《梁紀十八》繫於太清三年七月丁卯，《考異》云：“《太清紀》作‘八日’，或者八日受命，丁

卯乃行也。”其出征時的官銜，本書《梁元帝紀》及《梁書》卷五《元帝紀》並作“鎮兵將軍”。其出征戰況，《梁書》卷三〇《鮑泉傳》、卷五五《河東王譽傳》及《資治通鑑》載之甚詳，今撮述如下：鮑泉初致書勸降蕭譽不成，遂駐軍於石槨寺。八月己亥，蕭譽率軍攻之，敗還。鮑泉又進軍橘洲。八月辛丑，蕭譽再次來攻。鮑泉據柵堅守，趁日暮軍疲，出擊大破蕭譽，斬首三千級，溺死者萬餘人。蕭譽被迫焚長沙郭邑，驅居民於城内，據城堅守。鮑泉圍城，久攻不克。

[2]數（shǔ）：一一列舉人的罪過而加以責備。　二十罪：《梁書》卷四五《王僧辯傳》、《資治通鑑·梁紀十八》、《太平御覽》卷六四四引《三國典略》作“十罪”。

[3]冠玉：飾冠之玉。此詞含貶義，《史記》卷五六《陳丞相世家》記載，周勃、灌嬰等讒陳平曰：“平雖美丈夫，如冠玉耳，其中未必有也。”暗指人徒有外表，貌負其實。

[4]還疑木偶：《史記》卷一〇四《田叔列傳》記載，漢武帝下詔選募衛青舍人爲郎官，衛青所欲舉皆富家子弟。少府趙禹面試他們的智略，發現一無可用，謂衛青曰：“今徒取富人子上之，又無智略，如木偶人衣之綺繡耳，將奈之何？”蕭繹以此諷刺鮑泉披服錦繡，實則無用少謀。疑，似。

[5]鬚似蝟毛：《太平御覽》卷三七四引鄧粲《晋紀》云，劉惔稱桓温“温眼如紫石稜，鬚似蝟毛磔，孫仲謀、晋宣王之流”。“蝟毛”是刺猬的刺，“鬚似蝟毛”被認爲是雄豪之人的標志。鮑泉“美鬚髯”，此句與下句皆以此貶損他。

[6]繞喙：“喙”本義是禽獸的嘴，用於人時含貶義。按，此二字《梁文紀》卷四引作“繞涿”，並注：“繞涿，見《蜀·張裕傳》，今本作‘喙’誤。”《三國志》卷四二《蜀書·張裕傳》記載，張裕多鬚，劉備無鬚。劉備以“諸毛繞涿居”之語嘲弄張裕，張裕以“潞涿君”之語反唇相譏。“諸毛繞涿居”表面意思是諸多毛姓人家環繞涿縣而居，實際上“涿”是“豚”的假借字，借指尻。這是蕭繹以穢語辱

罵鮑泉。

[7]乃從獄中起王僧辯代泉爲都督：按，此句易令人誤解。蕭繹以王僧辯代鮑泉爲都督，在梁武帝太清三年九月蕭繹擊退岳陽王蕭詧之後。而此前蕭詧進逼江陵時，蕭繹已赦王僧辯爲城内都督，使其部署防務，並非直接起於獄中。王僧辯此時的官銜，《梁書·元帝紀》及本書《梁元帝紀》作"左衛將軍"，《梁書·鮑泉傳》、《資治通鑑》、《太平御覽》卷六四四作"平南將軍"，《梁書·河東王譽傳》作"領軍將軍"，本書卷五三《蕭譽傳》作"領軍"。據《梁書·元帝紀》，蕭繹於簡文帝大寶元年（550）九月方以"左衛將軍王僧辯爲領軍將軍"，則"領軍""領軍將軍"顯然有誤。又，《資治通鑑》記載，王僧辯在太清三年四月攻克長沙後，方被封爲左衛將軍。長沙在南，疑當以"平南將軍"爲是。

[8]舍人：官名。中書舍人。　齋仗：在齋内直衛的仗士。屬最精鋭的親衛。

[9]經略：籌劃，謀劃。

[10]不足平：不難平定。

[11]卿勿以故意見期：《梁書·王僧辯傳》作"勿以故意見待"，《太平御覽》卷六四四引《三國典略》作"勿以故意相待"。

[12]稽緩：延遲。

[13]甘分：心甘情願，甘心。按，此句《梁書·鮑泉傳》作"甘罪是分"，《太平御覽》卷六四四引《三國典略》作"甘受其罪"。

[14]更：反而。　憒（kuì）憒：昏昧糊塗，神智不明。按，鮑泉此語的意思，類似於《世説新語·政事》中王導所説："人言我憒憒，後人當思此憒憒。"

[15]淹遲：遲緩。

[16]邵陵王：蕭綸。字世調，梁武帝第六子，丁充華所生。梁武帝天監十三年（514）封邵陵郡王，邑二千户。本書卷五三、《梁書》卷二九有傳。邵陵，郡名。治邵陵縣，在今湖南邵陽市。　郢

州：州名。治夏口城，在今湖北武漢市武昌區。按，因侯景部將宋子仙進攻會稽，蕭綸被迫溯流西上，先至江州，後於簡文帝大寶元年初抵達郢州。郢州刺史、南平王蕭恪推舉蕭綸爲假黄鉞、都督中外諸軍事，承制、置百官。蕭綸既被推爲盟主，兵勢日盛，引起蕭繹嫉恨。大寶元年四月（《梁書·元帝紀》作五月），王僧辯攻克長沙，俘斬蕭譽。蕭繹隨即於八月甲午遣王僧辯、鮑泉等率舟師一萬，以討伐任約爲名進逼郢州。蕭綸被迫逃奔齊昌（今湖北蕲春縣西南）。

郢州平，元帝以世子方諸爲刺史，[1]泉爲長史，[2]行州府事。方諸見泉和弱，每有諮陳未嘗用，[3]使泉伏牀騎背爲馬，書其衣作其姓名，由是州府盡相欺。侯景密遣將宋子仙、任約襲之。[4]方諸與泉不恤軍政，[5]唯蒱酒自樂，[6]云“賊何由得至”。[7]既而傳告者衆，始命闔門。城陷，賊執方諸及泉送之景所。[8]後景攻王僧辯於巴陵不剋，[9]敗還，乃殺泉於江夏，[10]沉其屍於黄鶴磯。[11]

［1］世子：《梁書》卷三〇《鮑泉傳》作“長子”。按，蕭繹長子是徐妃所生的蕭方等，蕭方等死後，蕭方諸爲世子。當以“世子”爲是。 方諸：蕭方諸。字明智（《梁書》作“智相”）。蕭繹第二子，王夫人所生。蕭方等死後，被蕭繹任爲中撫軍將軍。簡文帝大寶元年（550）九月辛酉，出爲郢州刺史，鎮江夏，時年十五歲。後被侯景派兵俘殺。本書卷五四、《梁書》卷四四有傳。

［2］長史：《太平御覽》卷三七四引《三國典略》稱鮑泉爲“中撫軍長史”，《隋書·經籍志》集部别集類稱鮑泉爲“梁平北府長史”，吴光興《蕭綱蕭繹年譜》疑“平北將軍”是蕭方諸出鎮郢州時所帶軍號（第 327 頁）。

［3］諮陳：稟白。

[4]宋子仙：侯景部將。簡文帝大寶二年四月丙午，與任約率精騎四百突襲江夏，俘虜蕭方諸、鮑泉。巴陵之戰後，侯景逃回建康，留宋子仙戍守江夏。六月，王僧辯攻克江夏，爲杜龕所擒，被殺。

[5]恤：憂心，顧及。

[6]蒱酒：樗蒱、飲酒。按，《梁書・鮑泉傳》記載，敵軍來攻的消息傳來，鮑泉與蕭方諸正在玩雙陸棋。

[7]賊何由得至：《梁書》卷四四《貞惠世子方諸傳》作"虜安得來"。此句上，《梁書・鮑泉傳》有"徐文盛大軍在東"句，"在東"《資治通鑑》卷一六四《梁紀二十》作"在下"。按，當時江州長史徐文盛節節勝利，已相繼攻克武昌、蘆州，與西陽的侯景軍隊夾江對峙，並在三月癸卯的戰鬭中大敗侯景。所以，鮑泉没想到，下游的侯景戰敗纔幾天，便會越過武昌奇襲江夏。

[8]賊執方諸及泉送之景所：按，鮑泉被俘的經過，《資治通鑑・梁紀二十》記載甚詳："方諸方踞泉腹，以五色綵辮其髯。見子仙至，方諸迎拜，泉匿于牀下；子仙俯窺見泉素髯間綵，驚愕，遂擒之。"

[9]巴陵：郡名。治巴陵縣，在今湖南岳陽市。按，侯景攻取江夏後，徐文盛兵潰，王僧辯屯兵於巴陵。侯景進攻巴陵，大敗，於簡文帝大寶二年六月丙午，焚營宵遁，奔還建康。

[10]江夏：郡名。治夏口城，在今湖北武漢市武昌區。按，《資治通鑑・梁紀二十》記載，侯景委任的郢州刺史丁和以大石磕殺鮑泉。

[11]黄鶴磯：黄鵠山的西端臨江處。《梁書・鮑泉傳》作"黄鵠磯"。

初，泉夢著朱衣行水上，及死，舉身帶血而沉于江，如其夢。[1]泉於《儀禮》尤明，[2]撰《新儀》三十卷行於世。[3]

[1]如其夢：按，《梁書》卷三〇《鮑泉傳》載，做這個夢的是鮑泉的朋友，其徵驗是鮑泉被蕭繹寬釋，復任官職，與本書一凶一吉，記載不同。

[2]尤：南監本、北監本、殿本同，汲古閣本作“乃”。

[3]三十卷：《隋書·經籍志二》亦作“三十卷”，《梁書·鮑泉傳》作“四十卷”。宋本《册府元龜》卷五六四作“四十卷”，下注：“一云三卷。”明本注曰：“一云二卷。”按，《隋書·經籍志》經部論語類末附五經總義類著録《六經通數》十卷，注曰：“梁舍人鮑泉撰。”集部别集類著録“梁平北府長史《鮑泉集》一卷”。另據《金樓子·著書篇》，《隋書·經籍志》子部從横家類梁元帝撰《補闕子》十卷，除序是蕭繹所作外，實由“鮑泉東里”撰寫。陳志平、熊清元認爲這裏的“東里”或即任昉第四子。則《補闕子》亦部分出自鮑泉之手。

時又有鮑行卿以博學大才稱，位後軍臨川王録事，[1]兼中書舍人，遷步兵校尉。上《玉璧銘》，武帝發詔褒賞。好韻語，及拜步兵，而謝帝曰：[2]“作舍人，不免貧，[3]得五校，[4]實大校。”例皆如此。有集二十卷。撰《皇室儀》十三卷，[5]《乘輿龍飛記》二卷。[6]

[1]後軍：官名。即後將軍。南朝梁初因襲齊所行將軍號。武帝天監七年（508）後廢置。按，據《梁書》卷二《武帝紀中》及卷二二《臨川王宏傳》，蕭宏於天監元年四月被封爲臨川王後不久，任後將軍。天監三年正月，進號中軍將軍。　録事：官名。即録事參軍。王公軍府僚佐。掌總録諸曹文案，兼事舉善彈非。梁皇弟皇子府録事參軍六班。

[2]而：汲古閣本同，南監本、北監本、殿本作“面”。

[3]作舍人，不免貧：“人”“貧”在中古同屬真韻，故這兩句在

當時是押韻的。

［4］五校：禁衛軍中的步兵、屯騎、射聲、越騎、長水校尉合稱“五校”。南朝時不領營兵，隸領軍。梁七班。

［5］《皇室儀》：《隋書·經籍志》史部儀注類著録鮑行卿撰《皇室儀》十三卷。《舊唐書·經籍志上》作“《皇室書儀》”。

［6］《乘輿龍飛記》：《舊唐書·經籍志上》及《新唐書·藝文志二》史部雜史類著録鮑衡卿撰《乘輿龍飛記》（《新唐書》作“乘輿飛龍記”）二卷。按，“行”“衡”音同而訛。劉知幾《史通·古今正史》云：“梁史，武帝時，沈約與給事中周興嗣、步兵校尉鮑行卿、秘書監謝吴相承撰録，已有百篇，值承聖淪没，並從焚蕩。”《隋書·經籍志》史部正史類著録梁中書郎謝吴撰《梁書》四十九卷，並注：“本一百卷。”有學者認爲，這部《梁書》即劉知幾所説“梁史”，爲梁朝國史，其編撰始於梁武帝時，梁元帝時由謝吴完成，鮑行卿的《乘輿龍飛記》很可能是編撰這部國史的基礎材料（參見莊芸《〈隋書·經籍志〉所見蕭梁舊史補考》，《文獻》2020年第3期）。另，《舊唐書·經籍志上》及《新唐書·藝文志二》史部編年類並著録鮑衡卿《宋春秋》二十卷。

弟客卿位南康太守。[1]客卿三子，檢、正、至，並才藝知名，俱爲湘東王五佐。正好交遊，無日不適人，[2]人爲之語曰：“無處不逢烏噪，無處不逢鮑佐。”正不爲湘東王所知，獻書告退。王恨之。及建鄴城陷，[3]正爲尚書外兵郎，[4]病不能起。景雜於死屍焚之。[5]王聞之曰：“忠非紀信，[6]利非象齒，焚如棄如，[7]於是乎得。”君子以此知湘東王不仁。檢爲湘東鎮西府中記室，[8]使蜀，[9]不屈於武陵王，[10]見害。

［1］南康：郡名。治贛縣，在今江西贛州市東北。

［2］適人：去别人家。

［3］建鄴：指建康。“建鄴”是建康古稱。西晋滅吴後，先將吴都建業更名爲秣陵，又於晋武帝太康三年（282）將秣陵以秦淮河爲界分爲建鄴和秣陵。後爲避晋愍帝司馬鄴諱，改“建鄴”爲“建康”。

［4］尚書外兵郎：官名。尚書省外兵曹長官。掌外兵軍事。梁五班。

［5］景雜於死屍焚之：按，侯景攻下建康後，曾大肆焚燒城中積尸，已死而未斂，將死而未絶，悉聚而燒之。鮑正被侯景軍隊所焚，亦見於《梁書》卷五六及本書卷八〇《侯景傳》，云其被“賊曳出焚之，宛轉火中，久而方絶”。

［6］紀信：劉邦的手下。楚漢相争時，劉邦被項羽困於滎陽。紀信假扮劉邦出東門投降，使劉邦得以從西門突圍。因此被項羽燒死。事見《史記》卷七《項羽本紀》、卷八《高祖本紀》及《漢書》卷一上《高帝紀上》。

［7］焚如棄如：語本《易·離卦》九四爻辭：“突如其來如，焚如，死如，棄如。”如……的様子。離爲火，九四在上下兩離卦間，故有焚燒之象。同時，離卦六二至九四爲正巽，九三至六五爲覆巽，九四在正、覆巽中，當順而未順，剛而不正，被認爲是逆子、逆臣之象。鮑正不附於己、獻書告退，顯然令蕭繹耿耿於懷。

［8］鎮西府：即鎮西將軍府。鎮西，官名。鎮西將軍的省稱。梁時鎮東、鎮西、鎮南、鎮北將軍與鎮前、鎮後、鎮左、鎮右將軍合稱八鎮將軍。爲重號將軍，是外官專用之軍號。梁武帝天監七年（508）定爲武職二十四班中的二十二班，大通三年（529）改爲武職三十四班中的三十二班。按，蕭繹於梁武帝大同三年（537）進號鎮西將軍，於六年出爲鎮南將軍，於太清元年（547）復徙爲鎮西將軍。　中記室：官名。即中記室參軍。王、公、軍府記室曹長官。掌文書章奏。位在記室參軍上。梁時皇弟皇子府中記室參軍爲七班。

[9]使蜀：本書卷五三《武陵王紀傳》記載：簡文帝大寶元年（550）“七月甲辰，湘東王繹遣鮑檢報紀以武帝崩問”。不知鮑檢是否死於此次出使。

[10]武陵王：蕭紀。梁元帝承聖元年（552）四月，稱帝於蜀，年號天正。後舉兵東下，於承聖二年七月被蕭繹部將樊猛所殺。

論曰：夏侯勝云，[1]“士患不明經術，經術明，取青紫如拾地芥耳”。[2]於賀瑒、賀琛、朱异、司馬褧其得之矣。而异遂徼寵倖，任事居權，不能以道佐時，苟取容媚。[3]及延寇敗國，寔异之由，禍難既彰，不明其罪，亦既身死，寵贈猶殊。罰既弗加，賞亦斯濫。夫太清之亂，固其宜矣。顧協清介，足以追蹤古人，徐摛貞正，仁者信乎有勇。孝穆聰明特達，[4]締構興王，[5]獻替謀猷，[6]亮直斯在。[7]泉本文房之士，每處荷戈之任，[8]非材之責，勝任不亦難乎。

[1]夏侯勝：字長公，東平寧陽（今山東寧陽縣）人。西漢經學家，傳今文《尚書》“大夏侯學”。《漢書》卷七五有傳。

[2]青紫：漢代丞相、太尉皆金印紫綬，御史大夫銀印青綬，故以“青紫”借指高官顯爵。

[3]容媚：奉承諂媚。

[4]特達：出衆。

[5]締構：締造，意謂經營、開創新朝。構，南監本同，北監本、汲古閣本、殿本作“搆”。

[6]獻替：語本《左傳》昭公二十年：“君所謂可而有否焉，臣獻其否以成其可。君所謂否而有可焉，臣獻其可以去其否。”意謂向君主進言，勸善規過。

[7]亮直：忠誠正直。

[8]荷戈：扛着兵器，意謂領兵征戰。

南史　卷六三

列傳第五十三

王神念 子僧辯　羊侃 子球 鶤　羊鴉仁

王神念，太原祁人也。[1]少好儒術，尤明内典。[2]仕魏位潁川太守，[3]與子僧辯據郡歸梁，[4]封南城縣侯。[5]歷安成、武陽、宣城内史，[6]皆著政績。[7]後爲青、冀二州刺史。[8]神念性剛正，所更州郡必禁止淫祠，[9]時青州東北有石鹿山臨海，[10]先有神廟祆巫，欺惑百姓，遠近祈禱，糜費極多。及神念至，便令毁撤，[11]風俗遂改。[12]後徵爲右衛將軍，[13]卒於官，[14]謚曰壯。[15]及元帝初，[16]追贈侍中、中書令，[17]改謚忠公。

[1]太原：郡名。治晋陽縣，在今山西太原市西南。　祁：縣名。治所在今山西祁縣東南。按，太原王氏主要有晋陽和祁縣兩大分支，相傳始祖是漢代的王霸。晋陽王氏乃王柔、王澤之後，被視作太原王氏的嫡支。東晋末王慧龍隻身北奔入魏，至北魏孝文帝時，其族已成北朝一流高門。祁縣王氏的譜系則相對模糊。《新唐

書·宰相世系表二中》云王神念家族乃食邑於祁縣的王霸長子王殷之後，又云王神念之父王冏曾任護烏丸校尉，因號“烏丸王氏”。然《舊唐書》卷七〇《王珪傳》云:“在魏爲烏丸氏，曾祖神念，自魏奔梁，復姓王氏。”《永樂大典》載宋項安世《項氏家説》卷八《説事篇·王氏》云:“柳芳《唐曆》言王珪曾祖神念，在魏爲桓氏，仕梁爲將。祖梁太尉王僧辯遂爲王氏。”姚薇元據此認爲，王神念家族實出自東胡的烏桓，託名王霸之後，冒太原名望（參見姚薇元《北朝胡姓考》，中華書局 1962 年版，第 254—256 頁）。但史籍、碑誌中亦有王神念一系賜姓烏丸氏的記載，如《金石録》卷二二《後周温州刺史烏丸僧脩墓誌》條載:“右後周烏丸僧脩墓誌，僧脩本姓王氏，梁南城侯神念之子，太尉僧辨之弟，歸後周仕爲温州刺史，卒。《元和姓纂》及《唐宰相世系表》皆云神念父冏爲護烏丸校尉，因號烏丸王氏。今墓誌乃云，僧脩歸周賜姓烏丸……皆當以墓誌爲正。”故也有學者認爲，烏丸王氏可能確係太原王氏之旁支，衹不過在北朝曾一度改姓烏丸（參見王洪軍《名門望族與中古社會——以太原王氏爲中心》，中華書局 2020 年版；和慶鋒《隋唐太原王氏的變遷與影響》，博士學位論文，上海師範大學，2013 年，第 3—39 頁）。

［2］内典：佛經。

［3］潁川：郡名。治長社縣，在今河南長葛市東北。按，據《梁書》卷三九《王神念傳》，王神念“仕魏起家州主簿，稍遷潁川太守”。

［4］與子僧辯據郡歸梁：《魏書》卷八《世宗紀》記載，王神念投奔蕭梁在北魏宣武帝永平元年（508）正月戊戌。又據劉禹錫所撰《代郡開國公王氏先廟碑》，王冏有神念、神感二子，王神念南奔，王神感則留在北方，後仕北齊。

［5］南城：縣名。治所在今江西南城縣東南。　縣侯：封爵名。梁爵制，分王、五等爵、列侯共三等十三級。縣侯屬五等爵，在縣公下，縣伯上。位視孤卿、重號將軍、光禄大夫，班次之。屬官置

相、典祠、典書令、典衛長一人。按，《梁書・王神念傳》記載，王神念封南城縣侯，邑五百户。根據慣例，梁武帝對歸降的北魏宗室近屬封王，支屬封郡公或縣公，庶姓官員一般封縣侯（參見楊恩玉《蕭梁政治制度考論稿》，中華書局 2014 年版，第 109—110 頁）。

［6］安成：王國名。治平都縣，在今江西安福縣東南。　武陽：錢大昕《廿二史考異》卷二六云："'武陽'疑'武陵'之訛。"《梁書》中華修訂本校勘記云："梁無武陽郡，郢州有武陵郡，爲王國。"武陵，王國名。治臨沅縣，在今湖南常德市。　宣城：王國名。治宛陵縣，在今安徽宣城市宣州區。　内史：官名。王國行政長官，掌民政，職如郡太守。

［7］政績：《梁書・王神念傳》作"治績"，本書疑避唐高宗李治諱改。

［8］青、冀二州：雙頭州名。青、冀皆爲僑州，僑寄鬱洲，在今江蘇連雲港市東雲臺山一帶。當時爲島嶼，與朐山隔海相望。

［9］更：歷。　淫祠：不被禮制認可的、濫設的祭祀。

［10］青州：《梁書・王神念傳》作"青冀州"。本書此處係雙頭單稱。　石鹿山：或即《隋書・地理志下》東海郡東海縣小注中所説的謝禄山。據《太平寰宇記》卷二二《河南道二十二・東海縣》記載，謝禄山南嶺有謝禄廟，原名海祠，後爲紀念王莽時在此聚衆起事的謝禄而改名。有學者指出，東晋、南朝時，鬱洲地區盛行天師道，石鹿山神廟有可能是其活動據點，其信衆主要是當地土著人群（參見魯西奇《漢唐時期濱海地域的社會與文化》，《歷史研究》2019 年第 3 期）。

［11］便令：《梁書・王神念傳》一本作"使令"。　毁撤：《太平御覽》卷七三四"巫上"條引《梁書》作"毁拆"。

［12］風俗遂改：本書卷六四《陰子春傳》記載，王神念於石鹿山神廟"毁神影，壞屋舍"，結果棟上一條長丈餘的大蛇逃入海中，以人形託夢給海峽對岸的朐山戍主陰子春，乞求棲身之所。陰

子春爲之迎神立祠，勤加供事，得到神的感謝，後來果因功授南青州刺史。有學者指出，王神念與陰子春之所以對石鹿山神廟所奉神明采取相反的態度，除了王神念的儒家文化立場外，也可能與二人所依靠的人群有關：鬱洲島上多青徐僑流，土著人群勢力較弱，故王神念毁其神廟，壓制其信仰；朐山一帶則是土著人群占優勢，故陰子春奉迎其神明，對他們安撫、利用（參見魯西奇《漢唐時期濱海地域的社會與文化》，《歷史研究》2019 年第 3 期）。

［13］右衛將軍：官名。三國魏末分中衛將軍爲左、右衛將軍，爲禁衛軍重要統帥。有軍府，領營兵，負責殿内宿衛及皇帝出行時的隨從保護。南朝梁時任左、右衛將軍者多兼任散騎等内侍文職。十二班。按，據《梁書·王神念傳》，王神念徵爲右衛將軍在梁武帝普通五年（524）或六年梁軍北伐期間。

［14］卒於官：《梁書·王神念傳》云其遘疾卒，時年七十五。

［15］謚曰壯：北監本、殿本作“莊”，大德本、南監本、汲古閣本、《梁書·王神念傳》作“壯”。《金石録》卷二二《後周温州刺史烏丸僧脩墓誌》條曰：“諸書皆云神念謚‘壯’，而墓誌作‘莊’。”

［16］元帝：南朝梁元帝蕭繹。元爲其謚號。本書卷八、《梁書》卷五有紀。

［17］侍中：官名。門下省長官。掌侍從左右，應對顧問，審署並下達詔令，平省尚書奏事。梁時員四人，十二班。　中書令：官名。中書省長官，位在中書監下。南朝時漸成虚銜，以爲尊崇。梁十三班。按，《梁書·王神念傳》記載，王神念卒後，詔贈本官、衡州刺史，兼給鼓吹一部。有學者認爲，從北魏投奔過來的官員，去世後一般没有贈官，因王神念之子王僧辯爲平定侯景之亂立下大功，梁元帝纔爲其父追贈，《梁書》所載贈官或不足爲信（參見楊恩玉《蕭梁政治制度考論稿》，第 365—366 頁）。

神念少善騎射，及老不衰。嘗於武帝前手執二刀楯，[1]左右交度，[2]馭馬往來，[3]冠絶群伍。

[1]武帝：南朝梁武帝蕭衍。武爲其謚號。本書卷六、卷七，《梁書》卷一至卷三有紀。　刀楯：自西漢末起，刀與楯開始大量配合使用。刀楯漸漸作爲一套兵器普遍裝備騎兵和步兵（參見常彧《釋“身備三仗”》，《中國國家博物館館刊》2017 年第 1 期）。

[2]交度：彼此配合。

[3]馭馬：《梁書》卷三九《王神念傳》作“馳馬”。

時復有楊華者，能作驚軍騎，亦一時妙捷，帝深賞之。華本名白花，武都仇池人。[1]父大眼爲魏名將。[2]華少有勇力，容貌瓌偉，[3]魏胡太后逼幸之。[4]華懼禍，及大眼死，擁部曲，[5]載父屍，[6]改名華，來降。胡太后追思不已，爲作《楊白花歌辭》，[7]使宫人晝夜連臂蹋蹄歌之，[8]聲甚悽斷。[9]華後位太子左衛率，[10]卒於侯景中。[11]

[1]武都：郡名。治下辨縣，在今甘肅成縣西北。　仇池：山名。在今甘肅西和縣。

[2]大眼：楊大眼。武都（今甘肅成縣西）人，氐族。楊難當之孫，南秦王楊德庶子。北魏將領。《魏書》卷七三、《北史》卷三七有傳。按，《魏書》《北史》記載，楊大眼有楊甑生、楊領軍、楊征南三子，皆其妻潘氏所生，未有名楊白花者。楊大眼死時，其繼室元氏有遺腹子，然從年齡看，與下文事迹並不相合：楊大眼卒於魏孝明帝神龜元年（518）至正光元年（520）間，而胡太后卒於武泰元年（528）四月，其時楊大眼遺腹子至多十一二歲，不太

可能與胡太后産生情愫。有學者猜測，楊白花也許是三兄弟之一的小名，改名“華”是就其小名加以變化（參見馮沅君《〈楊白花〉及其作者》，《馮沅君古典文學論文集》，山東人民出版社 1980 年版，第 298 頁）。

［3］瓌偉：奇偉。

［4］胡太后：北魏宣武帝充華嬪胡氏，安定臨涇（今甘肅鎮原縣）人。其子孝明帝即位後，胡氏先後被尊爲皇太妃、皇太后，臨朝聽政。後被尒朱榮溺殺，高歡時追謚曰靈。《魏書》卷一三、《北史》卷一三有傳。　幸：《梁書》卷三九《楊華傳》作“通”。

［5］部曲：將帥的私人武裝。

［6］載父屍：據《魏書・楊大眼傳》記載，“載父屍”奔梁的是楊甑生、楊領軍、楊征南三兄弟，奔梁的原因爲他們與繼母元氏及楊大眼側生女夫趙延寶之宿怨，和胡太后並無關係。

［7］《楊白花歌辭》：花，《梁書・楊華傳》作“華”。按，郭茂倩《樂府詩集》卷七三《雜曲歌辭十三》載無名氏《楊白花》，其辭曰：“陽春二三月，楊柳齊作花。春風一夜入閨闥，楊花飄蕩落南家。含情出户脚無力，拾得楊花淚沾臆。秋去春還雙燕子，願銜楊花入窠裏。”有學者認爲，此即胡太后所作《楊白花歌辭》；然亦有觀點認爲，《樂府詩集》所載《楊白花》與胡太后《楊白花歌辭》雖有内在淵源，但並非胡太后所作，而是出自後人之手（參見孫少華《〈楊白花歌辭〉本事及其文學與文化意藴》，趙敏俐主編《中國詩歌研究》第 8 輯，中華書局 2011 年版）。

［8］連臂：彼此牽挽手臂。　蹋蹄（dì）：踏。《梁書・楊華傳》作“蹋足”。按，“踏歌”這種歌舞形式的歷史極爲悠久。南北朝至唐代，“踏歌”風行於宫廷和民間，甚至還有專門的用來踏歌的“踶場”。《太平御覽》卷二七引干寶《搜神記》曰：“漢代十月十五日，以豚酒入靈女廟，擊筑奏曰《上絃之曲》，連臂蹋地歌《赤鳳來》，乃巫俗也。”陶宗儀《説郛》引《趙后外傳》中有趙飛燕私通宫奴赤鳳的情節，趙飛燕因思念赤鳳而作《赤鳳來》，與此

處楊華和胡太后的故事十分相似，當出自同一母題（參見孫少華《〈楊白花歌辭〉本事及其文學與文化意藴》，趙敏俐主編《中國詩歌研究》第 8 輯；王永平《從踏歌看唐代中外娱樂風俗》，《河北學刊》2010 年第 6 期）。

[9]悽斷：悽悲。《梁書・楊華傳》作“悽惋”。

[10]太子左衛率：官名。南朝時與太子右衛率並爲東宫衛軍首領，掌東宫護衛，分别對應臺軍之左衛將軍與右衛將軍。齊梁以來頗有文職化傾向。梁時員一人，位視御史中丞，領果毅、統遠、立忠、建寧、陵鋒、夷寇、祚德等七營營兵。十一班。

[11]卒於侯景中：大德本、汲古閣本、殿本作“卒於侯景軍中”。侯景，字萬景，懷朔鎮（今内蒙古固陽縣）人。原爲東魏大將，後叛至梁，又在梁發動叛亂，史稱“侯景之亂”。本書卷八〇、《梁書》卷五六有傳。　中：大德本、南監本、北監本、汲古閣本、殿本作“軍中”。

神念長子遵業，[1]位太僕卿。[2]次子僧辯。[3]

[1]遵業：《梁書》卷三九《王神念傳》作“尊業”。

[2]太僕卿：官名。南朝宋、齊不設太僕，梁武帝天監七年（508）設太僕卿，與太府、少府並爲夏卿。掌牧養軍國所用馬匹。位視黄門侍郎，統南馬牧、左右牧、龍廐、内外廐丞。十班。按，《梁書・王神念傳》云，王遵業卒贈信威將軍、青冀二州刺史，鼓吹一部。

[3]次子僧辯：按，據本書及《金石録》卷二二《後周温州刺史烏丸僧脩墓誌》條，王神念於王僧辯之下還有四子，分别是王僧略、王僧智、王僧愔、王僧脩。

僧辯字君才，學涉該博，[1]尤明《左氏春秋》。言辭辯捷，[2]器宇肅然，雖射不穿札，[3]而有陵雲之氣。元帝後爲江州刺史，[4]僧辯隨府爲中兵參軍。[5]時有安成望族劉敬躬者，[6]田間得白蛆化爲金龜，將銷之，龜生光照室，敬躬以爲神而禱之。所請多驗，[7]無賴者多依之。[8]平生有德有怨者必報，遂謀作亂，遠近響應。元帝命中直兵參軍曹子郢討之，[9]使僧辯襲安成。子郢既破其軍，敬躬走安成，僧辯禽之。又討平安州反蠻，[10]由是以勇略稱。

[1]學涉：學識。　該博：淵博。

[2]辯捷：伶俐敏捷。

[3]札：即甲札。用於編綴甲衣的皮革片。春秋時革甲一般複疊七層，即《左傳》成公十六年所說之“七札”。古書中言善射者能射穿七札，如春秋時的養由基；而“射不穿札”常用以形容出身文士儒生者，如西晋時的杜預。

[4]後：王懋竑《讀書記疑》卷一三云：“‘後’字衍。”　江州：州名。治湓城，在今江西瑞昌市横港鎮清湓街（參見吴聖林《湓城故址的考證與調查》，《南方文物》1993年第4期）。按，梁武帝大同五年（539）七月，蕭繹入爲護軍將軍、安右將軍，領石頭戍軍事，次年十二月，他接替去世的蕭歡出爲鎮南將軍、江州刺史。

[5]中兵參軍：官名。軍府僚佐。掌中兵曹事務。對内統兵政，對外則領兵征戰。有限内、限外之分。梁時皇弟皇子府中兵參軍爲六班。按，據《梁書》卷四五《王僧辯傳》記載，蕭繹入爲護軍將軍，以王僧辯兼府司馬；次年蕭繹出鎮江州，王僧辯“仍除雲旗將軍、司馬”。與本書此處所記不同。《梁書》卷三《武帝紀下》、卷三四《張綰傳》及《資治通鑑》卷一五八《梁紀十四》記梁武

帝大同八年蕭繹派兵討平劉敬躬事，云王僧辯爲司馬，曹子郢爲中兵參軍，與《梁書·王僧辯傳》合。又，《金樓子·聚書篇》云，劉敬躬之亂時，“時羅鄉侯蕭説於安成失守，又遣王諮議僧辯取得説書”。據《梁書·王僧辯傳》記載，王僧辯爲諮議參軍在蕭繹由江州刺史遷任荆州刺史之後。疑《金樓子》所記非王僧辯時任官職。

［6］安成：郡名。治平都縣，在今江西安福縣東南。　劉敬躬：又作“劉敬宮”。安成（今江西安福縣）人。梁武帝大同八年正月，他以迷信煽動叛亂，趕走安成内史蕭説，改元永漢，署官屬。進而攻廬陵，取豫章，前逼新淦、柴桑，手下人數一度達到數萬。後被蕭繹派兵討平，於當年三月送至建康處斬。

［7］請：禱祝。

［8］無賴者：奸猾多詐之人。

［9］中直兵參軍：官名。王公軍府僚佐，佐助府主統理兵政，亦受府主之命率兵征伐。晋時王公督府有中兵曹，又有直兵曹，各置參軍。南朝初，中兵、直兵二曹雖然分立，但合置一參軍，稱中直兵參軍。其後以中直兵曹取代直兵曹，中兵參軍、中直兵參軍並置，職掌相同，惟中直兵參軍位在中兵參軍之上。位次不及諮議、録事、記室等諸曹參軍，權力實居其上。其品位隨府主地位高低不等。按，曹子郢官職，《梁書·武帝紀下》、本書卷七《梁元帝紀》、《建康實録》卷一七、《資治通鑑·梁紀十四》並作“中兵參軍”。

［10］安州：州名。治定遠縣，在今安徽定遠縣東南。

元帝除荆州，[1]僧辯爲貞毅府諮議參軍，[2]代柳仲禮爲竟陵太守。[3]及侯景反，元帝命僧辯總督舟師一萬赴援。[4]及至，臺城陷没，[5]侯景悉收其軍實而厚加綏撫，[6]遣歸竟陵。[7]於是倍道兼行，[8]西就元帝。元帝承制，[9]以爲領軍將軍。[10]及荆、湘疑貳，[11]元帝令僧辯及鮑泉討之。[12]時僧辯以竟陵間部下皆勁勇，猶未盡來，意欲待集，然後上頓。[13]與泉俱入，使泉先言之，泉入不敢言。元帝問僧辯，僧辯以情對。[14]元帝性忌，以爲遷延不去，大怒，厲聲曰："卿憚行拒命，欲同賊邪？今唯死耳。"僧辯對曰："今日就戮甘心，但恨不見老母。"帝自斫之，中其髀，[15]流血至地，悶絶，[16]久之方蘇。即送廷尉，[17]并收其子姪並繫之。[18]其母脱簪珥待罪，[19]帝意解，[20]賜以良藥，故不死。會岳陽軍襲江陵，[21]人情搔擾。[22]元帝遣就獄出僧辯以爲城内都督。俄而岳陽奔退，而鮑泉力不能剋長沙，[23]帝命僧辯代之。僧辯仍部分將帥，[24]并力攻圍，遂平湘土。還復領軍將軍。

[1]除：除去舊官，另就新任。　荆州：州名。治江陵縣，在今湖北荆州市荆州區。按，蕭繹於梁武帝太清元年（547）正月接替去世的廬陵王蕭續，由鎮南將軍、江州刺史遷任鎮西將軍、荆州刺史。

[2]爲貞毅府諮議參軍：《梁書》卷四五《王僧辯傳》作"爲貞毅將軍府諮議參軍事"。蕭繹出鎮荆州時所帶軍號爲鎮西將軍，王僧辯應爲鎮西將軍府諮議參軍。貞毅將軍並非重號將軍，與蕭繹地位不匹配，故"貞毅將軍"當爲王僧辯所帶軍號。《梁書》此句應讀作"爲貞毅將軍，府諮議參軍事"。本書删"將軍"二字，誤將兩官合爲一官。貞毅，官名。即貞毅將軍。梁以輕車、征遠、鎮朔、武旅、貞毅將軍代舊輔國將軍。梁武帝天監七年（508）定爲武職二十四班中的十四班，大通三年（529）定爲武職三十四班中的二十四班。諮議參軍，官名。軍府僚佐，地位僅次於長史、司馬。其實際職掌頗爲靈活，常帶大郡太守，或兼領府州其他職事。

梁時皇弟皇子府諮議參軍爲九班。

[3]柳仲禮：河東解（今山西臨猗縣）人。柳津之子。本書卷三八有傳，《梁書》卷四三有附傳。　竟陵：郡名。治霄城，在今湖北京山市東南。

[4]舟師：水軍。據《梁書·王僧辯傳》及《資治通鑑》卷一六一《梁紀十七》，蕭繹命王僧辯假節，率水軍從漢川進入長江，載糧順江東下。《資治通鑑》繫此事於梁武帝太清二年十二月。另據《文館詞林》引蕭繹《遣上封令》所述，侯景圍困臺城後，蕭繹先後共遣五路軍隊入援京師，王僧辯爲第五軍。　一萬：《資治通鑑考異》引《太清紀》作"二萬"。

[5]臺城：即東晉、南朝的建康宮城。按，據《資治通鑑》記載，侯景軍隊於梁武帝太清二年十月辛亥攻至臺城闕下，於三年三月丁卯攻破臺城，歷時一百三十餘天。

[6]軍實：軍中人員器用之總稱。按，據《資治通鑑》卷一六二《梁紀十八》及《梁書》卷三《武帝紀下》，侯景攻陷臺城後，於太清三年三月己巳（《資治通鑑考異》云《三國典略》作"庚午"），矯詔使石城公蕭大款遣散各路援軍，王僧辯等人勸說援軍主帥柳仲禮與侯景決戰，未成，遂與柳仲禮、柳敬禮、羊鴉仁、趙伯超等人開營投降。

[7]遣歸竟陵:《資治通鑑·梁紀十八》及《梁書·武帝紀下》記載，梁武帝太清三年三月庚午，侯景矯詔命征鎮牧守各復本任，次日，援軍各退散。王僧辯被遣歸竟陵當在此時。

[8]倍道兼行：一日行兩日的路程，形容加急趕路。

[9]承制：代表皇帝行使職權。按，梁武帝太清三年三月，侯景攻陷臺城。六月（蕭繹承制，本書及《梁書》皆繫於四月，《資治通鑑》從《太清紀》繫於六月），蕭韶從建康逃至江陵，宣梁武帝密詔，以蕭繹爲侍中、假黃鉞、大都督中外諸軍事、司徒、承制，授權他統領全國軍隊討伐侯景。

[10]領軍將軍：官名。禁衛軍最高統帥，資輕者爲中領軍，資

重者爲領軍將軍。不單獨領營兵。梁領軍將軍“管天下兵要”，不僅負責宫城禁衛，亦統領制局監行使器仗、兵役徵發等職責。十五班。

［11］湘：州名。治臨湘縣，在今湖南長沙市。此指湘州刺史河東王蕭譽。　疑貳：猜忌離心。按，蕭繹是阮脩容所生，蕭譽、蕭詧是昭明太子蕭統之子。侯景之亂時，諸王入援臺城，張纘致書蕭繹言蕭譽、蕭詧欲謀取荆州，故蕭繹火速回師江陵，由此啓荆、湘釁端。蕭繹承制後，蕭譽拒從調遣。蕭繹遂於太清三年六月派長子蕭方等征伐蕭譽，結果蕭方等兵敗身死。故蕭繹又命鮑泉、王僧辯征討湘州。

［12］鮑泉：字潤岳，東海郯（今山東郯城縣）人。本書卷六二、《梁書》卷三〇有傳。

［13］上頓：沿江向上游進軍。自荆州進攻長沙需泝湘江而上，故曰上頓。

［14］情：實，誠。

［15］髀：大腿。

［16］悶絶：昏死過去。

［17］廷尉：官署名。梁代中央司法審判機構。長官爲廷尉，武帝天監七年改曰廷尉卿。其主要屬官有廷尉正、廷尉監、廷尉平，號廷尉三官，協助廷尉掌刑獄訴訟。

［18］收：拘捕。　繫：拘囚。

［19］簪珥：髮簪和耳飾。男子請罪時要免冠，女子則要去簪珥。

［20］意解：指怒意消釋，心緒平和下來。

［21］岳陽：此指蕭詧。字理孫，蕭統第三子。梁武帝中大通三年（531），封岳陽郡王。太清三年九月，他從雍州舉兵攻襲江陵，以解蕭譽長沙之圍。被蕭繹擊敗後遁走，後歸附西魏，於文帝大統十六年（550）被宇文泰册立爲梁王。江陵城破，西魏立其爲梁主，居於江陵東城，史稱西梁、後梁。《周書》卷四八、《北史》卷九

三有傳。岳陽，郡名。治岳陽縣，在今湖南汨羅市長樂鎮。　江陵：縣名。治所在今湖北荆州市荆州區。時爲荆州治所。

[22]搔擾：動亂不安。

[23]長沙：郡名。治臨湘縣，在今湖南長沙市。

[24]部分：部署。

侯景浮江西寇，軍次夏首。[1]僧辯爲大都督，軍次巴陵。[2]景既陷郢城，[3]將進寇荆州，於是緣江屯戍望風請服。僧辯並沉公私船於水，分命衆軍，乘城固守，偃旗卧鼓，安若無人。翌日，[4]賊衆濟江，輕騎至城下，謂城中曰："語王領軍，何不早降？"僧辯使答曰："大軍但向荆州，[5]此城自當非礙。[6]僧辯百口在人掌握，豈得便降。"頃之景軍內薄苦攻，[7]城内同時鼓譟，[8]矢石雨下，賊乃引退。[9]元帝又命平北將軍胡僧祐率兵援僧辯。[10]是日，賊復攻城不剋，又爲火艦燒栅，風不便，自焚而退。有流星墮其營中，[11]賊徒大駭，相顧失色。賊帥任約又爲陸法和所禽，[12]景乃燒營夜遁，旋軍夏首。[13]

[1]次：臨時駐扎。　夏首：得名於夏州（夾於夏水與涌水間的狹長陸地），在今湖北江陵縣荆江大堤木沉淵段（參見徐文武《"夏首""夏口"考》，《長江大學學報》2011年第2期）。此處當指夏口，在今湖北武漢市武昌區。

[2]巴陵：縣名。治所在今湖南岳陽市。其地有巴丘山，孫吴時在山上建邸閣城以爲軍儲之所，西晋武帝太康元年（280）以此爲基礎置巴陵縣。按，《梁書》卷五《元帝紀》記載，梁簡文帝大寶二年（551）四月庚戌，王僧辯帥衆屯巴陵。《資治通鑑》繫於

大寶二年四月戊申。

［3］郢城：郢州州治。宋孝武帝時在孫吴夏口城的基礎上擴建而成。在今湖北武漢市武昌區，倚蛇山，臨長江。按，梁簡文帝大寶二年四月初，侯景在與徐文盛交戰節節敗退的情况下，越過武昌奇襲郢城，生擒郢州刺史蕭方諸與長史鮑泉，並順勢擊潰徐文盛部。

［4］翌日：第二日。

［5］但：如果。

［6］自當：自然。

［7］頃之：大德本、南監本、北監本、汲古閣本、殿本無。　內薄：南監本、汲古閣本、大德本同，北監本、殿本、《梁書》卷四五《王僧辯傳》作"肉薄"。"肉薄"是説身體挨着身體，成群結隊，蜂擁而上，形容交戰中攻方人數多，攻勢猛。當以"肉薄"爲是。　苦攻：竭力進攻。

［8］鼓譟：擊鼓喧嚷。

［9］引退：退却。

［10］平北將軍：官名。與平東、平西、平南將軍合爲四平將軍。爲重號將軍，是外官專用之軍號。梁武帝天監七年（508）定爲武職二十四班中的二十班，大通三年（529）改爲武職三十四班中的三十班。按，巴陵之戰時胡僧祐的官銜，《梁書》卷四《簡文帝紀》、卷五《元帝紀》作"游擊將軍"，《梁書》卷四六《胡僧祐傳》云蕭繹赦免胡僧祐後，拜其爲假節、武猛將軍。　胡僧祐：字願果，南陽冠軍（今河南鄧州市）人。原仕北魏，後投蕭梁。因忤旨被蕭繹下獄。侯景進攻巴陵，蕭繹起胡僧祐於獄中，令其率軍赴援。本書卷六四、《梁書》卷四六有傳。

［11］有流星墮其營中：在古人觀念中，這是其軍將要敗亡之兆。唐代李淳風《乙巳占》云，流星爲天皇之使，飛行列宿，告示休咎。星大則使大，所預示的禍事也更大。其墜於地者最不吉利，對當地駐軍尤其如此："（流星）出則使出，入則使入，干犯滅則爲

誅罰之象。墜星之所，其下流血、破軍、殺將，爲咎最深。”《乙巳占》又載前代占語云：“兩軍相當，有大流星流來走軍上及墜軍者，皆破敗之兆”，“星墜當其下有戰傷”。

[12]任約：侯景部將。梁簡文帝大寶二年正月被侯景任爲司空。攻克江夏後，侯景乘勝西上，命任約率軍直指江陵。後任約與荆州方向的援軍交戰，在赤亭之戰中被胡僧祐、陸法和生擒。　陸法和：曾隱居江陵。巴陵之戰時向蕭繹請命赴援，與胡僧祐在赤亭之戰中大破任約。《北齊書》卷三二、《北史》卷八九有傳。

[13]旋軍：回師。

元帝以僧辯爲征東將軍、開府儀同三司、江州刺史，[1]封長寧縣公，[2]命即率巴陵諸軍沿流討景。攻拔魯山，[3]仍攻郢，即入羅城。[4]又有大星如車輪墜賊營，去地十丈變成火，一時碎散。[5]有龍自城出，五色光曜，入城前鸚鵡洲水中。[6]景聞之，倍道歸建鄴。[7]賊帥宋子仙等困蹙，[8]求輸郢城，[9]身還就景。僧辯僞許之。子仙謂爲信然，浮舟將發，僧辯命杜龕鼓譟掩至，[10]大破之，禽子仙、丁和等送江陵。[11]元帝命生釘和舌巒殺之。[12]

[1]征東將軍：官名。與征南、征西、征北將軍合爲四征將軍。爲重號將軍，專用於外官。梁武帝天監七年（508）定爲武職二十四班中的二十三班，大通三年（529）定爲武職三十四班中的三十三班。　開府儀同三司：官名。大臣加號，意謂與三司（太尉、司徒、司空）禮制、待遇相同，許開設府署，自辟僚屬。位次三公。梁諸將軍開府儀同三司爲十七班。　江州刺史：《梁書》卷四五《王僧辯傳》同。按，王僧辯任征東將軍與任江州刺史，時間相隔

甚遠。巴陵之戰後，蕭繹以王僧辯爲征東將軍、開府儀同三司、尚書令，其時約在梁簡文帝大寶二年（551）六月。至八月，王僧辯攻克尋陽，蕭繹命其駐扎於此，等待衆軍會集，因於九月己亥任其爲江州刺史。故王僧辯爲江州刺史非但在其任征東將軍之後，且在下文“僧辯進師尋陽”之後，不宜書於此。

［2］長寧：縣名。治所在湖北荆門市西北。　縣公：封爵名。梁爵制，分王、五等爵、列侯共三等十三級。縣公屬五等爵，在國公、郡公下，縣侯上。位視三公，班次之。屬官置相、典祠、典書令、典衛長一人。《梁書·王僧辯傳》同，《梁書》卷五《元帝紀》作“縣侯”。

［3］魯山：今湖北武漢市漢陽區之龜山。其地有魯山城，與郢城隔江相對，爲郢城門户要塞。按，巴陵兵敗後，侯景以支化仁（一作“張化仁”）爲城主鎮守魯山。魯山之役，王僧辯大破其軍，俘虜支化仁與侯景儀同門洪慶（一作“閻洪慶”）。

［4］羅城：外城。有學者指出，羅城得名，源於其以荆棘、羅籬爲構（參見余健《子城、羅城補識》，《新建築》2021 年第 1 期）。

［5］一時：即時，立刻。

［6］鸚鵡洲：郢城西南之江心洲。漢末名士禰衡在此遇害，禰衡曾作《鸚鵡賦》，故名。首起鮎魚套，尾接黄鵠磯，面積約 15 平方里，呈長條形。在南北朝時爲郢城重要軍港。

［7］建鄴：指建康。“建鄴”是建康古稱。西晋滅吴後，先將吴都建業更名爲秣陵，又於武帝太康三年（282）將秣陵以秦淮河爲界分爲建鄴和秣陵。後爲避晋愍帝司馬鄴諱，改“建鄴”爲“建康”。

［8］宋子仙：侯景部將。臺城陷落後爲侯景攻略三吴，先後被封爲司徒、太保。梁簡文帝大寶二年四月他與任約率軍奇襲郢城，助侯景奪取江夏。侯景東歸建康，留其與時靈護等助丁和戍守郢城，被生擒，送至江陵處死。　困蹙：處境窘迫。

[9]輸：交出，獻出。

[10]杜龕（kān）：京兆杜陵（今陝西西安市長安區）人。王僧辯部將、女婿。時爲太府卿、安北將軍、督定州諸軍事、定州刺史，加通直散騎常侍。本書卷六四、《梁書》卷四六有附傳。　掩至：趁其不備而至。

[11]丁和：在東魏時爲侯景行臺郎中，被派往建康向蕭梁請降。侯景掌權後被封爲儀同。侯景奪取郢城，命其統兵五千留守。巴陵之戰後侯景東歸建康，以其爲郢州刺史，與宋子仙等戍守郢城，被生擒，送至江陵處死。

[12]臠（luán）殺：切成肉塊殺死。

郢州既平，僧辯進師尋陽。[1]軍人多夢周、何二廟神云：[2]"吾已助天子討賊。"自稱征討大將軍，並乘朱航。[3]俄而反曰："已殺景。"同夢者數十百焉。

[1]尋陽：郡名。治湓城，在今江西瑞昌市橫港鎮清湓街。《梁書》卷三九《王僧辯傳》作"九水"，亦指尋陽。

[2]周、何二廟神：《金樓子·興王篇》載梁武帝東下討伐東昏侯，於浦口遇風浪，中直兵參軍勸其"解周、何郎神"，梁武帝曰："周公瑾、何無忌，在昔勤王，如我今日，亦復何異？爾若有靈，當令風静。"知"周、何二廟神"當指周瑜和何無忌。何無忌，東海郯（今山東郯城縣）人。晉末桓玄篡位，他與劉裕等起兵討之。後爲江州刺史，自尋陽引兵拒盧循，戰死於豫章，當地爲其立廟祭祀。《晉書》卷八五有傳。

[3]朱航：朱紅色的船。《册府元龜》卷八九三作"朱舫"。按，軍人夢神祇殺侯景，又見本書卷九《陳武帝紀》。

元帝加僧辯侍中、尚書令、征東大將軍。[1]僧辯頻表勸進，[2]並蒙優答。於是發江州直指建鄴，[3]乃先命南兖州刺史侯瑱襲南陵、鵲頭等戍，[4]並剋之。

［1］尚書令：官名。尚書省長官。是綜理外朝政務的最高長官。位高權重，不親庶務。梁十六班。　征東大將軍：官名。較征東將軍位進一階。

［2］頻表：屢次上表。　勸進：勸蕭繹即帝位。梁簡文帝大寶二年（551）十月壬寅，侯景使王偉等弑簡文帝蕭綱，王僧辯得知消息，兩次上表蕭繹勸進。第一次在十月丙辰（《三國典略》作“乙卯”，《資治通鑑》從《太清紀》作“丙辰”），第二次在十一月乙亥。王僧辯所上表文及蕭繹的回復見《梁書》卷五《元帝紀》。

［3］發江州直指建鄴：王僧辯從尋陽發兵東擊侯景在梁元帝承聖元年（552）二月。

［4］南兖州：州名。東晉僑立兖州，宋時改爲南兖州，初治京口，在今江蘇鎮江市。宋文帝元嘉八年（431）移治廣陵縣，在今江蘇揚州市西北蜀岡上。　侯瑱：字伯玉，巴西充國（今四川閬中市）人。本書卷六六、《陳書》卷九有傳。　南陵：戍名。在今安徽池州市貴池區西南。　鵲頭：戍名。在今安徽銅陵市鵲頭山。戍：大德本、南監本、北監本、殿本同，汲古閣本作“城”。按，王僧辯使侯瑱攻克南陵、鵲頭，《資治通鑑》繫於梁元帝承聖元年二月癸卯。

先是，陳武帝率衆五萬出自南江，[1]前軍五千行至盆口。[2]陳武名蓋僧辯，僧辯憚之。既至盆口，與僧辯會于白茅洲爲盟。[3]於是升壇歃血，[4]共讀盟文，[5]辭氣慷慨，[6]皆淚下沾襟。[7]及發鵲頭，中江而風浪，[8]師人咸懼。[9]僧辯再拜告天曰：“僧辯忠臣，奉辭伐罪，[10]社稷中興，當使風息；若鼎命中淪，請從此逝。”[11]言訖風止，自此遂泛安流。[12]有群魚躍水飛空引導，賊望官軍上有五色雲，雙龍挾艦，行甚迅疾。

[1]陳武帝：陳霸先。武爲其謚號。本書卷九，《陳書》卷一、卷二有紀。　五萬：《陳書・高祖紀上》云，陳霸先率甲士三萬人、彊弩五千張、舟艦二千乘。《資治通鑑》卷一六四《梁紀二十》梁元帝承聖元年胡三省注云："蓋水陸俱下也。"或許"甲士三萬人"僅是步軍，加上弩軍和水軍方合五萬之數。　南江：今江西贛江。

[2]盆口：《梁書》卷四五《王僧辯傳》作"湓口"。湓水與長江的交匯處，在今江西九江市龍開河以西、賽城湖閘口以東官牌夾一帶。按，《陳書・高祖紀上》記載，陳霸先於梁簡文帝大寶三年（552）正月率軍發自豫章，於二月軍次桑落洲。

[3]白茅洲：《陳書》《資治通鑑》作"白茅灣"，《建康實録》卷一七作"白茅津"。在今江西九江市東北，東近桑落洲。

[4]歃血：古時會盟，殺牲飲血，以示信守不渝。

[5]共讀盟文：《梁書・王僧辯傳》具載此盟文，云"霸先爲其文"，然從《陳書》卷一八《沈炯傳》可知，其文實是王僧辯幕下沈炯所作。

[6]辭氣：《梁書・王僧辯傳》作"辭色"。

[7]沾襟：大德本、南監本、北監本、汲古閣本、殿本作"霑衿"。

[8]中江：船到江心。

[9]師人：兵士。

[10]奉辭伐罪：奉正辭，討伐有罪之人。語本《國語・鄭語》："君若以成周之衆奉辭伐罪，無不克矣。"

[11]從此逝：由此遠去。

[12]安流：平穩的水流。

景自出戰於石頭城北，[1]僧辯等大破之。盧暉略聞景戰敗，[2]以石頭城降。僧辯引軍入據之。景走朱方，[3]僧辯命衆將入據臺城。[4]其夜，軍人失火燒太極殿及東西堂。[5]僧辯雖有滅賊之功，而馭下無法，軍人鹵掠，[6]驅逼居人。[7]都下百姓，[8]父子兄弟相哭，自石頭至于東城，[9]被執縛者，男女裸露，袒衣不免。[10]緣淮號叫，[11]翻思景焉。[12]

［1］石頭城：城名。因石頭山而得名。東漢獻帝建安十七年（212）由孫權始築。位於建康城西，爲南朝京師門户要塞和倉儲重地。在今江蘇南京市清涼山一帶。

［2］盧暉略：《陳書》卷一《高祖紀上》作"盧輝略"。爲侯景儀同。侯景進攻建康時，曾奉命屠殺東府城内文武。梁簡文帝大寶元年（550）七月，與任約一同奪取晋熙，攻殺鄱陽世子蕭嗣。王僧辯進軍江州時，盧暉略與范希榮戍守湓城，挾蕭大連棄城逃走。王僧辯進攻建康時，盧暉略守石頭城。大寶三年三月丁亥，王僧辯在石頭城北大敗侯景，盧暉略開石頭城北門投降。

［3］朱方：即京口。古人認爲，其地即春秋吴國之朱方。在今江蘇鎮江市丹徒區。

［4］臺城：即東晋、南朝的建康宮城。"臺"在當時常指稱朝廷。

［5］軍人失火：《梁書》卷四五《王僧辯傳》云"軍人採梠失火"，顔之推《觀我生賦》"但遺恨於炎崑，火延宮而累月"自注云："侯景既平，我師採穭失火，燒宮殿蕩盡也。""梠""穭"同，"梠"通"稆"，義爲野生之禾。"採梠失火"實即兵士燒殺搶掠的婉辭。又《隋書·禮儀志五》云："陳承梁末，王琳縱火，延燒車府。"似乎失火與王琳所部頗有關係。此次火勢甚大，本書卷八〇《侯景傳》云："是夜遺燼燒太極殿及東西堂、延閣、秘署皆盡，羽

儀輦輅莫有孑遺。王僧辯命武州刺史杜崱救火，僅而得滅。故武德、五明、重雲殿及門下、中書、尚書省得免。”　太極殿：臺城外朝中央正殿，是舉行重大典禮之處。此次焚毀的太極殿，是梁武帝天監十二年（513）改建。有屋十三間，高八丈、長二十七丈、廣十丈，内外以錦石砌成，殿前有約六十畝之廣庭。　東西堂：在太極殿左右兩側，是皇帝日常接見群臣、舉行宴會的場所，各有屋七間，用錦石砌成。東、西堂與太極殿之間有東、西二上閤，這一組建築構成一相對封閉的庭院，庭院東、西墻是臺城内城城墻，分别有神虎門、西中華門和雲龍門、東中華門，其南爲太陽門。

[6]鹵掠：搶奪人和物。

[7]驅逼居人:《梁書·王僧辯傳》作“盡驅逼居民以求購贖”。

[8]都下：京城。

[9]東城：指建康城東南的東府城。原爲東晋司馬昱、司馬道子府宅所在。晋安帝義熙十年（414）冬，劉裕於此築城，遂成爲拱衛建康的軍事重鎮，亦是梁代揚州刺史治所。城墻爲土築，有雉堞、城壕，開東、南、西三門，無北門。位於青溪以東、秦淮河以北，西對青溪大橋，南對小航，約在今通濟門大中橋以東一帶。

[10]袓（nì）衣：貼身内衣。按，《梁書·王僧辯傳》一本作“衵衣”，當以“衵衣”爲是。

[11]淮：建康城南的秦淮河。石頭城與東府城均在秦淮河沿岸。

[12]翻：反。

僧辯命侯瑱、裴之横東追景，[1]僞行臺趙伯超自吴松江降侯瑱，[2]瑱送至僧辯，僧辯謂曰:“卿荷國重恩，遂復同逆，[3]今日之事，將欲如何。”因命送江陵。伯超既出，僧辯顧坐客曰:“朝廷昔唯知有趙伯超，豈識王僧辯乎。社稷既傾，爲我所復，人之興廢，亦復何常。”

賓客皆前稱歎功德，僧辯矍然，[4]乃謬答曰：[5]“此乃聖上威德，群帥用命，老夫雖濫居戎首，[6]何力之有焉。”於是逆寇悉平。

[1]裴之橫：字如岳，河東聞喜（今山西聞喜縣）人。本書卷五八、《梁書》卷二八有附傳。

[2]行臺：官名。行臺原係尚書省臨時派出機構。北魏後期戰争頻仍，爲有效協調作戰指揮與後勤補給，大量以行臺作爲最高軍事指揮機構，或統兵出征，或鎮戍地方，賦予其節度所轄諸軍、隨機處置、徵發兵丁等特權。因其長期駐治地方，兼理軍民，至東魏、北齊，已演變爲州、郡之上最高一級地方行政機構。“道”是行臺行使權力的區域範圍，北魏末出現了一些相對穩定的地方行臺區，如雍州西道行臺、荆州南道行臺、徐兖東道行臺等，不過對征討行臺而言，有時方位“道”僅表其統兵出征的大致方向。侯景秉政時摹仿北朝制度，派出行臺統兵征討境内反對勢力。據《梁書》卷五六《侯景傳》，梁簡文帝大寶二年（551）十月，司空、東道行臺（一作“東南道大行臺”）劉神茂反叛侯景，侯景因於次月任命趙伯超爲東道行臺，鎮錢塘，指揮平定東部叛亂。　趙伯超：趙革之子。原爲譙州刺史，寒山之戰時曾被東魏俘虜。侯景之亂時隨邵陵王蕭綸入援京師，後與柳仲禮等人一同歸降侯景。侯景任其爲儀同，又以其爲東道行臺，鎮錢塘。侯景敗逃後，趙伯超投降侯瑱。後餓死於江陵獄中。　吴松江：即今吴淞江。古名松江。南北朝時源出太湖口，下游在今上海市原虬江道入海。當時江面很寬，是太湖的主要出水口。按，侯瑱奉王僧辯命追擊侯景，與其戰於吴松江，侯景大敗，與數十心腹逃走，《資治通鑑》繫其事於大寶三年四月己酉。此戰後，侯瑱隨即進兵錢塘，趙伯超先前已叛侯景，當在此時歸降侯瑱。

[3]遂復：竟然。

[4]戄（jué）然：害怕、不安。《梁書》卷四五《王僧辯傳》作“瞿然”。“瞿”“戄”通。

[5]謬答：假裝、虛僞地回答。

[6]濫居：謙辭，意謂自己才不堪任。　戎首：軍隊主帥。

元帝即位，[1]授鎮衛將軍、司徒，[2]加班劍二十人，[3]改封永寧郡公，[4]侍中、尚書令如故。[5]

[1]元帝即位：梁簡文帝大寶三年（552）十一月丙子，蕭繹即位於江陵，改太清六年爲承聖元年。

[2]鎮衛將軍：官名。後趙石虎所創，南朝梁仿後趙、北涼之制，置爲軍號之首。爲内外通用之重號將軍。梁武帝天監七年（508）定爲武職二十四班中的二十四班，大通三年（529）定爲武職三十四班中的三十四班。　司徒：官名。與太尉、司空並爲三司。無論有無司徒，皆置司徒府，負責選用和黜免全國州、郡中正，並審核州、郡中正評定的人才品第。梁十八班。

[3]班劍：儀制術語。又稱“斑劍”。漢代有朝服佩劍之禮儀，西晉後則代之以木劍，文飾斑斕，故稱“斑劍”。後世用爲帝王鹵簿法駕之儀仗，以佩劍武士若干人賜給勳臣作爲扈從，以示榮寵。所賜人數不一，皆視官階功勳而定。

[4]永寧：郡名。僑寄於上黄縣，有實土，在今湖北南漳縣東南。　郡公：封爵名。梁爵制，分王、五等爵、列侯共三等十三級。郡公屬五等爵，在國公下、縣公上。位視三公，班次之。屬官置相、典祠、典書令、典衛長一人。

[5]侍中、尚書令如故：《梁書》卷四五《王僧辯傳》“尚書令”下有“鼓吹”二字。

先是，天監中沙門釋寶誌爲讖云：[1]“太歲龍，將無理。蕭經霜，草應死。餘人散，十八子。”時言蕭氏當滅，李氏代興。及湘州賊陸納等攻破衡州刺史丁道貴，[2]而李洪雅又自零陵稱助討納。[3]既而朝廷未達其心，詔徵僧辯就宜豐侯循南征，[4]爲都督東上諸軍事，以陳武帝爲都督西下諸軍事。[5]先是，陳武讓都督於僧辯，[6]僧辯不受，故元帝分爲東、西都督而俱南討焉。尋而洪雅降納，納以爲應符，於是共議拜洪雅爲大將軍，尊事爲主。洪雅乘平肩大輿，[7]繖蓋、鼓吹、羽儀悉備，[8]翼從入長沙城。[9]時納等據車輪，[10]夾岸爲城，士卒皆百戰之餘，[11]器甲精嚴，徒黨勇鋭，蒙衝鬬艦，[12]亘水陵山。[13]時天日清明，初無雲霧，軍發之際，忽然風雨，時人謂爲泣軍，[14]百姓竊言知其敗也。三月庚寅，有兩龍自城西江中騰躍升天，[15]五色分明，遥映江水。百姓咸仰面目之，父老或聚而悲，竊相謂曰:“地龍已去，國其亡乎。”初，納造大艦，一名曰三王艦者，邵陵王、河東王、桂陽嗣王三人並爲元帝所害，[16]故立其像於艦，祭以太牢，[17]加其節蓋、羽儀、鼓吹，[18]每戰輒祭之以求福。又造二艦，一曰青龍艦，一曰白武艦，[19]皆衣以牛皮，並高十五丈，選其中尤勇健者乘之。僧辯憚之，稍作連城以逼焉。[20]賊不敢交鋒，[21]並懷懈怠。僧辯因其無備，親執旗鼓以誡進止，群賊大敗，歸保長沙。僧辯乃命築壘圍之，而自出臨視。賊知不設備，其黨吴藏、李賢明等蒙楯直進，[22]僧辯尚據胡牀不爲之動，[23]指麾勇敢，遂斬賢明，賊乃退歸。初，陸納作逆，以王琳爲辭，云“若放琳則自服”。[24]時衆軍未之許，而武陵王紀擁衆上流，[25]内外駭懼。元帝乃遣琳和解之，[26]湘州乃平。因被詔會衆軍西討。尋而武陵敗績。[27]

[1]天監：南朝梁武帝蕭衍年號（502—519）。　沙門：吐火羅文 ṣāmaṃ 的音譯。梵文作 śramaṇa，又譯桑門、沙門那等。意譯"息心"或"勤息"。在古代印度本指非婆羅門教的各種教派的出家修行者，後佛教專指依照戒律出家修行之人。中國用來指出家的佛教僧人。　釋寶誌：本姓朱，金城（今甘肅蘭州市）人。南朝僧人。俗呼爲"誌公"。能知未來，好爲讖記，人稱"誌公符"。梁武帝天監十三年卒。本書卷七六有傳。《高僧傳》作"保誌"。　讖：預言。

[2]陸納：原爲王琳長史。承聖元年（552）十月，王琳被梁元帝囚禁於江陵，陸納遂率部於湘州發動叛亂。後來蕭繹釋放王琳，陸納乃降。　衡州：州名。治含洭縣，在今廣東英德市浛洸鎮。　丁道貴：梁元帝承聖元年十一月，陸納遣潘烏累破丁道貴於淥口（今湖南株洲市淥水入湘江之口），丁道貴逃至零陵，投奔李洪雅。承聖二年二月，李洪雅投降陸納，丁道貴被陸納所殺。

[3]李洪雅：零陵（今湖南永州市）人。本爲當地土豪，侯景之亂時占據營陽（今湖南道縣西北），被梁元帝任爲營州刺史。他請求討伐陸納，反被陸納部將吴藏擊破，於承聖二年二月以空靈城降。陸納推其爲主，號大將軍。　零陵：郡名。治泉陵縣，在今湖南永州市。

[4]宜豐侯循：蕭循。字世和，梁武帝十弟，鄱陽忠烈王蕭恢第十七子。梁武帝時封宜豐侯。元帝即位後，任其爲驃騎將軍、湘州刺史。敬帝太平元年（556）正月襲封鄱陽王。本書卷五二有附傳。宜豐，縣名。治所在今江西宜春市。按，循，本書卷五二作"脩"，據 1925 年出土《蕭翹墓誌》知當以"循"爲是。

［5］都督西下諸軍事：《梁書》卷四五《王僧辯傳》“下”作“上”。

［6］陳武讓都督於僧辯：《梁書·王僧辯傳》“陳武”作“霸先”。按，王僧辯征討陸納時，陳霸先奉命代理揚州軍政，並未和王僧辯一同出征。《資治通鑑》卷一六五《梁紀二十一》梁元帝承聖二年：“王僧辯至巴陵，宜豐侯循讓都督於僧辯，僧辯弗受。上乃以僧辯、循爲東、西都督。”《資治通鑑考異》云：“《僧辯傳》云‘與陳霸先讓都督’。今從《典略》。”疑此句之“陳武”與上句之“陳武帝”皆當作蕭循。蕭循發自江陵，於承聖元年十二月擊退了陸納對巴陵的進攻，王僧辯於承聖二年正月發自建康，與蕭循在巴陵會合，二人一自東一自西，故爲東、西二都督。

［7］平肩大輿：“平肩輿”是一種用肩扛的步輿，自魏晋以來廣泛使用。肩扛則前後須保持平衡，故曰“平肩”。出土的南北朝畫像中，“平肩輿”多施通幰帷幔，幔上可加飾華蓋。

［8］繖蓋：一種傘形儀仗。長柄圓頂，飾有帷幔、流蘇等。　鼓吹：帝王出行的儀仗。南朝時亦常賜予皇親國戚或有功大臣，以示尊崇。高級儀仗分爲前部鼓吹、後部鼓吹，前部鼓吹在前開道，以鉦、鼓等大型樂器爲主，樂工步行演奏；後部鼓吹殿後，以簫、笳、鼙等小型樂器爲主，樂工或步行，或在馬上演奏。　羽儀：儀仗中以羽毛爲飾的旌旗之類。

［9］翼從：在兩側隨從。

［10］車輪：地名。當位於長沙城以北，爲湘江要隘。

［11］士卒皆百戰之餘：陸納所率乃王琳部曲，《北齊書》卷三二《王琳傳》云王琳“麾下萬人，多是江淮群盜”。江淮流民在當時以驃勇强悍著稱，王琳所部又在平定侯景之亂的戰爭中立下大功，故其戰力讓王僧辯頗爲忌憚。又，陸納麾下的李賢明原爲侯景部將，則湘州叛軍中當亦包含戰爭中歸降的侯景舊部。

［12］蒙衝鬭艦：大型戰船。

［13］亘水：在水中連綿不絶。

[14]泣軍：古人常以天文雲氣占卜戰爭勝負。《通典》卷一六二《兵典十五》引《司馬法》云:"若霧非霧，是泣軍也，必敗。"《漢書》卷九九《王莽傳下》記載，王莽遣太師王匡、更始將軍廉丹征剿赤眉軍，出行時"天大雨，霑衣止。長老歎曰:'是爲泣軍!'"可見"泣軍"之説由來已久。

[15]有兩龍自城西江中騰躍升天:《梁書》卷五《元帝紀》及本書卷八《梁元帝紀》亦記載此事：梁元帝承聖二年三月"庚寅，有兩龍見湘州西江"。而本書《梁元帝紀》又記載:"初，承聖二年三月，有二龍自南郡城西升天，百姓聚觀，五采分明。江陵故老竊相泣曰:'昔年龍出建康淮，而天下大亂，今復有焉，禍至無日矣。'帝聞而惡之，踰年而遘禍。"兩次"二龍升天"時間相近，地點、徵驗則不同。

[16]邵陵王：即蕭綸，字世調。梁武帝第六子，丁充華所生。梁武帝天監十三年封邵陵郡王，邑二千户。簡文帝大寶元年（550）八月，蕭繹遣王僧辯、鮑泉等率舟師一萬，以討伐任約爲名進逼蕭綸所駐的郢州，蕭綸出逃，於次年二月在汝南被西魏楊忠率軍擒殺。本書卷五三、《梁書》卷二九有傳。邵陵，郡名。治邵陵縣，在今湖南邵陽市。　河東王：即蕭譽，字重孫。蕭統次子。梁武帝中大通三年（531）六月，封河東郡王，邑二千户。大寶元年四月（一作"五月"），王僧辯攻克湘州後被斬殺。本書卷五三有附傳，《梁書》卷五五有傳。河東，郡名。僑寄松滋縣，在今湖北松滋市西北。　桂陽嗣王：即蕭慥。梁武帝長兄蕭懿第九子蕭象之子。武帝即位後追封五弟蕭融爲桂陽郡王，因蕭融無子，故以蕭象出嗣襲爵。蕭象大同二年（536）卒後，蕭慥嗣封。太清三年（549）二月，蕭繹駐軍於郢州武城，作入援臺城之態，蕭慥時爲信州刺史，逗留江陵。蕭繹疑蕭慥爲蕭譽、蕭詧内應，遂奔還江陵，殺死蕭慥。

[17]太牢：牛、羊、豕三牲。

[18]節蓋：節和傘蓋並爲儀仗。南北朝壁畫中的節，其杆下端

呈尖錐狀，上端是六個固定的圓盤，杆從圓盤中央穿過。兩個圓盤爲一組，每組下層圓盤飾有細密的垂穗（參見中國社會科學院考古研究所、河北省文物研究所編著《磁縣灣漳北朝壁畫墓》，科學出版社 2003 年版，第 157 頁）。

［19］白武艦：大德本、南監本、北監本、汲古閣本、殿本“武”作“虎”。底本係避唐高祖祖父李虎諱改。

［20］逼：攻。

［21］賊不敢交鋒：《梁書・王僧辯傳》作“賊見不敢交鋒”。馬宗霍《南史校證》云:“此‘見’字斷不可省，上文云‘僧辯憚之’，下文云‘並懷懈怠’，然則‘賊見不敢交鋒’者，謂見僧辯不敢與彼交鋒也，賊因不敢與彼交鋒，故並懷懈怠，《南史》删去‘見’字，則不敢交鋒者屬於賊，上下文皆不貫矣。”（湖南教育出版社 2008 年版，第 986 頁）

［22］吴藏：王琳部將。後被王琳任爲兗州刺史，梁敬帝太平元年八月奉命攻打江夏，不克而死。　李賢明：原爲侯景部將，曾於梁武帝太清三年爲侯景奪取宣城。後降於王琳。據《梁書》卷二八《裴之横傳》，斬殺李賢明的是王僧辯部將裴之横。

［23］胡牀：一種從西域傳來的輕便坐具。其足交叉斜置，可以折疊，便於臨時陳設、隨身攜帶。人坐在上面，下垂雙腿，雙足着地。形制約類似於今天的“馬扎兒”。魏晋南北朝時應用相當廣泛，亦常用於行軍作戰，將帥可坐在上面，觀察敵情、指揮戰鬬（參見楊泓《中國古兵器論叢》，文物出版社 1980 年版，第 298—302 頁）。

［24］若放琳則自服：《梁書・王僧辯傳》作“朝廷若殺王琳，納等自當降伏”，《資治通鑑・梁紀二十一》梁元帝承聖二年作“朝廷若赦王郎，乞聽入城”。《梁書》顯誤。王琳，字子珩，會稽山陰（今浙江紹興市）人。本爲兵户子弟，其姊妹有寵於蕭繹，故得侍左右。後隨王僧辯平定侯景之亂，立下大功，然其縱部下燒掠於建康，王僧辯禁之不可，啓請誅之。後蕭繹任王琳爲湘州刺史，

王琳命長史陸納率部前赴湘州，自己隻身至江陵請罪，被蕭繹下獄。本書卷六四、《北齊書》卷三二有傳。

[25]武陵王紀：即蕭紀。字世詢。梁武帝第八子，葛脩容所生。天監十三年七月，封武陵郡王，邑二千户。元帝承聖元年四月，他稱帝於蜀，年號天正。於當年八月舉兵東下。本書卷五三、《梁書》卷五五有傳。武陵，郡名。治臨沅縣，在今湖南常德市。按，承聖二年五月，蕭紀軍至西陵，其勢甚盛，蕭繹急需迅速解決湘州叛亂，以便集中兵力擊破蕭紀，故不得不釋放王琳。

[26]遣：釋放。

[27]尋而武陵敗績：本書卷八《元帝紀》云，梁元帝承聖二年六月乙卯，王僧辯平湘州。七月，蕭紀兵潰，被蕭繹部將樊猛所殺。

是時，齊遣郭元建謀襲建鄴，[1]又遣其大將東方老等繼之。[2]陳武帝聞之，馳報江陵。元帝即詔僧辯急下赴援。[3]僧辯次姑熟，[4]即留鎮焉。先命豫州刺史侯瑱築壘於東關以拒北軍，[5]徵吴郡太守張彪、吴興太守裴之横會瑱而大敗之。[6]僧辯振旅歸建鄴。[7]

[1]郭元建：原爲侯景部將。侯景任其爲太尉、北道行臺、南兗州刺史，鎮廣陵，梁元帝承聖元年（552）三月，王僧辯攻入臺城，郭元建遂率部歸降北齊。此後多次引齊軍南下攻襲。按，承聖二年九月，北齊遣郭元建率軍二萬，治舟師於合肥（今安徽合肥市），又遣邢景遠（一作“邢杲遠”）、步六汗薩、東方老等率軍繼之。據《資治通鑑》卷一六五《梁紀二十一》梁元帝承聖二年記載，北齊策動此次戰争的目的是扶立湘潭侯蕭退。

[2]東方老：安德鬲（今山東德州市陵城區）人。北齊將領。《北齊書》卷二一、《北史》卷三一有附傳。

［3］元帝：大德本、汲古閣本同，南監本、北監本、殿本作“元年”，當以“元帝”爲是。

［4］姑熟：縣名。治所在今安徽當塗縣。熟，大德本、南監本、北監本、汲古閣本同，殿本作“孰”。

［5］豫州：《資治通鑑·梁紀二十一》梁元帝承聖二年十月己酉條作“婺州”，閏月丁丑條作“南豫州”。《陳書》卷九《侯瑱傳》云，討平侯景後，侯瑱“以功除南豫州刺史，鎮于姑熟”。按，時婺州置於東陽郡（今浙江金華市），豫州置於豫章郡（今江西南昌市），疑當以“南豫州”爲是。南豫州，州名。治姑孰，在今安徽當塗縣。　東關：位於濡須水東岸濡須山下，在今安徽含山縣林頭鎮東關社區。北齊水軍屯於巢湖，欲渡長江，東關是其必經的戰略要地。

［6］吴郡：郡名。治吴縣，在今江蘇蘇州市。　張彪：自云襄陽（今湖北襄陽市）人。侯景之亂時於會稽若邪山聚衆起事，後依附王僧辯。本書卷六四有傳。　吴興：郡名。治烏程縣，在今浙江湖州市。

［7］振旅：凱旋。

承聖三年二月，[1]詔以僧辯爲太尉、車騎大將軍。[2]頃之丁母憂。母姓魏氏，性甚安和，善於綏接，家門内外莫不懷之。初，僧辯下獄，母流涙徒行，[3]將入謝罪，元帝不與相見。時貞惠世子有寵，[4]母詣閤自陳無訓，涕泗嗚咽，衆並矜之。及僧辯免坐，[5]母深相責厲，[6]辭色俱嚴。雖剋復舊都，功蓋宇内，[7]母恒自謙損，不以富貴驕物，朝野稱之，謂爲明哲婦人。[8]及亡，甚見愍悼，且以僧辯勳重，故喪禮加焉。命侍中、謁者監護喪事，[9]謚曰貞敬太夫人。靈柩將歸建康，又遣謁者至舟渚弔祭。[10]

[1]二月：《梁書》卷五《元帝紀》作“三月甲辰”，《梁書》卷四五《王僧辯傳》作“二月甲辰”，《資治通鑑考異》云《三國典略》作“二月甲子”。按，當年二月無甲辰。

[2]太尉：官名。與司徒、司空並爲三司。爲尊崇之位，無具體職掌。梁十八班。　車騎大將軍：《梁書·元帝紀》作“車騎將軍”。車騎將軍，官名。僅次於鎮衛將軍、驃騎將軍。爲内外通用之重號將軍。梁武帝天監七年（508）定爲武職二十四班中的二十四班，大通三年（529）定爲武職三十四班中的三十四班。加“大”者，位進一階。

[3]徒行：步行。

[4]貞惠世子：即蕭方諸，字智相（本書作“明智”）。蕭繹第二子，王夫人所生。受蕭繹寵愛。後被侯景所殺。追謚曰貞惠世子。本書卷五四、《梁書》卷四四有傳。

[5]免坐：大德本、南監本、北監本、汲古閣本作“罪免”。

[6]責厲：《梁書·王僧辯傳》作“責勵”。

[7]宇内：大德本、汲古閣本、殿本作“宇宙”，《梁書·王僧辯傳》作“天下”。

[8]明哲：明智，洞明事理。

[9]謁者：官名。謁者臺屬官，掌奉詔出使拜假、朝會擯贊等事。梁時爲流外官。　監護喪事：爲喪家營辦喪事。朝廷遣使護喪乃對逝者的榮寵。護，視，料理。

[10]舟渚：船隻停泊的地方。

其年十月，魏遣兵及梁王詧合衆將襲江陵，[1]元帝徵僧辯於建鄴，[2]爲大都督、荆州刺史。未至，而荆州已滅。及敬帝初即梁王位，[3]僧辯預援立功，[4]承制進驃騎大將軍、中書監、都督中外諸軍事、録尚書。[5]與陳武帝參謀討伐。

［1］魏遣兵及梁王詧合衆將襲江陵：按，西魏遣于謹、宇文護、楊忠將兵五萬自長安攻伐江陵，於梁元帝承聖三年（554）十月丙寅到達襄陽，與蕭詧軍隊會合。

［2］元帝徵僧辯於建鄴：據《梁書》卷四五《王僧辯傳》，梁元帝派出徵召王僧辯的是主書李膺，《梁書》卷五《元帝紀》繫其時於梁元帝承聖三年十月丙子，《資治通鑑》繫於十月辛未。按，江陵城陷落於承聖三年十一月末、十二月初。

［3］敬帝：南朝梁敬帝蕭方智。敬爲其謚號。字慧相，梁元帝第九子，夏貴妃所生。江陵城陷落時，蕭方智爲晋安王、江州刺史。王僧辯、陳霸先將其迎至建康，爲太宰、承制。本書卷八、《梁書》卷六有紀。

［4］援立：扶立。《梁書·王僧辯傳》作“樹立”。

［5］驃騎大將軍：官名。驃騎將軍在鎮衛將軍下、車騎將軍上。爲内外通用之重號將軍。梁武帝天監七年（508）定爲武職二十四班中的二十四班，大通三年（529）定爲武職三十四班中的三十四班。加“大”者，位進一階。　中書監：官名。中書省長官，位在中書令上。南朝時漸成虛銜，以爲尊崇。梁十五班。　都督中外諸軍事：官名。總管中央軍隊。“中外”指宫城内外，即宫城内的禁衛軍和宫城外的京師軍。西晋起漸成虛職、榮銜，南朝不常設，多加於權臣（參見祝總斌《都督中外諸軍事及其性質、作用》，北京大學中國中古史研究中心編《紀念陳寅恪先生誕辰百年學術論文集》，北京大學出版社1989年版，第221—241頁）。　録尚書：漢代始置。“録”義爲領、治，“録尚書事”即協助皇帝處理尚書的各類文書。東晋以來，録尚書事權力很大，職無不總，把持朝政。南朝時不常設，多加於權臣。

時齊文宣又納貞陽侯明以爲梁嗣，[1]與僧辯書，并貞陽亦頓與僧辯書，[2]論還國繼統之事。僧辯不納。及貞陽與齊上黨王高涣至東關，[3]散騎常侍裴之横軍敗，[4]僧辯遂謀納貞陽，[5]仍書定君臣之禮。[6]因遣第七子顯、顯所生劉并弟子珍往充質，[7]遣左户尚書周弘正至歷陽迎明。[8]又遣吏部尚書王通送啓，[9]因求以敬帝爲皇太子。明報書許之。僧辯遣使送質于鄴，[10]貞陽求度衛士三千。[11]僧辯慮其爲變，止受散卒千人而已，并遣龍舟、法駕往迎。[12]貞陽濟江之日，[13]僧辯擁檝中流，[14]不敢就岸，末乃同會于江寧浦。[15]明踐位，授僧辯大司馬，[16]領太子太傅、揚州牧，[17]餘如故。

[1]齊文宣：即北齊皇帝高洋。文宣爲其謚號。《北齊書》卷四、《北史》卷七有紀。　貞陽侯明：即蕭淵明。本書避唐高祖李淵諱删去“淵”字。字靖通，梁武帝長兄蕭懿之子。武帝太清元年（547）十一月，在寒山之戰中被東魏所俘。本書卷五一有附傳。貞陽，縣名。治所在今廣東英德市東南滃江北。

[2]貞陽亦頓與僧辯書：大德本、南監本、北監本、汲古閣本、殿本“頓”作“頻”。按，作“頻”是。《陳書》卷二六《徐陵傳》云：“淵明往復致書，皆陵詞也。”知蕭淵明寫給王僧辯的書信，大多出自隨他南下的徐陵之手。

[3]上黨王高涣：字敬壽，渤海蓨（今河北景縣）人。高歡第七子，韓氏所生。高洋即位後封爲上黨王。《北齊書》卷一〇、《北史》卷五一有傳。上黨，郡名。治壺關城，在今山西長治市北。按，梁元帝死後，北齊文宣帝天保六年（555）正月立蕭淵明爲梁主，命上黨王高涣率軍護送其歸國即位。

[4]散騎常侍：官名。漢獻帝建安二十五年（220）置。梁時

爲集書省長官，員四人。掌侍從左右，規諫得失，平省尚書奏事，亦起草文書，巡行出使。散騎常侍等官因晋宋之際選授過濫而日漸閑散卑輕，梁武帝天監六年（507）革選努力提高集書省地位，以散騎常侍視侍中，然終非華胄所悦。梁十二班。按，據《北齊書》卷四《文宣帝紀》，高涣軍隊於北齊文宣帝天保六年三月丙戌攻克東關，斬殺裴之横。

［5］僧辯遂謀納貞陽：王僧辯之所以屈服於北齊，答應納蕭淵明爲帝，不止是因爲裴之横東關之敗。北齊長期以來一直有在梁地扶植傀儡政權的意圖，在高涣護送蕭淵明南下的同時，北齊相繼派兵攻克了郢城、晋熙等地，從上、下游同時對梁施加軍事壓力。此外，自西魏進攻江陵起，西魏、北齊在瓜分梁地的問題上漸漸形成了各自明白的大致範圍和界限，采取相互默許的態度，這也是王僧辯不得不順從齊人的重要原因（參見李萬生《南北朝史拾遺》，三秦出版社 2003 年版，第 135—151 頁）。

［6］仍書定君臣之禮：《梁書》卷四五《王僧辯傳》無“書”字。馬宗霍《南史校證》云：“《南史》增爲‘書定’者，謂奉啓貞陽稱陛下，自稱爲臣也。”（第 987 頁）

［7］所生：所生母，親生母親。　珍：《梁書・王僧辯傳》、《資治通鑑》卷一六六《梁紀二十二》梁敬帝紹泰元年作“世珍”。

［8］左户尚書：官名。即左民尚書。避唐太宗李世民諱改。尚書省列曹尚書之一，領左民、駕部等曹。掌土木工程及户籍。梁十三班。　周弘正：字思行，汝南安成（今河南汝南縣）人。本書卷三四有附傳，《陳書》卷二四有傳。　歷陽：縣名。治所在今安徽和縣。

［9］吏部尚書：官名。尚書省列曹尚書之首。掌官吏銓選、任免等，職任隆重。梁十四班。　王通：字公達，琅邪臨沂（今山東臨沂市）人。本書卷二三有附傳，《陳書》卷一七有傳。

［10］鄴：北齊都城，在今河北臨漳縣西南。按，《資治通鑑考異》曰：“《典略》：‘三月辛卯，遣廷尉張種等送質于鄴。’按淵明五

月始入建康，疑太早，恐非。”《文苑英華》卷六六七載徐陵《又爲貞陽侯答王太尉書》，信開頭寫到:“周尚書弘正、張廷尉種、姜常侍暠等至，枉此月二十六日告，並遣賢弟子世珍、賢子顯等，具忠款之至。”“此月”當是三月或四月，則張種“送質于鄴”的時間至少在三月二十六日之後，“三月辛卯”確實過早，有可能是王僧辯向北齊方面提議“送質于鄴”的時間。

[11]貞陽求度衛士三千:《文苑英華》卷六六七載徐陵《又爲貞陽侯答王太尉書》云:“止請三千人、二百匹而已。”

[12]法駕：皇帝出行，車隊的規格有大駕、法駕、小駕之别。法駕高於小駕，次於大駕。《隋書·禮儀志七》記載，梁代“法駕以祭方澤，祀明堂，奉宗廟，藉千畝”，“侍中驂乘，奉車郎馭，公卿不引”。

[13]貞陽濟江之日：蕭淵明渡江即位的時間，《北齊書·文宣帝紀》、《陳書》卷一《高祖紀上》並繫於當年五月，《資治通鑑考異》引《三國典略》云:“五月庚子，僧辯逆淵明；辛丑，濟江；癸卯，至建康。”唯《梁書》卷六《敬帝紀》云，蕭淵明七月辛丑自采石渡江，甲辰入於京師，《建康實録》卷一七亦云“七月，僧辯納之，立爲帝”。諸史頗有歧異。

[14]擁檝：檝，大德本、汲古閣本同，南監本、北監本、殿本作“檝”，當以“檝”爲是。擁檝，持槳。

[15]江寧浦：即江寧浦口。其水源出今安徽馬鞍山市東南，北流入長江。在今江蘇南京市江寧區江寧街道。

[16]大司馬：官名。南朝時位在三司之上，太宰、太傅、太保之下。爲虚職、榮銜。梁十八班。

[17]太子太傅：官名。南朝太子二傅之一，位在太子少傅上，掌教導、輔翼太子。其時已成虚職、榮銜。梁十六班。　揚州牧：官名。南朝時，州的行政長官通常是刺史，州牧非一般人臣之職，任者多爲當朝權臣。揚州是都城建康所在，故揚州牧地位更加特殊。有學者指出，宋、齊、梁、陳禪代之際，稱帝者必先稱揚州

牧，卒贈揚州牧者也往往是身份顯赫的宗王（參見魏俊傑《兩漢至隋唐州牧的演變》，《唐都學刊》2018 年第 1 期）。揚州，州名。治建康縣，在今江蘇南京市。

陳武帝時爲司空、南徐州刺史，[1]因自京口舉兵襲之。[2]僧辯常處石頭城，是日視事，[3]軍人已踰城北而入，[4]南門又白有兵來。僧辯與子頠遽走出閤，[5]計無所出，乃據南門樓拜請求哀。[6]陳武縱火焚之，方共頠下就執。陳武謂曰："我有何辜，公欲與齊師賜討。"又曰："何意全無防備。"[7]僧辯曰："委公北門，[8]何謂無備？"是夜，及子頠俱被絞殺。[9]

[1]司空：官名。與太尉、司徒並爲三公。爲虚職、榮銜。梁十八班。按，陳霸先授司空，《梁書》卷五《元帝紀》、《資治通鑑》卷一六五《梁紀二十一》繫於梁元帝承聖三年（554）四月癸酉，《陳書》卷一《高祖紀上》繫於三月。　南徐州：州名。治京口城，在今江蘇鎮江市。按，陳霸先授南徐州刺史，《梁書·元帝紀》繫於梁武帝太清六年（552）五月，《陳書·高祖紀上》繫於七月，《資治通鑑》卷一六四《梁紀二十》繫於九月。

[2]京口：鎮名。在今江蘇鎮江市。

[3]視事：治事，辦公。

[4]軍人已踰城北而入：襲殺王僧辯時，陳霸先兵分兩路，水陸並進，侯安都、徐度率水軍於石頭城北登岸，陳霸先則自率馬步從江乘、羅落會之。"石頭城北接崗阜，雉堞不甚危峻"，故軍士得"踰城北而入"。陳霸先擒拿王僧辯的經過，《陳書·高祖紀上》、卷八《侯安都傳》記載甚詳。

[5]頠：音 wěi。　閤：内室。

［6］拜請求哀：求哀，哀求。《梁書》卷四五《王僧辯傳》作“乞命拜請”。

［7］何意：爲何。

［8］北門：《資治通鑑》卷一六六《梁紀二十二》梁敬帝紹泰元年胡三省注云：“京口爲建康北門。”

［9］及子頠俱被絞殺：《資治通鑑·梁紀二十二》、《陳書·高祖紀上》亦記載陳霸先縊殺王僧辯父子，而《梁書·王僧辯傳》作“爾夜斬之”，《建康實録》卷一七作“縊而斬之”。

初，僧辯平建鄴，遣陳武守京口，[1]推以赤心，結廉、藺之分。且爲第三子頠許娶陳武章后所生女，[2]未昏而僧辯母亡，雖然情好甚密，[3]其長子顗屢諫不聽。[4]至是，會江淮人報云“齊兵大舉至壽春”，[5]僧辯謂齊軍必出江表，[6]因遣記室參軍江旰以事報陳武，[7]仍使整舟艦器械。陳武宿有圖僧辯志，及聞命，[8]留旰城中，御枚而進。[9]知謀者唯侯安都、周文育而已，[10]外人但謂江旰徵兵扞北。安都舟艦將趣石頭，陳武控馬未進。安都大懼，乃追陳武罵曰：“今日作賊，[11]事勢已成，生死須決，在後欲何所望？[12]若敗俱死，後期得免斫頭邪？”陳武曰：“安都嗔我。”[13]乃敢進。遂剋之，時壽春竟無齊軍，又非陳武之譎，殆天授也。

［1］遣陳武守京口：王僧辯啓陳霸先鎮京口，《資治通鑑》繫於梁敬帝承聖元年（552）四月。京口是建康下游屏障，與廣陵隔江相對，“廣陵之備不固，京口之勢危殆；京口之防或疏，建康之危立至”（參見胡阿祥《東晉南朝的守國形勢——兼説中國歷史上的南北對立》，《江海學刊》1998年第4期）。王僧辯攻破臺城後，

郭元建以廣陵郡歸降北齊，這使京口直接面臨來自北齊的威脅，故王僧辯不得不派重將守衛這一門户要塞。有觀點認爲，王僧辯此舉的深層用意，是使陳霸先身處抗齊前綫，以削弱其力量（參見張國安《梁末政治鬬争及其分野》，《河南師範大學學報》1993 年第 1 期）。但從另一面看，戍守京口也使陳霸先得以通過江北流民擴充兵員，同時許多僑姓士人正是在此期間投至其幕下，這些對日後陳政權的建立其實起到了關鍵作用。

[2]章后：陳霸先之妻章要兒，吴興烏程（今浙江湖州市）人。本姓鈕，父爲章氏所養，故改姓章。陳武帝永定元年（557）立爲皇后。謚曰宣。本書卷一二、《陳書》卷七有傳。

[3]雖然：王懋竑《讀書記疑》卷一三云："'雖'字衍。"　情好：交情。

[4]顗：音 yǐ。

[5]壽春：縣名。東晋時避簡文帝之母鄭阿春諱，故又稱壽陽。在今安徽壽縣。北朝向江南用兵常走潁水、淝水、濡須水一綫，而壽春是這一路綫的轉運樞紐，從此出發可以直取建康。壽春於梁武帝太清三年（549）没於北，遂成爲北齊攻梁的重要基地。

[6]江表：指長江以南地區。從中原看，地在長江之外，故稱江表。

[7]記室參軍：官名。王、公、軍府記室曹長官。掌文書章奏。常以他職兼任。梁時庶姓公府記室參軍五班。　江旰：大德本、南監本、北監本、汲古閣本、殿本作"江旰"，當以"江旰"爲是。字季陽，濟陽考城（今河南民權縣）人。後爲陳霸先説徐嗣徽，被執送鄴城。遂仕於北齊，齊亡後，逃還建康。《北齊書》卷四五有傳。

[8]聞命：接受命令。

[9]御枚：當即"銜枚"。枚乃細枝，狀如箸，行軍時銜於口中，以禁喧嘩。

[10]侯安都：字成師，始興曲江（今廣東韶關市）人。原爲

始興内史蕭子範主簿，後隨陳霸先北上討伐侯景。本書卷六六、《陳書》卷八有傳。　周文育：字景德，宜興陽羡（今江蘇宜興市）人。梁武帝大同年間同盧子略等反叛，被陳霸先擊敗，成爲其部將。本書卷六六、《陳書》卷八有傳。按，據《陳書》卷一《高祖紀上》及卷一二《杜稜傳》，參與此次謀議的，除侯安都、周文育外，還有徐度和杜稜。

[11]作賊：造反。

[12]望：往。

[13]嗔：責怪。

頵承聖初位侍中，[1]魏剋江陵，隨王琳入齊，[2]爲竟陵郡守。[3]齊遣王琳鎮壽春，[4]將圖江左。及陳平淮南，殺琳，[5]頵聞之，乃出郡城南登高冢上號哭，[6]一慟而絶。

[1]承聖：南朝梁元帝蕭繹年號（552—555）。

[2]隨王琳入齊：西魏攻陷江陵後，王琳擁兵湘、郢一帶。陳霸先代梁，王琳揮師東下與陳軍交戰，並於陳武帝永定二年（558）求援於北齊，奉立梁元帝嫡孫蕭莊。文帝天嘉元年（560）二月，王琳在蕪湖之戰中慘敗，逃奔北齊。

[3]爲竟陵郡守：王琳在梁、陳之際一度據有竟陵郡，陳文帝天嘉元年王琳逃奔北齊後，其地没入北周。故王頵爲竟陵郡守，當在王琳逃奔北齊之前。按，《舊唐書》卷七〇《王珪傳》及《新唐書·宰相世系表二中》並記載王頵爲北齊樂陵太守。

[4]遣王琳鎮壽春：北齊孝昭帝皇建二年（561）以王琳爲揚州刺史，鎮壽陽，以伺機攻陳。然旋因王琳與行臺尚書盧潛不睦，將其召還鄴城。直至北齊後主武平四年（573）吴明徹率陳軍北伐，北齊在淮南節節敗退，纔復使王琳赴壽陽募兵抗陳。

[5]陳平淮南，殺琳：北齊後主武平四年十月，吴明徹攻陷壽陽，生擒王琳。慮其頗得士卒之心，遂殺之，傳首建康。

[6]高冢：高崗。

頵弟頒，[1]少有志節，恒隨梁元帝。及荆州覆滅，入于魏。

[1]頒：王頒，字景彦。《隋書》卷七二、《北史》卷八四有傳。按，除長子王頵、第三子王頍和此處記載的王頒外，王僧辯之子見於史書的還有王頦和王顒。

僧辯既亡，弟僧智得就任約。[1]約敗走，僧智肥不能行，又遇害。

[1]弟僧智得就任約：《資治通鑑》卷一六六《梁紀二十二》梁敬帝紹泰元年據《三國典略》記載，王僧辯死時，王僧智爲吴郡太守，據城拒守。又記載，黄他攻吴郡不克，陳霸先改派裴忌來攻，王僧智遂逃至杜龕所在的吴興。杜龕被殺後，王僧智逃奔北齊。《陳書》卷二五《裴忌傳》所記略同。

僧智弟僧愔位譙州刺史，[1]征蕭勃，[2]及聞兄死，引軍還。時吴州刺史羊亮隸在僧愔下，[3]與僧愔不平，[4]密召侯瑱見禽。[5]僧愔以名義責瑱，[6]瑱乃委罪於將羊鯤，斬之。僧愔復得奔齊，[7]與徐嗣徽等挾齊軍攻陳。[8]軍敗，竄逸荒野，莫知所之，仰天嘆曰："讎耻不雪，未欲身膏野草，[9]若精誠有感，當得道路，誓不受辱人手。"拔刀將自刎，聞空中催令急去，僧愔異之，勉力馳進，行一里許，[10]顧向處已有陳人。踰越江山，僅得歸齊。[11]

[1]譙州：州名。治桑根山下，在今安徽全椒縣西北。

[2]蕭勃：其父蕭昺是梁武帝三叔蕭崇之長子，蕭勃是蕭昺第九子。侯景之亂時位定州刺史，封曲江鄉侯。廣州刺史元景仲謀應侯景，被陳霸先討滅後，蕭勃成爲廣州刺史。梁元帝曾命王琳替代蕭勃廣州刺史一職，因江陵失陷而未果，此後，王僧辯又派王僧愔與侯瑱討之，又因王僧辯被殺而作罷。敬帝太平二年（557）二月，蕭勃舉兵北上反抗陳霸先，兵敗被殺。本書卷五一有附傳。

[3]吴州：州名。治吴縣，在今江蘇蘇州市。按，梁武帝太清三年（549）七月以吴郡置吴州，簡文帝大寶元年（550）二月省。故王僧愔征蕭勃時，已無吴州建置。　羊亮：曾爲侯瑱偏將。

[4]不平：不和睦，有矛盾。

[5]見禽：擒拿他（指王僧愔）。按，關於此事，史書記載頗有歧異。《陳書》卷九《侯瑱傳》云："及高祖誅僧辯，僧愔陰欲圖瑱而奪其軍，瑱知之，盡收僧愔徒黨，僧愔奔齊。"《資治通鑑考異》引《三國典略》云："吴州刺史羊亮説僧愔襲瑱，而翻以告瑱，瑱攻之，僧愔奔齊。"按《侯瑱傳》和《三國典略》的説法，是王僧愔先主動對侯瑱采取了措施。

[6]名義：名聲、道義。

[7]僧愔復得奔齊：王僧愔奔齊，《資治通鑑考異》引《三國典略》繫於魏恭帝三年（556）正月。

[8]挾：帶領。

[9]身膏（gào）野草：用身體的油脂滋潤野草，意謂喪身荒野。身，大德本、南監本、汲古閣本同，北監本、殿本作“自”。

[10]一里：一里爲三百步。

[11]僅得：纔得。按，本書卷九《陳武帝紀》記載，梁敬帝

紹泰二年（556）六月的莫府山一戰中，齊軍慘敗，徐嗣徽及蕭軌、東方老等諸多齊軍將帥被殺或被俘，“惟任約、王僧愔獲免”。

徐嗣徽，高平人，[1]父雲伯自青部南歸，[2]位終新蔡太守。[3]侯景之亂，嗣徽歸荆州，元帝以爲羅州刺史，[4]及弟嗣宗並有武用。[5]嗣徽從征巴丘，以功爲太子右衛率、監南荆州。[6]徐州之亡，[7]任秦州刺史。[8]嗣産先在建鄴，[9]嗣宗自荆州滅亡中逃得至都。從弟嗣先即僧辯之甥，復爲比丘慧暹藏，[10]得脱俱還。及僧辯見害，兄弟抽刀裂眦，[11]志在立功，俱逃就兄嗣徽，密結南豫州刺史任約與僧辯故舊，圖陳武帝。帝遣江旰説之，嗣徽執旰送鄴乞師焉。[12]齊文宣帝授爲儀同，命將應赴。及石頭敗退，[13]復請兵於齊，與任約、王曄、席皋同心度江。[14]及戰敗，[15]嗣徽墮馬，嗣宗援兄見害。嗣産爲陳武軍所禽，辭色不撓而死。任約、王曄得北歸。

[1]高平：郡名。治昌邑縣，在今山東巨野縣南。

[2]青部：青州。治東陽縣，在今山東青州市。

[3]新蔡：郡名。梁代有雙頭郡新蔡南陳留二郡，新蔡爲實土郡，南陳留爲僑郡。治鮦陽縣，在今河南項城市東南。

[4]羅州：州名。治石龍縣，在今廣東化州市。

[5]及弟嗣宗並有武用：《通志》卷一四二“嗣宗”上有“嗣産”二字。中華本校勘記云:“按下‘嗣産在建鄴’，‘俱逃就兄嗣徽’，明此脱‘嗣産’二字。”武用，武略，軍事才能。

[6]太子右衛率：官名。南朝時與太子左衛率並爲東宫衛軍首領，掌東宫護衛，分别對應臺軍之右衛將軍與左衛將軍。齊梁以來頗有文職化傾向。梁時員一人，位視御史中丞，領崇榮、永吉、崇

和、細射等四營營兵。十一班。　監：官制術語。以他官監理某地政事。凡監某郡，即行使郡守職權。　南荆州：州名。疑即原北魏之南荆州。梁武帝大通二年（528），北魏南荆州刺史李志以地降梁，南荆州遂爲梁所有。北魏南荆州治安昌縣，在今河南確山縣西南。

［7］徐州：州名。即南徐州。治京口城，在今江蘇鎮江市。按，此處疑有脱誤。

［8］秦州：州名。治六合縣，在今江蘇南京市六合區。

［9］嗣産：《陳書》卷一《高祖紀上》、《建康實録》卷一七作"嗣彦"。

［10］比丘：梵語 bhịksu 的音譯。意爲乞者，上從諸佛求法，下從俗衆乞食。爲佛教出家五衆（其餘四衆爲比丘尼、沙彌、沙彌尼、式叉摩那）之一。指年滿二十、受過具足戒的男性僧侣。　暹：音 xiān。

［11］裂眦：怒目圓睁，眼眶幾乎要裂開，形容極度憤怒。

［12］乞師：請求出兵援助。按，《資治通鑑》繫此事於梁敬帝太平元年（556）正月癸未，此時徐嗣徽已從石頭城隨齊軍北上，故《資治通鑑》記陳霸先派出江旰的目的是"説徐嗣徽使南歸"。與本書所記不同。

［13］及石頭敗退：梁敬帝紹泰元年（555）十月，任約與徐嗣徽趁陳霸先出討韋載之機襲擊建康，攻臺城不克，退據石頭城，引北齊軍隊渡江。後遭陳霸先回師還擊。當年十二月，梁齊訂盟，徐嗣徽隨齊軍撤回江北。

［14］王曄：原爲侯景部將，被任命爲儀同。按，梁敬帝紹泰二年三月，任約、徐嗣徽與蕭軌所率十萬齊軍出柵口，攻梁山受挫，又於五月從蕪湖渡江入丹楊，向東包抄建康之背。

［15］及戰敗：梁敬帝紹泰二年六月的莫府山一戰中，齊軍被梁軍擊潰。《陳書·高祖紀上》云，此戰梁軍"生執徐嗣徽及其弟嗣宗，斬之以徇"。

羊侃字祖忻，泰山梁父人也。[1]父祉，[2]《北史》有傳。侃少而瓌偉，身長七尺八寸，雅愛文史。弱冠隨父在梁州立功，[3]初爲尚書郎，[4]以力聞。魏帝常謂曰："郎官謂卿爲武，[5]豈羊質虎皮乎？試作武狀。"侃因伏，以手抉殿没指。[6]魏帝壯之，賜以珠劍。正光中，[7]秦州羌莫折念生據州反，[8]仍遣其弟天生攻陷岐州，[9]寇雍州。[10]侃爲偏將，隸蕭寶夤往討之，[11]射殺天生，[12]其衆即潰。以功爲征東大將軍、東道行臺，[13]領泰山太守，[14]進爵鉅平侯。[15]

[1]泰山：郡名。治奉高縣，在今山東泰安市東北。　梁父：縣名。治所在今山東新泰市天寶鎮。按，《魏書》卷八九《羊祉傳》云羊侃之父羊祉爲"太山鉅平人"，卷七七《羊深傳》云羊侃二兄羊深爲"太山平陽人"，然1964年天寶鎮出土《魏故鎮軍將軍兖州刺史羊祉墓誌》，明言羊祉係"泰山梁父人"，葬於"太山郡梁父縣盧鄉□里之徂徠山左"，知當以"梁父"爲是。

[2]祉：羊祉。字靈祐。《魏書》卷八九、《北史》卷三九有傳。通過文獻與墓誌可知，羊祉母、妻皆爲清河崔氏，其妻爲南朝宋大臣崔平仲之女崔神妃。羊祉當有十子，其中一人失其名（參見周郢《新發現的羊氏家族墓誌考略》，《岱宗學刊》1997年第3期）。羊侃是羊祉第七子。據《羊侃墓誌》，羊祉卒於魏孝明帝熙平元年（516）二月十二日，享年五十九，羊侃時年二十一。

[3]梁州：州名。治南鄭縣，在今陝西漢中市東。按，北魏先後於兩地置梁州，羊祉均曾參與經略。北魏孝文帝太和年間在仇池鎮基礎上設置梁州，宣武帝景明四年（503）正月，梁州氐楊反叛，羊祉持節爲軍司，與楊椿一同平叛，因功升爲給事黄門侍郎。正始元年（504）十二月，蕭梁漢中守將夏侯道遷降魏，北魏趁機略取

蕭梁梁州之地，於其地新置梁州，改原仇池梁州爲南秦州。正始二年羊祉伐蜀歸來後，被任爲督梁秦二州諸軍事、梁秦二州刺史，鎮衛這一新開拓的土地。羊祉在梁秦二州刺史任上主持重開褒斜道、復通石門道，爲其一大功績。《魏書·羊祉傳》云其爲刺史時掠人爲奴婢，被御史中尉王顯彈奏免官，《羊祉墓誌》云其“以母老辭藩”，周郢推測其卸任刺史約在延昌二年（513）。景明四年羊祉平定氐楊叛亂時，羊侃年僅七、八歲，其“弱冠隨父在梁州立功”，當指羊祉任梁秦二州刺史時。

[4]尚書郎：官名。尚書省諸郎曹長官，分隸六曹尚書。魏孝文帝太和十七年（493）定郎中五品上，郎從五品中，二十三年皆稱郎中，六品，仍可通稱爲郎。

[5]武：大德本、南監本、北監本、汲古閣本、殿本作“虎”。此避唐高祖祖父李虎諱改。下二句中“武”字同。

[6]抉殿：《太平御覽》卷三四二引《梁書》作“抉殿柱”。馬宗霍《南史校證》云:“有‘柱’字似勝，殿不可抉也。”（第988頁）

[7]正光：北魏孝明帝元詡年號（520—525）。

[8]秦州：州名。治上邽縣，在今甘肅天水市。　莫折念生：《梁書·羊侃傳》作“莫遮念生”。羌族。莫折太提第四子。莫折太提於魏孝明帝正光五年（524）六月據秦州城反，自稱秦王。莫折太提病死後，莫折念生代立稱帝，年號天建，在秦隴與北魏相抗。孝昌三年（527）九月被秦州城民杜粲所殺。

[9]天生：羌族。莫折念生之弟（一作“兄”）。莫折念生稱帝後，被封爲高陽王，率軍東進。於魏孝明帝正光五年十一月奪取岐州，擒獲魏征西都督元志及刺史裴芬之。隨後東趨雍州，在孝昌元年正月的黑水之戰中被蕭寶寅、崔延伯擊敗，退回隴西。　歧州：南監本、汲古閣本、大德本同，北監本、殿本作“岐州”。當作“岐州”。岐州，州名。治雍縣，在今陝西鳳翔縣。

[10]雍州：州名。治長安縣，在今陝西西安市西北。

［11］蕭寶夤（yín）：字智亮，南蘭陵蘭陵（今江蘇常州市武進區）人。齊明帝第六子，蕭寶卷同母弟。蕭衍攻克建康後，蕭寶夤逃奔北魏。魏孝明帝正光五年九月被任爲西道行臺、大都督，率軍於關隴地區平叛。本書卷四四、《南齊書》卷五〇、《魏書》卷五九、《北史》卷二九有傳。夤，大德本、南監本、汲古閣本同，北監本、殿本作"寅"。錢大昕《廿二史考異》云："據其字智亮，當以'寅'爲是。""夤"是"寅"的通假字。

［12］射殺天生：魏孝明帝正光五年十一月至孝昌元年正月間，莫折天生"攻陷岐州，寇雍州"，結果在黑水被蕭寶夤、崔延伯擊潰，《魏書》卷九《肅宗紀》云其"退走入隴西"，《資治通鑑》卷一五〇《梁紀六》梁武帝普通六年云其"遂塞隴道"，如此看來，莫折天生應該並未死於這場戰役。又，孝昌三年正月，秦隴叛軍在涇州大破蕭寶夤，蕭寶夤退回雍州，岐州城人執刺史魏蘭根響應叛軍。《魏書》中未明確記載叛軍此後是否進攻雍州，唯《資治通鑑》云"莫折天生乘勝寇雍州"，將羊侃射殺莫折天生事繫於此時。

［13］征東大將軍：官名。征東將軍與征西、征南、征北將軍合稱四征將軍。加"大"者，較征東將軍位進一階。北魏孝文帝太和二十三年定爲二品。

［14］泰山：南監本、北監本、殿本、大德本作"泰山"，汲古閣本、《梁書·羊侃傳》作"太山"。郡名。治博平縣，在今山東泰安市泰山區舊縣村。

［15］鉅平侯：縣侯。北魏孝文帝改制後之爵制，分王、五等爵共二等十三級。縣侯屬五等爵，在縣公、散郡公下，散侯上。二品。鉅平，縣名。治所在今山東泰安市南。

初，其父祉恒使侃南歸，[1]侃至是將舉濟、河以成先志。[2]其從兄兖州刺史敦密知之，[3]據州拒侃。侃乃率精兵三萬襲之，不剋，仍築十餘城以守之。梁朝賞授，一與元法僧同。[4]魏帝聞之，[5]使授侃驃騎大將軍、司徒、太山郡公，[6]長爲兗州刺史。侃斬其使。魏人大駭，令僕射于暉率衆十萬及高歡、爾朱陽都等相繼而至。[7]栅中矢盡，南軍不進，[8]乃夜潰圍而出。一日一夜，乃出魏境。至渣口，[9]衆尚萬餘人，馬二千疋。將入南，士卒竟夜悲歌，[10]侃乃謝曰："卿等懷土，[11]幸適去留。"[12]各拜辭而去。

[1]其父祉恒使侃南歸：永嘉之亂時，一部分泰山羊氏族人南渡。羊祉之父羊規之便是南渡一支的後裔，仕宋爲任城令。宋文帝元嘉二十七年（450），北魏伐宋奪取魯、陽平二郡，羊規之降於北魏，"賜爵巨平子，拜雁門太守"。或因羊規之先前在南朝爲官，故羊祉、羊侃常有"南歸"之志。

[2]濟、河：濟水及黄河流域。此指兗州，《尚書·禹貢》云："濟、河惟兗州。"《梁書》卷三九《羊侃傳》作"河濟"。按，《魏書》卷一〇《孝莊帝紀》云，魏孝莊帝建義元年（528）八月，"太山太守羊侃據郡引蕭衍將軍王辯攻兗州"。羊侃叛魏，除受其父影響外，實與胡太后幸臣徐紇關係極深。據《魏書》卷九三《徐紇傳》，爾朱榮攻入洛陽前，徐紇逃奔羊侃處，勸其起兵，後羊侃遭遇北魏軍隊圍剿，徐紇又勸説羊侃乞師於蕭梁。

[3]兗州：州名。治淮陰縣，在今江蘇淮安市淮陰區西南甘羅城。　敦：羊敦。字元禮，泰山梁父（今山東新泰市天寶鎮）人。羊祉弟羊靈引之子。羊侃叛魏時，他與羊烈赴洛陽告難，朝廷對二人厚加獎賞。《魏書》卷八八有傳，《北史》卷三九有附傳。按，據《魏書·羊敦傳》，羊敦曾任兗州别駕，卒贈兗州刺史，但生前似未擔任過兗州刺史。《北齊書》卷四三《羊烈傳》記其當時官職

爲廣平太守。

［4］元法僧：北魏道武帝拓跋珪之子陽平王拓跋熙曾孫。本依附同宗的元叉，被其薦爲徐州刺史，鎮彭城。因見魏室内亂，故於魏孝明帝孝昌元年（525）正月率兵反叛，殺死行臺高諒，自稱宋王，年號天啓，並遣其子元景仲向梁歸降，被授爲侍中、司空，封始安郡公，邑五千户。後梁武帝命蕭綜入駐彭城，元法僧率部入梁，極受優遇。卒於梁。《梁書》卷三九有傳，《北史》卷一六有附傳。

［5］魏帝：指北魏孝莊帝元子攸。

［6］驃騎大將軍：官名。低於大將軍，高於車騎將軍。北魏孝文帝太和二十三年（499）規定，驃騎將軍加"大"者，位在都督中外之下。二品。　司徒：官名。與太尉、司空並爲三公。北魏孝文帝太和二十三年定爲一品。　太山：汲古閣本同，大德本、南監本、北監本、殿本作"泰山"。　郡公：北魏孝文帝改制後之爵制，分王、五等爵共二等十三級。郡公屬五等爵中最高一級，僅次於郡王。一品。

［7］僕射：官名。北魏孝文帝太和二十三年定爲從二品。按，于暉本爲侍中、鎮南將軍，因出任行臺長官討伐羊侃，故兼尚書左僕射。　于暉：字宣明，河南洛陽（今河南洛陽市）人。于勁之子，北魏宣武順皇后同母弟，襲父爵爲太原郡公。與爾朱榮爲兒女親家。《魏書》卷八三下有傳，《北史》卷二三有附傳。　高歡：字賀六渾，渤海蓨（今河北景縣）人。鮮卑化的漢人。時爲爾朱榮部將。《北齊書》卷一、卷二，《北史》卷六有紀。　爾朱陽都：北秀容（今山西朔州市一帶）人，契胡族。爾朱榮部將。後任車騎將軍。北魏孝莊帝刺殺爾朱榮時，爾朱陽都被伏兵所殺。爾，大德本、南監本、汲古閣本同，北監本、殿本作"尒"。按，北魏朝廷於建義元年十月庚戌，任于暉爲行臺出兵征討羊侃，於十一月癸亥大破羊侃於瑕丘，前後不過十餘天。參與征討的各路軍隊除于暉、高歡、爾朱陽都外，還有駐守徐州的徐兖行臺崔孝芬、大都督刁

宣，諸軍對羊侃形成合圍。此外，2008 年河南安陽出土的《王休墓誌》亦涉及此役戰况："時泰山羊偘構逆於兖州，而邢杲復起釁於海湘，並率豪桀，圖爲抗禦。既掃風塵，非雄弗寄。在朝簡將，未踰於君。遂敕君爲都督，委以戎機。與大行臺于輝，大都督東萊王等，並連鑣争駕，先平兖州。君略出不意，勢同决水。鼓行躧登，望塵崩潰。露板交馳，兖土告寧。""于輝"即于暉，"東萊王"當即安定王元休之子元貴平，他與墓誌主人王訓分别以大都督和都督的身份參與了這場戰役。

[8]南軍：指蕭梁軍隊。按，《梁書·羊侃傳》記載，羊侃叛魏，梁武帝遣羊鴉仁、王弁（《魏書》作"王辯"）率軍應接，李元履運給糧仗。

[9]渣口：即柤口，爲柤水入沭水之口。在今江蘇沭陽縣西。

[10]竟夜：整夜。

[11]懷土：懷鄉。

[12]幸適去留：《資治通鑑》卷一五二《梁紀八》梁武帝大通二年胡三省注云："言或去或留，各從其意也。"適，依從，順應。

侃以大通三年至建鄴，[1]授徐州刺史，[2]并其兄默及三弟忱、給、元皆拜刺史。[3]侃封高昌縣侯，[4]累遷太子左衛率、侍中。車駕幸樂游苑，[5]侃預宴。時少府奏新造兩刃矟成，[6]長二丈四尺，圍一尺三寸。[7]帝因賜侃河南國紫騮馬令試之。[8]侃執矟上馬，左右擊刺，特盡其妙。觀者登樹。帝曰："此樹必爲侍中折矣。"俄而果折，因號此矟爲折樹矟。北人降者，唯侃是衣冠餘緒，[9]帝寵之踰於他者，謂曰："朕少時捉矟，[10]形勢似卿，[11]今失其舊體，殊覺不奇。"[12]上又製《武宴詩》三十韻示侃，[13]侃即席上應詔。[14]帝覽曰："吾聞仁者有勇，今見勇者有仁，[15]可謂鄒、魯遺風，[16]英賢不絕。”是日詔入直殿省，啓尚方仗不堪用。[17]上大怒，坐者非一。[18]及侯景作逆，果弊於仗鸁。[19]

［1］大通：南朝梁武帝蕭衍年號（527—529）。

［2］徐州：州名。治彭城縣，在今江蘇徐州市。按，徐州時處北魏控制之下。

［3］并：《梁書》卷三九《羊侃傳》同，大德本、南監本、北監本、汲古閣本、殿本作“併”。　默：《羊祉墓誌》在記述羊祉孫輩時，於羊祉第二子羊深子女後記“默男植”，疑羊默爲羊祉第三子。　忱：《册府元龜》卷二一五作“悦”，今所見《梁書·羊侃傳》作“忱”，然宋蜀本《梁書·羊侃傳》末有史臣校語云：“《羊侃傳》‘并其兄默及三弟悦、給、元，皆拜爲刺史’。‘悦’，《南史》作‘忱’，未知孰是。”

［4］高昌：縣名。治所在今江西泰和縣西北。按，《梁書·羊侃傳》云，羊侃於梁武帝中大通五年（533）封高昌縣侯，邑千户。

［5］樂游苑：覆舟山南麓的皇家園林。東晋時爲北郊壇和藥圃，宋文帝時於其地建北苑，後改名樂游苑。其中有藏冰的凌室及正陽、林光殿等建築。因其西接宫城，位置重要，南朝時亦常用作屯兵之所。在今江蘇南京市九華山一帶。按，據《梁書·羊侃傳》，此次“車駕幸樂游苑”在梁武帝大同三年（537）。

［6］少府：官屬名。管理藏於御府之寶，並掌宫廷財政、手工業及兵器製造。梁時其長官爲少府卿（天監七年由少府改名），置材官將軍、左中右上方、甄官、平水署、南塘、邸税庫、東西冶、中黄、細作、炭庫、紙官、柒署等令丞。　兩刃矟（shuò）：矟是騎士所持的長矛，爲當時騎戰中主要的刺殺兵器。“兩刃矟”即兩頭施刃的矟。按，南北朝時舞矟不止是一門戰鬭技藝，且具有很强的審美傾向。梁代已有總結舞矟之法的《馬矟譜》問世，水平高超

的持矟騎士是時人贊嘆折服並争相模仿的對象（參見常彧《矟之成藝——魏晉南北朝的騎矟戰鬭及軍事文化的形成》，《中華文史論叢》2014年第4期）。

［7］長二丈四尺，圍一尺三寸：《梁書·羊侃傳》作“長丈四尺，圍一尺三寸”，《册府元龜》卷八四五作“長二丈四尺，圍一尺三寸”，《太平御覽》卷三五四“矟”條引《三國典略》作“長二丈四尺三寸”。按，騎戰中所用之矟需超過人身長的兩倍，否則矛體前段超出馬首的部分太短，無法有效擊刺敵人（參見常彧《矟之成藝——魏晉南北朝的騎矟戰鬭及軍事文化的形成》，《中華文史論叢》2014年第4期）。《釋名》曰：“矛長丈八尺曰矟”，一丈八尺是時人心目中矟的標準長度，但當時也確有超出此長度的長矟，如本書卷六四《杜崱傳》記載，杜巘所佩斑絲纏矟長二丈五。“二丈四尺”雖過長，一般人不易操縱，但羊侃用之能“特盡其妙”，也正説明其舞矟技術超出常人，疑“長”後當有“二”字。

［8］河南國：南朝人對吐谷渾的稱呼。西晉末，鮮卑慕容的吐谷渾率部西遷，其後代在今甘肅南部、四川西北及青海一帶建立政權，以吐谷渾作爲姓氏、族名和國號。由於其地在黄河以南，南朝宋、齊、梁封其主爲河南王，因稱其國爲河南國。吐谷渾對宋、齊、梁長期遣使朝貢。其地盛産良馬，常以之作爲貢品。　紫騮（liú）馬：大德本、汲古閣本、南監本、北監本、殿本作“紫騮”。一種棗紅色的駿馬。

［9］衣冠餘緒：世家大族的後裔。按，泰山羊氏自東漢起便“世吏二千石”，“以清德聞”。西晉建立，因羊祜、羊琇有佐命之功，一度權勢機盛。至南北朝時，泰山羊氏是北方可與“崔盧李鄭”比肩的一流高門。

［10］捉：持。

［11］形勢：架勢。按，梁武帝早年擅長騎射，《梁書》卷一四《任昉傳》記載，梁武帝在竟陵王西邸時，任昉曾戲言：“我若登三事，當以卿爲騎兵。”

[12]殊：竟。　不奇：不二。

[13]三十韻：《册府元龜》卷二〇六、卷三八八作“四十韻”。

[14]即席上：就在席上。　應詔：應皇帝之命作詩。

[15]吾聞仁者有勇，今見勇者有仁：語本《論語·憲問》：“子曰：‘有德者必有言，有言者不必有德。仁者必有勇，勇者不必有仁。’”

[16]鄒、魯：春秋時鄒國和魯國的所在地。此地士習儒風，是古人心目中的詩書禮樂之鄉。《莊子·天下》云：“其在於《詩》《書》《禮》《樂》者，鄒魯之士、縉紳先生多能明之。”《史記》卷一二九《貨殖列傳》：“鄒、魯濱洙、泗，猶有周公遺風，俗好儒，備於禮，故其民齪齪。”《漢書》卷七三《韋賢傳》引韋孟詩云：“濟濟鄒魯，禮義唯恭，誦習弦歌，于異他邦。”

[17]尚方仗：尚方所造兵器。梁代中央負責製造兵器的主要是少府卿屬下之左、中、右尚方，此外東、西冶負責鍛鑄兵器中的鐵質部分，武器製成則收入武庫。

[18]坐者：獲罪的人。　非一：衆多。

[19]果弊於仗韲：韲，惡劣。《梁書》卷五六《侯景傳》云，侯景在壽春時，“以臺所給仗，多不能精，啓請東冶鍛工，欲更營造”。可知當時非止羊侃一人發現了“尚方仗韲”的問題。

後遷都官尚書，[1]尚書令何敬容用事，[2]與之並省，[3]未嘗游造。左衛蘭欽同侍宫宴，[4]詞色少交，[5]侃於坐折之曰：[6]“小子！汝以銅鼓買朱异作父，[7]韋粲作兄，[8]何敢無宜適。”[9]朱時在席。後華林法會，[10]欽拜謝於省中。[11]王銓謂欽曰：[12]“卿能屈膝廉公，[13]彌見盡美；然羊公意猶未釋，[14]容能更置一拜？”[15]欽從之。[16]宦者張僧胤嘗候侃，[17]侃曰：“我床非閹人所坐。”

竟不前之。[18]時論美其貞正。[19]

[1]都官尚書：官名。尚書省列曹尚書之一。掌監督、復覈司法事務，及考課、水利、庫藏等。梁十三班。按，據《梁書》卷三九《羊侃傳》，羊侃遷都官尚書在梁武帝大同八年（542）。

[2]尚書令：官名。尚書省長官。是綜理外朝政務的最高長官。位高權重。梁十六班。　何敬容：字國禮，廬江灊（今安徽霍山縣）人。於梁武帝大同五年正月任尚書令，大同十年五月因罪免職。史載其明習政事、勤於庶務，然"拙於草隸，淺於學術"，因此在當時受人嗤鄙。本書卷三〇有附傳，《梁書》卷三七有傳。　用事：執政、當權。

[3]並省：省門相鄰。《太平御覽》卷二一八引《梁書》作"並居"。

[4]蘭欽：字休明，疑其出身峽江流域之巴蠻。本書卷六一、《梁書》卷三二有傳（參見趙燦鵬《梁陳之際南方豪族崛起的先聲：南朝名將蘭欽家世與生平蠡測》，《江西社會科學》2019 年第 8 期）。

[5]少交：稍驕。

[6]折：責難。

[7]銅鼓：行用於嶺南和西南少數民族。中原地區的鼓多蒙覆皮膜發聲，銅鼓則通體皆銅，直接用於敲擊。其形制，平面曲腰，衹有一頭有鼓面，另一頭中空無底，側附四耳。南北朝時，銅鼓一般爲俚僚首領所有，不僅是一般樂器，還用於集衆、出兵、禮神，是財富和權力的象徵，被視爲貴重的寶物，極受族人崇拜，時至今日，兩廣和雲貴地區仍流傳大量關於銅鼓的傳説（參見蔣廷瑜《古代銅鼓通論》，紫禁城出版社 1999 年版）。按，據《陳書》卷九《歐陽頠傳》記載，蘭欽就任衡州刺史途中，曾在廣州擒獲俚帥陳文徹兄弟，"獻大銅鼓，累代所無"。蘭欽一生多次征討南方俚僚，

所獲銅鼓當不止一個，故能以之交結多位朝中權臣。　朱异：字彦和，吴郡錢唐（今浙江杭州市）人。受梁武帝寵信，長期執掌内省機要。本書卷六二、《梁書》卷三八有傳。

［8］韋粲：字長蒨（一作“長倩”），京兆杜陵（今陝西西安市長安區東北）人。父、祖皆受梁武帝信用，其本人長期擔任蕭綱宿衛將領，在當時頗擅威名。本書卷五八有附傳，《梁書》卷四三有傳。

［9］宜適：禮節、儀節。

［10］華林：即華林園。東晋在吴舊宫苑的基礎上修葺而成，以洛陽之華林園命名。南朝諸帝常在此宴飲游樂、臨政聽訟、侍講經書。陳亡後，被夷平。位於臺城内城後宫區以北，約在今江蘇南京市珠江路以南一帶。　法會：佛教舉行説法、供奉及布施等儀式的集會。梁武帝時常在華林園中的重雲殿講經、設齋、禮佛。

［11］拜謝：下拜道歉。

［12］王銓：字公衡，琅邪臨沂（今山東臨沂市）人。梁武帝妹義興長公主之子，梁武帝女永嘉公主駙馬。本書卷二三有附傳。

［13］廉公：戰國時趙國名將廉頗，此處喻指羊侃。廉頗不滿藺相如位在自己之上，欲羞辱他。藺相如得知後，以大局爲重，有意退讓，最終感動廉頗，二人冰釋前嫌，結爲刎頸之交。

［14］意猶未釋：怒意還未消釋。

［15］容能：能够。

［16］欽從之：《隋書·天文志》記載，梁武帝中大通六年（534）十二月，北梁州刺史蘭欽舉兵反。蘭欽謀反之事，其他史籍未見記載。有學者指出，蘭欽面對羊侃態度如此謙卑，除因其出身巴蠻，又或與其此椿舊愆有關（參見趙燦鵬《梁陳之際南方豪族崛起的先聲：南朝名將蘭欽家世與生平蠡測》）。

［17］張僧胤：梁武帝身邊舍人。　候：拜訪。

［18］前之：讓他入見。

［19］貞正：正直。

太清元年,[1]爲侍中，會大舉北侵,[2]以侃爲冠軍將軍,[3]監作寒山堰事。[4]堰立,[5]侃勸元帥貞陽侯明乘水攻彭城,[6]不見納。既而魏援大至,[7]侃頻言乘其遠來可擊，旦日又勸出戰,[8]並不從。侃乃率所領頓堰上。[9]及衆軍敗,[10]侃結陣徐還。

[1]太清：南朝梁武帝蕭衍年號（547—549）。

[2]北侵：《梁書》卷三九《羊侃傳》作“北伐”。按，《左傳》莊公二十九年:“有鍾鼓曰伐，無曰侵。”“伐”是宣布對方罪狀，公開進軍；“侵”是不宣而戰，含貶義。李延壽抑南尊北，故改“伐”爲“侵”，暗喻褒貶。梁武帝太清元年侯景在東魏發動叛亂，並遣使降於梁朝。梁武帝於當年八月，以蕭淵明爲大都督北伐彭城，欲與侯景策應，進而略取河南之地。

[3]冠軍將軍：官名。梁天監將軍號中無冠軍將軍，當是武帝普通六年（525）增置，大通三年（529）定爲武職三十四班中的二十八班。

[4]寒山堰：《梁書・羊侃傳》作“韓山堰”。在彭城東南寒山附近古泗水上所築的水壩。按，彭城位於汴水與泗水的交匯處，西、北、東三面環水。相對於彭城，寒山在泗水下游，梁武帝命軍在此築堰是想壅高泗水以灌彭城。據本書卷五一《蕭明傳》記載，寒山堰築成後，彭城“水及于堞，不没者三板”，已岌岌可危。

[5]堰立：此上《梁書・羊侃傳》有“兩旬”二字。

[6]彭城：縣名。治所在今江蘇徐州市。

[7]魏援大至：東魏方面於太清三年十一月任命高岳爲大都督，以潘樂副之，又任命慕容紹宗爲東南道行臺，一同率軍救援彭城。

[8]旦日：第二天。

[9]頓：駐扎。　堰上：堰邊。

[10]及衆軍敗：梁武帝太清三年十一月丙午，慕容紹宗在寒山

大敗蕭淵明，《魏書》卷一二《孝静帝紀》稱，魏軍“擒淵明及其二子瑀、道，將帥二百餘人，俘斬五萬級，凍乏赴水死者不可勝數”。北兗州刺史胡貴孫、譙州刺史趙伯超皆在此役被俘。

二年，復爲都官尚書。侯景反，攻陷歷陽，[1]帝問侃討景之策。侃求以二千人急據採石，[2]令邵陵王襲取壽春，[3]使景進不得前，退失巢窟，烏合之衆，自然瓦解。議者謂景未敢便逼都，[4]遂寢其策。令王質往。[5]侃曰："今兹敗矣。"[6]乃令侃率千餘騎須望國門。[7]景至新林，[8]追侃入副宣城王都督城内諸軍事。[9]

[1]歷陽：縣名。治所在今安徽和縣。按，據《梁書》卷三《武帝紀下》記載，梁武帝太清二年（548）十月丁未，歷陽太守莊鐵降於侯景。己酉傍晚，侯景自采石渡江。“帝問侃討景之策”當發生在丁未至己酉這三天之間。

[2]採石：戍名。在今江西馬鞍山市采石磯。按，歷陽與采石隔江相對，是建康西邊門户。此處江面狹窄，爲江防重地。

[3]令邵陵王襲取壽春：梁武帝於太清二年八月甲辰，命邵陵王蕭綸都督衆軍征討侯景。據《梁書》卷二九《蕭綸傳》，侯景渡江時，蕭綸軍已次鍾離（今安徽鳳陽縣），是其正欲統軍合圍壽春。

[4]議者謂景未敢便逼都：《資治通鑑》卷一六一《梁紀十七》梁武帝太清二年記載，羊侃獻策後，朱异曰："景必無渡江之志。"

[5]王質：字子貞，琅邪臨沂（今山東臨沂市）人。梁武帝妹義興長公主之子。時爲太子家令，率水軍防備侯景渡江。後梁武帝遣陳昕代王質守采石，然王質在陳昕到來前便先行退去，致采石失守。本書卷二三有附傳，《陳書》卷一八有傳。按，《梁書》卷三九《羊侃傳》無“令王質往”四字。《梁書》卷五六《侯景傳》記載，侯景攻克譙州後，梁武帝遣太子家令王質率兵三千巡江遏防，

《資治通鑑》從《太清紀》與《三國典略》繫此事於十月庚子。則梁武帝派出王質實在羊侃獻策之前，或許因其“水軍輕弱”（《梁書》卷三二《陳昕傳》載陳昕語），故羊侃建議向采石增加兵力，作重點防守。

[6]今：現在。

[7]須：大德本、汲古閣本、南監本、北監本、殿本、《梁書·羊侃傳》作“頓”。　望國門：又稱“國門”。建康外郭南側正門，原爲籬門，梁武帝天監七年（508）改建爲磚木結構的城門。在今江蘇南京市雨花臺景區西北側中華門火車站北側（參見張學鋒《南朝建康的都城空間與葬地》，《中華文史論叢》2019年第3期）。

[8]新林：水名。又稱“新林浦”“新林港”，源出牛首山，西流入長江，與白鷺洲相對。在板橋浦以北，新亭以南。爲拱衛建康的要地，梁武帝時於浦西開闢大道通向建康。

[9]宣城王：即蕭大器。蕭綱嫡長子。梁武帝中大通四年（532）正月封宣城郡王。蕭綱即位後，被立爲皇太子。簡文帝大寶二年（551）八月爲侯景所殺。追謚爲“哀太子”。本書卷五四、《梁書》卷八有傳。宣城，郡名。治宛陵縣，在今安徽宣城市宣州區。　都督城内諸軍事：此“城”指臺城。《梁書》卷八《哀太子傳》記載，侯景進攻建康時，蕭大器被任爲臺内大都督。《梁書·侯景傳》云：“詔以揚州刺史宣城王大器爲都督城内諸軍事，都官尚書羊侃爲軍師將軍以副焉。”《資治通鑑》繫此事於梁武帝太清三年十月己酉。

時景既卒至，[1]百姓競入，公私混亂，無復次序。侃乃區分防擬，[2]皆以宗室間之。[3]軍人争入武庫，自取器甲，所司不能禁，[4]侃命斬數人方得止。是時梁興四十七年，境内無事，公卿在位及閭里士大夫莫見兵甲。[5]賊至卒迫，公私駭震。時宿將已盡，後進少年並出在外，[6]城中唯有侃及柳津、韋黯。[7]津年老且疾，黯懦而無謀，軍旅指撝，一決於侃，膽力俱壯，簡文深仗之。[8]

[1]卒至：突然而至。

[2]區分：安排，處置。　防擬：防禦。

[3]間：參與。

[4]所司：《資治通鑑》卷一六一《梁紀十七》梁武帝太清二年胡三省注云："所司，謂武庫令之屬。"

[5]在位：做官的人。　閭里：泛指平民。

[6]後進：晚輩，年輕人。

[7]柳津：字元舉，河東解（今山西臨猗縣）人。柳慶遠之子，柳仲禮之父。蕭綱爲雍州刺史時，柳津爲其長史。蕭綱爲太子後，柳津赴京任職，歷散騎常侍、太子詹事。本書卷三八有附傳。　韋黯：字務直，京兆杜陵（今陝西西安市長安區）人。韋叡之子。侯景進攻臺城時，爲都督城西面諸軍事，守西土山。卒於城內。本書卷五八、《梁書》卷一二有附傳。

[8]簡文：即南朝梁簡文帝蕭綱。簡文爲其謚號。時爲皇太子，統領内外軍事。本書卷八、《梁書》卷四有紀。

及賊逼城，衆皆兇懼，[1]侃僞稱得外射書，云"邵陵、西昌侯已至近路"，[2]衆乃少安。[3]賊攻東掖門，[4]縱火甚盛。侃以水沃滅火，[5]射殺數人，賊乃退。加侍中、軍師將軍。[6]有詔送金五千兩、銀萬兩、絹萬匹賜戰士。侃辭不受，部曲千餘人並私加賞賚。

[1]兇懼：恐懼。

［2］西昌侯：蕭淵藻。字靖藝。梁武帝長兄蕭懿之子。梁武帝天監元年（502）封西昌縣侯，食邑五百户。侯景之亂時，爲南徐州刺史，遣長子蕭彧率兵入援。本書卷五一、《梁書》卷二三有附傳。

［3］乃：大德本、南監本、汲古閣本同，北監本、殿本作“皆”。　少：稍。

［4］東掖門：梁代臺城南面四門中最東端的城門。

［5］沃：澆。

［6］軍師將軍：官名。梁武帝天監七年定爲武職二十四班中的十九班，大通三年（529）定爲武職三十四班中的二十九班。

賊爲尖項木驢攻城，[1]矢石所不能制。侃作雉尾炬，[2]施鐵鏃，[3]以油灌之，擲驢上焚之俄盡。賊又東、西起二土山以臨城，城中震駭。侃命爲地道，潛引其土，山不能立。賊又作登城樓，[4]高十餘丈，欲臨射城中。侃曰："車高塹虚，彼來必倒，可卧而觀之。"及車動果倒，衆皆服焉。

［1］尖項木驢：《梁書》卷三九《羊侃傳》作“尖頂木驢”，《太平御覽》卷三三六引《三國典略》作“尖項木驢”，引《梁書》作“曲頂木驢”。當以“尖頂木驢”爲是。又稱“尖頭木驢”。是一種掩護攻城士兵抵近城墻的器械。其車壁、車頂渾然如一尖屋頂，兩側都是坡面，能有效減輕重物撞擊的力度。無底板和車輪，底部設有若干横梲，士兵們可掩蔽在廂體内，抬着横梲前行。

［2］雉尾炬：又稱“燕尾炬”。一種守城火器。用葦草編成火炬，尾部分岔，如同燕尾。在其中灌入油蠟，點燃後從城樓上擲下。因其呈“人”字形，可以停留在尖頂木驢的尖頂上，將其焚毁。

[3]鐵鏃：鐵箭頭。

[4]登城樓：《梁書・羊侃傳》北監本、殿本、局本及《太平御覽》卷三一九引《梁書》、《太平御覽》卷三三六引《梁書》、《册府元龜》卷三九九、《通典》卷一六一作“登城樓車”。《梁書》中華本校勘記云：“按下文‘車高塹虚’‘車動果倒’，明當有‘車’字。”可從。

賊既頻攻不捷，乃築長圍。[1]朱异、張綰議出擊之。[2]帝以問侃，侃曰：“不可，賊多日攻城，既不能下，故立長圍，欲引城中降者耳。今擊之，出人若少，不足破賊；若多，則一旦失利，門隘橋小，必大致挫衄。”[3]不從，遂使千餘人出戰。未及交鋒，望風退走，果以争橋赴水，死者太半。

[1]長圍：圍困城池的長堤。用以切斷外界補給，使城内、外無法聯繫。

[2]張綰：字孝卿，范陽方城（今河北固安縣）人。梁武帝太清二年（548），遷左衛將軍。侯景進攻臺城時，他負責守衛東掖門。本書卷五六、《梁書》卷三四有附傳。

[3]挫衄（nǜ）：挫折，失敗。

初，侃長子鷟爲景所獲，[1]執來城下示侃。侃謂曰：“我傾宗報主，[2]猶恨不足，豈復計此一子。[3]幸早殺之。”[4]數日復持來，侃謂鷟曰：“久以汝爲死，猶在邪？吾以身許國，誓死行陣，[5]終不以爾而生進退。”[6]因引弓射之。賊以其忠義，亦弗之害。

[1]鷟：音 zhuó。

[2]傾宗：傾覆宗祀，滅族。

[3]計：想，考慮。

[4]幸：希望。

[5]行陣：軍隊。

[6]進退：不利的事變，意指叛變。

景遣儀同傅士哲呼侃與語，[1]曰："侯王遠來問訊天子，[2]何爲閉拒，[3]不時進納？[4]尚書國家大臣，宜啓朝廷。"侃曰："侯將軍奔亡之後，歸命國家，重鎮方城，懸相任寄，[5]何所患苦，忽致稱兵，[6]豈有人臣而至於此。吾不能妄受浮説，[7]開門揖盜。"士哲曰："在北之日，久挹風猷，[8]願去戎服，得一相見。"侃爲免胄，[9]士哲瞻望久之而去，其爲北人所欽慕如此。

[1]儀同：官名。"儀同三司"的省稱。本書卷八〇《侯景傳》云："景三公之官，動置十數，儀同尤多。" 傅士哲：侯景部將。原爲東魏豫州刺史。

[2]侯王：梁武帝太清三年（549）二月封侯景爲河南王，故稱其爲侯王。 問訊：問候，引申爲請安、參見。

[3]閉拒：《梁書》卷三九《羊侃傳》作"閉距"。

[4]不時：不及時。 進納：使進入。

[5]懸相：遥相。 任寄：委任，託付。

[6]忽：竟然。 稱兵：舉兵。

[7]浮説：虚浮不實的言論。

[8]挹：稱揚，推崇。 風猷（yóu）：風采。

[9]免胄：脱下頭盔。

後大雨，城内土山崩，賊乘之垂入，[1]苦戰不能禁。侃乃令多擲火，爲火城以斷其路，徐於城内築城，賊不能進。尋以疾卒於城内，[2]贈侍中、護軍將軍。[3]子球嗣。

[1]垂：將近。

[2]尋以疾卒於城内：據《梁書》卷三九《羊侃傳》，羊侃卒於梁武帝太清二年（548）十二月，時年五十四歲。羊侃是守衛臺城的中堅力量，其去世也是臺城最終陷落的重要因素。時人庾信在《哀江南賦》中曾哀嘆："尚書多算，守備是長。雲梯可拒，地道能防。有齊將之閉壁，無燕師之卧牆。大事去矣，人之云亡。"

[3]護軍將軍：官名。是僅次於領軍將軍（中領軍）的禁衛軍長官。資輕者爲中護軍。領營兵，設軍府置僚佐。梁十五班。按，"護軍將軍"下，《梁書·羊侃傳》有"鼓吹一部"。

侃少雄勇，旅力絶人，[1]所用弓至二十石，[2]馬上用六石弓。嘗於兖州堯廟蹋壁，[3]直上至五尋，[4]横行得七迹。泗橋有數石人，長八尺，大十圍。[5]侃執以相擊，悉皆破碎。性豪侈，善音律，自造《采蓮》《棹歌》兩曲，甚有新致。姬妾列侍，窮極奢靡。有彈箏人陸大喜，[6]著鹿角爪長七寸。[7]儛人張净琬腰圍一尺六寸，[8]時人咸推能掌上儛。又有孫荆玉能反腰帖地，銜得席上玉簪。敕賚歌人王娥兒，東宫亦賚歌者屈偶之，[9]並妙盡奇曲，一時無對。初赴衡州，[10]於兩艖艒起三間通梁水齋，[11]飾以珠玉，加之錦繢，盛設帷屏，列女樂。乘潮解纜，臨波置酒，緣塘傍水，觀者填咽。[12]大同中，[13]魏使陽斐與侃在北嘗同學，[14]有詔命侃延斐同宴。賓客三百餘人，食器皆金玉雜寶，奏三部女樂。至夕，侍婢百餘人俱執金花燭。侃不飲酒而好賓游，[15]終日獻酬，[16]同其醉醒。

[1]旅力：力量，力氣。旅，通“膂”。

[2]至二十石：《梁書》卷三九《羊侃傳》作“至十餘石”。石，本爲重量單位，三十斤爲鈞，四鈞爲石，引申爲力度單位，用以計量拉開弓所需的力度。南朝宋蒯恩曾説：“大丈夫彎弓三石，奈何充馬士！”知當時能挽三石弓便屬健者。北魏奚康生、拓跋儀被公認“膂力過人”，“爲當時所服”，也衹不過一個“弓力十石”，一個“弓力將十石”，可知開二十石弓需要極爲驚人的力氣。故趙翼《廿二史劄記》卷一一《南史增梁書瑣言碎事》懷疑李延壽此處言過其實：“李延壽修史，專以博採異聞，資人談助爲能事，故凡稍涉新奇者，必羅列不遺，即記載相同者，亦必稍異其詞，以駭觀聽。如《羊侃傳》謂武帝新造兩刃矟，長丈四尺，令侃試之，《南史》則謂長二丈四尺。《梁書》謂侃挽弓至十餘石，南史則云二十石。皆欲以奇動人也。”

[3]堯廟：堯的祠廟。有學者發現，堯在北魏受到特殊崇拜。在《水經注》和《魏書·地形志》的記載中，地方上祭祀堯的廟宇要遠多於其他古代帝王（參見嚴耀中《關於北朝的堯帝崇拜》，《上海師範大學學報》2011年第2期）。　蹋壁：在墻壁上行走。

[4]五尋：八尺爲一尋，五尋約近十米。

[5]十圍：“圍”是計量圓周長度的單位。即兩手食指和拇指合圍的長度。一圍的具體長度究竟是多少，衆説紛紜。《儀禮·喪服》鄭玄注云：“盈手曰搹。搹，扼也。中人之扼圍九寸。”似較合理。

[6]陸大喜：《梁書·羊侃傳》作“陸太喜”。

[7]鹿角爪：彈箏時佩戴的義甲，用鹿角製成。

[8]張净琬：《太平御覽》卷三七一引《南史》作“張静琬”。

[9]賚：賜予。

[10]初赴衡州：《梁書·羊侃傳》記載，羊侃於梁武帝大同九年（543）出爲衡州刺史。

[11]艖（chā）艀（bù）：短而深的小船。

[12]填咽：擁擠，充塞。

[13]大同：南朝梁武帝蕭衍年號（535—546）。

[14]陽斐：字叔鸞，北平無終（今天津市薊州區）人。《北齊書》卷四二有傳，《北史》卷四七有附傳。按，《魏書》卷一二《孝静帝紀》記載，興和四年（542）十二月辛亥，“遣兼散騎常侍陽斐使于蕭衍”。此次出使，陽斐爲正使，崔子侃爲副使。《北齊書·陽斐傳》記載，陽斐聘於梁，羊侃欲請斐至宅，斐終辭焉。

[15]不飲酒：《梁書·羊侃傳》作“不能飲酒”。不能，不擅長。

[16]獻酬：宴會上進第一爵酒於客稱“獻”，之後客向主人敬酒，主人再還敬稱“酬”，故以“獻酬”指賓主相互敬酒。

性寬厚，有器局。[1]嘗南還至漣口置酒，[2]有客張孺才者，醉於船中失火，延燒七十餘艘，所燔金帛不可勝數。侃聞聊不挂意，[3]命酒不輟。孺才慙懼自逃，侃慰喻使還，待之如舊。

[1]器局：器量。

[2]漣口：即漣水口。在今江蘇漣水縣。《梁書》卷三九《羊侃傳》作“連口”。

[3]聊：絲毫。　挂意：在意。

第三子鵾字子鵬，[1]隨侃臺内，城陷，竄於陽平。[2]

侯景以其妹爲小妻,[3]呼還，待之甚厚，以爲庫真都督。[4]及景敗，鵾密圖之，乃隨其東走。景於松江戰敗，惟餘三舸,[5]下海欲向蒙山。[6]會景晝寢，鵾語海師:[7]“此中何處有蒙山！汝但聽我處分。”[8]遂直向京口，至胡豆洲,[9]景覺，大驚。問岸上，云“郭元建猶在廣陵”。景大喜，將依之。鵾拔刀叱海師使向京口。鵾與王元禮、謝答仁弟葳蕤,[10]並景之昵也，三人謂景曰:“我等爲王百戰百勝，自謂無敵，卒至於此，豈非天乎。今就王乞頭以取富貴。”景欲透水,[11]鵾抽刀斫之。景乃走入船中，以小刀抉船,[12]鵾以矟入刺殺之。景僕射索超世在别船,[13]葳蕤以景命召之，斬于京口。

[1]鵾:《梁書》卷五六《侯景傳》作“鯤”。羊侃長子名“鷟”，疑此處當作“鵾”。

[2]竄:逃走，藏匿起來。　陽平:郡名。治安宜縣，在今江蘇寶應縣西南。梁武帝太清三年（549）三月，陽平郡降於侯景，侯景改其爲北滄州。後北兖州降於東魏，侯景乃於簡文帝大寶元年（550）七月以陽平爲北兖州。

[3]小妻:妾。

[4]庫真都督:《資治通鑑》卷一六四《梁紀二十》梁元帝承聖元年作“庫直都督”。本書卷八〇《侯景傳》云，侯景任命官職，“勇力兼人名爲庫真部督”。按，此處當以“庫真都督”爲是。“庫真”源於鮮卑語。《南齊書》卷五七《魏虜傳》記録了“直真”“烏矮真”“比德真”等十三個表示身份、官職的鮮卑語名詞，皆以“真”爲後綴。有學者指出，鮮後綴“真”（＊-čin）與古蒙古語中表示“……者”的後綴“赤”（＊-či）有對應關係。在《元朝秘史》中-čin是-či的複數，但六朝時-čin可能還表單數。自北

魏至唐初，“庫真”一系官職一般是帝王左右親衛，多由親貴子弟擔任（參見亦鄰真《中國北方民族與蒙古族族源》，《内蒙古大學學報》1979 年第 3、4 期；孟達來《北方民族的歷史接觸與阿爾泰諸語言共同性的形成》，中國社會科學出版社 2001 年版，第 30—31 頁；嚴耀中《唐初期的庫真與察非掾述論》，《史林》2003 年第 1 期）。此“庫真都督”當是侯景模仿北朝制度所置。

［5］舸：船。

［6］蒙山：《資治通鑑・梁紀二十》胡三省注云，此即《魏書・地形志中》東安郡新泰縣之蒙山，“景欲浮海趣山東，復入北也”。新泰縣之蒙山在今山東蒙陰縣。然錢大昕《通鑑注辨正》已指出，新泰之蒙山不在海濱，恐别有一蒙山。魯西奇認爲，青齊地區不在侯景的勢力範圍，其失敗後理應逃往河南，而非山東。此“蒙山”當是馬頭郡境内之蒙山，在今安徽蒙城縣（參見魯西奇《隋唐五代沿海港口與近海航路（下）》，武漢大學中國三至九世紀研究所編《魏晋南北朝隋唐史資料》第三十輯，上海古籍出版社 2014 年版，第 80—136 頁）。

［7］海師：海船上的水手。

［8］處分：吩咐。

［9］胡豆洲：《梁書・侯景傳》作“壺豆洲”，《册府元龜》卷七六一、卷九四三作“湖豆洲”。長江口沙洲，在白蒲東南的江中，後併入北岸陸地，其地約在今江蘇南通市。

［10］謝答仁：原爲侯景部將。被封爲儀同。曾爲右廂都督，爲侯景征討劉神茂。松江之戰後，侯瑱進兵錢塘，謝答仁於是投降。後因不失禮於簡文帝，被蕭繹赦免，拔爲步兵校尉，與衆軍擊破蕭紀。西魏攻陷江陵後被殺。

［11］透水：跳入水中。

［12］以小刀抉船：《資治通鑑・梁紀二十》作“以佩刀抉船底”。胡三省注云：“抉船底，欲入水。”

［13］索超世：侯景謀士，被封爲儀同、尚書右僕射。《資治通

鑑·梁紀二十》云，南徐州刺史徐嗣徽斬超世。

元帝以鶤爲青州刺史，封昌國縣侯，[1]又領東陽太守。[2]征陸納，加散騎常侍，除西晋州刺史。[3]破郭元建於東關，遷東晋州刺史。承聖三年，西魏圍江陵，鶤赴援不及。從王僧愔征蕭教於嶺表，[4]聞僧辯敗，乃還，爲侯瑱所破，遇害，年二十八。

［1］昌國縣侯：《梁書》卷三九《羊鶤傳》作"昌國縣公"，《册府元龜》卷七六一、卷八四七作"昌國侯"。昌國，縣名。治所在今越南河内市。《梁書·羊鶤傳》下云"邑二千户"。

［2］東陽：郡名。治長山縣，在今浙江金華市。

［3］西晋州：州名。治所不詳。錢大昕《廿二史考異》卷二六云："東、西晋二州，當是元帝所置。《隋志》'同安郡，梁置豫州，後改曰晋州'，初不見東、西之名。"按，"除西晋州刺史"上，《梁書·羊鶤傳》有"平峽中"三字，知羊鶤因征討蕭紀之功除西晋州刺史。

［4］蕭教：汲古閣本同，大德本、南監本、北監本、殿本作"蕭勃"，《梁書·羊鶤傳》作"蕭毅"。當以"蕭勃"爲是。

羊鴉仁字孝穆，泰山鉅平人也。少驍勇，仕郡爲主簿。[1]普通中，率兄弟自魏歸梁，封廣晋侯。[2]征伐青、齊間，[3]累有功績，位至都督、北司州刺史。[4]及侯景降，詔鴉仁督土州刺史桓和之、仁州刺史湛海珎等趣縣瓠應接。[5]景至，仍爲都督、司豫二州刺史，[6]鎮縣瓠。會侯景敗於渦陽，[7]魏軍漸逼，鴉仁恐糧運不繼，遂還北司，[8]上表陳謝。[9]帝大怒鴉仁，鴉仁懼，頓軍入淮上。[10]及侯景反，鴉仁率所部入援。

［1］主簿：郡府佐吏。掌文書簿籍，經辦事務。與太守關係親近。例用本郡人士，由太守自辟，一般未釋褐。

［2］廣晋：縣名。治所在今江西鄱陽縣石門街鎮。

［3］齊：北魏州名。治歷城縣，在今山東濟南市。

［4］北司州：州名。治平陽縣，在今河南信陽市。梁武帝天監三年（504）八月，司州陷於北魏，北魏改其爲郢州，梁遂於南義陽（今湖北孝感市北）置南司州，後徙至安陸（今湖北安陸市）。武帝大通二年（528），北魏郢州刺史愿達以地降梁，梁又於此置北司州。按，羊鴉仁任北司州刺史，《梁書·羊鴉仁傳》繫於武帝大同七年（541）。

［5］土州：州名。治龍巢縣，在今湖北隨州市東北。《梁書》卷三《武帝紀下》作“兗州”，《羊鴉仁傳》作“士州”。據《隋書·地理志下》“漢東郡土山縣”及“江夏郡”條，梁分北新州於龍巢置土州，“士州”當爲“土州”之訛。　桓和之：梁武帝大同二年任楚州刺史時，曾被侯景所俘。從此處看，桓和之被俘後又回到了南朝。《梁書·武帝紀下》、本書《梁武帝紀下》作“桓和”，當時人雙名後的“之”字可省略。案，《南齊書》《梁書》《魏書》記齊末梁初亦有一“桓和”，仕齊爲青、冀二州刺史，蕭衍攻討蕭寶卷時率衆降於蕭衍，梁武帝天監五年北伐時曾率軍一度攻克朐山城。不知此“桓和”與這裏的“桓和之”是否爲一人，若是一人，則他此時當爲一員老將。　仁州：州名。治赤坎戍，在今安徽固鎮縣東南。　湛海珍：曾任超武將軍，於梁武帝中大通二年（530）率軍征討會稽一帶的山越。太清三年（549）三月，以東徐州降於東魏。徐陵《爲貞陽侯與太尉王僧辯書》記其官銜爲“持節、徐武潼三州諸軍事、散騎常侍、明遠將軍、東徐州刺史、始興縣開國侯”。後隨蕭淵明返回南朝。　縣瓠：《梁書·羊鴉仁傳》作“懸

瓠”。城名。在今河南汝南縣。按，《梁書·武帝紀下》記載，梁武帝太清元年“三月甲辰，遣司州刺史羊鴉仁、兗州刺史桓和、仁州刺史湛海珍等應接北豫州”，“秋七月庚申，羊鴉仁入懸瓠城”。懸瓠爲淮西軍事要衝。時爲東魏豫州治所，處侯景控制之下。

[6]司：州名。治平陽縣，在今河南信陽市。　豫：州名。羊鴉仁入駐懸瓠後，梁武帝於太清元年七月甲子下詔，以懸瓠置豫州，在今河南汝南縣。

[7]渦陽：縣名。治所在今安徽蒙城縣。按，蕭淵明所率梁軍在寒山潰敗後，侯景退保渦陽，於梁武帝太清二年正月被慕容紹宗擊敗，收散卒八百人南遁。

[8]北司：羊鴉仁出征時爲司州刺史，似此時南、北司州已合併。錢大昕《廿二史考異》卷二六云：“至太清元年，鴉仁始爲司豫二州刺史，鎮懸瓠，南司之省，蓋在太清初。”而此處又有“北司”之名，疑指原北司州之地。《資治通鑑》卷一六一《梁紀十七》梁武帝太清二年作“義陽”，義陽是北司州首郡，故可互稱。

[9]陳謝：謝罪。

[10]頓軍：駐軍。　入：《梁書·羊鴉仁傳》作“於”。　淮上：淮水邊。

太清二年，[1]景既背盟，[2]鴉仁乃與趙伯超及南康王會理共攻賊於東府城，[3]反爲賊敗。臺城陷，[4]景以爲五兵尚書。[5]鴉仁常思奮發，謂所親曰：“吾以凡流，受寵朝廷，竟無報效，以答重恩。今若以此終，[6]没有餘責。”[7]因泣下，見者傷焉。

[1]二年：《梁書》卷三九《羊鴉仁傳》一本作“三年”。按，侯景背盟之事在梁武帝太清三年（549）。

[2]景既背盟：侯景圍攻臺城，因久攻不克，糧草不繼，又爲

援軍所逼，遂於太清三年二月向梁武帝遣使求和，雙方於二月己亥盟於西華門外。然侯景並未遵守盟約，而是趁機轉運東府城糧草，並於二月末上啓背盟，重新圍攻臺城。

[3]南康王會理：蕭會理，字長才。其父蕭績爲梁武帝第四子，天監七年（508）封南康郡王，邑二千户。蕭績死後，蕭會理襲父爵爲南康郡王。入援臺城前爲南兖州刺史。本書卷五三、《梁書》卷二九有附傳。南康，郡名。治贛縣，在今江西贛州市東北。攷：大德本、南監本、北監本、汲古閣本、殿本作“攻”。當以“攻”爲是。按，東府城此戰，《梁書》卷三《武帝紀下》及《資治通鑑》並繫於三月戊午。《梁書》卷五六及本書卷八〇《侯景傳》記載參與此戰的援軍將領爲羊鴉仁、柳仲禮和蕭嗣，與此處不同。此戰的經過，《資治通鑑》卷一六二《梁紀十八》記載甚詳。

[4]臺城陷：《梁書·武帝紀下》記載，侯景叛軍於梁武帝太清三年三月丁卯攻陷臺城。

[5]五兵尚書：官名。尚書省列曹尚書之一。是朝廷負責軍事事務的行政長官。領中兵、外兵、騎兵三曹。梁十三班。

[6]今若以此終：“若以此終”上，《梁書·羊鴉仁傳》有“社稷傾危，身不能死，偷生苟免，以至于今”四句，“今”字從上句讀。

[7]没有餘責：死了也會受人譴責，猶言死有餘罪。《通志》卷一四二、《册府元龜》卷三七二作“没有餘責”，《梁書·羊鴉仁傳》作“没有餘憤”。“死有餘憤”謂心有所鬱結，死去猶無法釋然。

三年，[1]出奔江西，將赴江陵，[2]至東莞，[3]爲故北徐州刺史荀伯道子晷所害。[4]臨死以報效不終，因而泣下。後鴉仁兄子海珍知之，掘晷父伯并祖及所生母合五喪，[5]各分其半骨，共棺焚之，半骨雜他骨，作五袋盛之，銘袋上曰“荀晷祖父母某之骨”。[6]

[1]三年：羊鴉仁出奔，《梁書》卷四、本書卷八《簡文帝紀》及《資治通鑑》並繫於梁簡文帝大寶元年（550）六月庚子，《資治通鑑考異》云《三國典略》亦作“六月”，《太清紀》作“十月”。

[2]出奔江西，將赴江陵：江西，今江西九江市至江蘇南京市一段長江自西南向東北流，故當時習慣上以“江西”指稱長江下游以北、淮河以南地區。《梁書》卷三九《羊鴉仁傳》云：羊鴉仁“出奔江陵，其故部曲數百人迎之，將赴江陵”。“江陵”重出，顯有訛誤。又《梁書·簡文帝紀》云羊鴉仁“出奔西州”。“西州”即蕭繹所在的荆州。

[3]東莞：《資治通鑑》卷一六三《梁紀十九》胡三省注疑“東莞”爲“東關”之誤。

[4]北徐州：州名。治燕縣，在今安徽鳳陽縣臨淮關鎮。　荀伯道：潁川潁陰（今河南許昌市）人。曾任梁北徐州刺史、衛尉卿。　子晷：《梁書·羊鴉仁傳》作“諸子”。晷，即荀晷，潁川潁陰（今河南許昌市）人。荀伯道之子，荀昂、荀朗之弟。仕陳爲太子右衛率。案，《資治通鑑·梁紀十九》梁簡文帝大寶元年云，羊鴉仁“至東莞，盗疑其懷金，邀殺之”。

[5]伯：《通志》卷一四二作“伯道”。中華本據補“道”字，其校勘記云：“下‘荀晷祖父母某之骨’，不及其伯，‘伯道’乃其父名。”　合：共。　喪：尸骨。

[6]銘：題名。

鴉仁子亮，侯景亂後移至吴州刺史，隨王琳，以名將子見禮甚隆。爲人多酒無賴，[1]酒醉爲閹豎所殺。[2]

[1]多酒：貪杯。　無賴：無才可恃。

[2]閹豎：對宦官的蔑稱。豎，供奔走役使的人。

論曰：王神念、羊侃、羊鴉仁等，自北徂南，[1]咸受寵任。既而侃及鴉仁晚遇屯剥。[2]侃則臨危不撓，[3]鴉仁則守義以殞。古人所謂“心同鐵石”，[4]此之謂乎。僧辯風格秀舉，有文武奇才，而逢兹酷濫，[5]幾致隕覆。幸全首領，[6]卒樹奇功，事人之道，於斯爲得。及時鍾交喪，[7]地居元宰，[8]内有奥主而外求君，[9]遂使尊卑易位，親疏貿序，[10]既同兒戲，且類弈棋。[11]延敵開釁，[12]實基於此，喪國傾宗，爲天下笑。豈天將啓陳，何斯人而斯謬也，哀哉！

[1]徂：往。

[2]既而：無義，置於句首表連接。　屯剥：屯、剥是《周易》二卦名。“屯”有難義，屯卦震下坎上，有動乎險中、徘徊難進之象。剥卦上九孤陽在上，有窮極之象。故以“屯剥”喻艱難窮困的時局。

[3]不撓：不屈服。

[4]心同鐵石：《三國志》卷一《魏書·武帝紀》裴松之注引《魏武故事》載東漢獻帝建安二十三年《敕王必領長史令》：“忠能勤事，心如鐵石，國之良吏也。”

[5]酷濫：刑罰殘酷無度。此指蕭繹將王僧辯下獄之事。

[6]全首領：保全頭頸，意謂免於被殺。

[7]鍾：當，逢。　交喪：世與道互相喪失，指無道之世。《莊子·繕性》云：“世喪道矣，道喪世矣，世與道交相喪也。”

[8]地：位。　元宰：百官之長。

[9]奥主：君主。室之西南隅爲尊位，故“奥”引申爲“主”。

[10]貿序：改變順序。

[11]且類弈棋：語本《左傳》襄公二十五年："今甯子視君不如弈棋，其何以免乎？弈者舉棋不定，不勝其耦，而况置君而弗定乎？必不免矣。"此譏王僧辯在立君之事上過於隨意，反復無常。

[12]延敵：引入敵人。　開釁：開啓禍患。